电子商务系列教材

管 理 学

主　编　卢新元
副主编　段尧清

科学出版社
北　京

内 容 简 介

本书以管理学的一般规律作为主线,从管理学的特点出发,对管理学基本原理和方法进行了概括。全书共分为十四章,分别介绍管理学导论、管理理论的形成与发展、管理环境、大数据时代的管理、决策与决策方法、计划与计划工作、组织与组织设计、人力资源管理、领导与领导理论、激励、沟通管理、控制概述、控制方法、创新与创新管理。

本书可作为高等院校管理类等本科专业的教材,也可为其他人员进行专业学习提供参考。

图书在版编目(CIP)数据

管理学/卢新元主编. —北京:科学出版社,2021.5
电子商务系列教材
ISBN 978-7-03-062509-0

Ⅰ. ①管… Ⅱ. ①卢… Ⅲ. ①管理学 Ⅳ. ①C93

中国版本图书馆 CIP 数据核字(2019)第 213668 号

责任编辑:闫　陶／责任校对:高　嵘
责任印制:彭　超／封面设计:苏　波

科 学 出 版 社 出版
北京东黄城根北街 16 号
邮政编码:100717
http://www.sciencep.com

武汉中科兴业印务有限公司 印刷
科学出版社发行　各地新华书店经销

*

2021 年 5 月第 一 版　开本:787×1092　1/16
2021 年 5 月第一次印刷　印张:16 3/4
字数:397 000
定价:65.00 元
(如有印装质量问题,我社负责调换)

《电子商务系列教材》
编 委 会

丛书主编：卢新元

丛书副主编：李玉海　曹高辉　易　明　董庆兴　池毛毛

编　　　委：夏立新　王学东　娄策群　夏南强　段尧清
　　　　　　吴建华　桂学文　熊回香　李延晖　谭春辉
　　　　　　肖　毅　刘　刚　陈　静　胡伟雄　段　钊
　　　　　　翟姗姗　胡　潜　张自然　王忠义　刘　蕤
　　　　　　程秀峰

丛 书 序

近些年，国际竞争日益激烈，人才培养与人才争夺成为焦点。十八大以来，习近平总书记多次强调人才对创新的重要性，并指出创新是引领发展的第一动力，创新驱动实质上是人才驱动，要重视人才的培养。教育部"十三五"规划也提出，人才培养是国家可持续发展的重要驱动力，必须要优先发展教育，培养大批创新人才。

随着计算机、互联网以及云计算技术的飞速发展，我国逐渐进入信息化社会。信息技术渗入到各行各业，对个人生活、企业与政府的管理和运行均产生重要影响，尤其对企业经营活动的选择与组织产生着越来越关键的作用。数据、信息和知识已成为社会的主要资源，如何应用该类资源创造价值成为当代社会的主要课题。

因此，根据当今时代的要求与社会的发展，信息化与学科知识结合，逐渐衍生出电子商务与信息管理类相关的专业。高校长久以来承担着人才培养、发展科技与服务社会的重要职责，如何培养出符合时代发展的人才是高校始终思考的问题。新型复合人才的培养对高校教育提出了更高的要求，其中，教材在人才培养中起着至关重要的作用。教材不仅体现了丰富的专业知识和教学方法，也从侧面折射出教育思想的变革。为此，我们以教育素质为核心组织相关教材，力求处理好知识、能力与素质三者的辩证统一关系，实现教材内容和体系的创新。

我们根据高校课程设置，编写了电子商务专业本科专业的系列教材，同时对本套教材也提出了较高的要求。①系统性。本套教材注重系统性，便于读者对各知识层次有准确的理解，以帮助读者深入掌握相关知识模块，并构建知识体系。②前沿性。本套教材不断与时俱进，及时地将新理论、新技术、新成果与新趋势补充在教材中，使读者能紧随社会发展的脚步，掌握前沿知识。③实用性。结合实际，注意案例教学，本套教材由教学经验丰富的高校教师编写，了解本科生的实际教学与专业需求，并通过案例教学，加深学生对相关理论知识的理解与掌握。

本套丛书共 21 本，其中《学会阅读》、《信息素养修炼教程》和《创新理论与方法》帮助读者为后续的专业学习奠定基础，其余教材大致可分为三类。

第一类，电子商务类基础课程，包括《电子商务概论》《电子支付与网络金融》《电子商务安全》《市场调查理论与方法》《客户关系管理》《管理学》《管理信息系统》，共 7 本教材，主要是帮助读者掌握信息技术在商业领域的应用，了解商务过程中的电子化、数字化和网络化。

第二类，电子商务与信息管理相结合类课程，包括《信息组织》《信息经济学》《信息分析与预测》《信息采集学教程》《数字图书馆》，共 5 本教材，主要是帮助读者掌握信息技术在管理学与经济学等领域的应用。

第三类，电子商务技术类课程，包括《数据库系统实验》《云数据管理与服务》《大数据技术与原理应用教程》《数据结构（C/C++）》《面向对象程序设计 Java》《数据分析技术》，共 6 本教材，主要帮助广大读者学习与掌握信息化的前沿技术。

本套教材在高校教师、专家学者、科学出版社的共同努力下，陆续出版并与读者见面。我们希望，凝聚我们多年教学成果的系列教材可以为我国信息化人才的培养贡献力量，推动我国信息化工程的建设。同时，对参与教材编写以及出版的各位专家学者表示感谢。

本套教材适用于电子商务、信息管理与信息系统、信息资源管理专业的本科生、研究生教学，也可供其他相关学科、专业教学使用，或作为有关人员的培训教材和自学参考书。我们的目标是尽善尽美，但限于我们的水平，书中难免有不妥和疏漏之处，恳请广大读者批评指正，帮助我们不断提高本套教材的质量。

编委会

于华中师范大学信息管理学院

2020 年 3 月

前　言

小到一个团体、一个组织,大至一个国家,管理是人类社会活动的重要组成部分之一,有效的管理是人们走向成功的基础与保障。管理学是一门兼具理论性、实践性、科学性和艺术性的学科,它既是理论与实践的结合,又包含科学的规律和对艺术的运用。学习管理学可以培养学生正确的现代管理思想理念。本书希望帮助学生掌握管理相关的基本原理、管理活动的基本规律,可为学生在今后的管理实践中解决实际的管理问题奠定良好基础。这无论对学生本人还是对社会组织来说,都具有重要的作用与意义。编者正是从这一点出发,根据经管类专业应用型人才培养需要及管理学科的特点,结合多年教学和研究经验,编写了本书。

本书依据我国普通高校"管理学"课程的培养目标,力求编写一本概念清晰、层次分明、针对性强的教材,旨在树立学生的管理思想观念,使其了解并掌握管理学的基本原理与方法,培养和提高学生的理论素质和解决实际管理问题的能力。

本书遵循经典、关注前沿,以管理活动为主线,对管理学的理论内容体系进行了融合、优化和精炼,注重管理体系的完整性与科学性。本书内容全面,结构清晰,全书分为十四章,每章都设置了"教学目标""课后思考"等栏目,加深学生对管理知识的理解。

本书第一章介绍管理的基本概念;第二章介绍中外管理思想及管理理论的形成与发展;第三章主要介绍管理环境的概念和内涵;第四章介绍大数据时代的特征和趋势,并讨论大数据时代下的管理变革和挑战与机遇;第五章介绍决策的基本概念及决策的类型和过程;第六章介绍计划的类型、编制环节,并且对目标管理、战略管理进行了重点介绍与分析;第七章介绍组织与组织设计的相关概念以及组织变革与组织冲突;第八章介绍人力资源管理的过程;第九章介绍领导的概念及相关领导理论;第十章介绍激励基本概念及有效的激励手段;第十一章介绍沟通的概念及内涵、组织的管理冲突与相应的协调,以及有效沟通的障碍与实现;第十二章介绍控制活动以及控制过程;第十三章介绍不同的控制方法以及运营管理中的控制;第十四章则对企业的创新,尤其是管理创新版块进行重点介绍。

本书由华中师范大学信息管理学院卢新元主编,段尧清担任副主编,华中师范大学信息管理学院的胡智慧、姚岭子、易亚琦、樊雅睿、吴英、方文琪、彭迟等同学帮助搜集资料并参与了部分章节的编写。

  本书在编写的过程中参考了相关的图书和资料,在此对这些资料的作者深表敬意。

  由于编写时间和编者水平的限制,书中难免有不妥或遗漏之处,敬请各位读者批评指正。

编者

2020 年 11 月 16 日

目　录

丛书序
前言
第一章　管理学导论 ··· 1
　　第一节　管理的概念与职能 ·· 1
　　　　一、管理的概念 ··· 1
　　　　二、管理的职能 ··· 4
　　第二节　管理的主体与客体 ·· 6
　　　　一、管理的主体——管理者 ··· 6
　　　　二、管理的客体——管理对象 ··· 11
　　第三节　管理学的含义及其研究方法 ··· 12
　　　　一、管理学的含义与特点 ·· 12
　　　　二、管理学的研究内容与方法 ·· 14
第二章　管理理论的形成与发展 ··· 17
　　第一节　早期管理思想 ··· 17
　　　　一、中国传统管理思想 ··· 17
　　　　二、西方传统管理思想 ··· 17
　　第二节　管理理论丛林 ··· 20
　　　　一、古典管理理论 ··· 20
　　　　二、行为科学理论 ··· 27
　　　　三、现代管理理论 ··· 31
第三章　管理环境 ··· 38
　　第一节　管理环境概述 ··· 38
　　　　一、管理环境的定义 ·· 38
　　　　二、管理环境的特征 ·· 39
　　　　三、管理环境的构成 ·· 39
　　第二节　外部环境 ··· 40
　　　　一、一般外部环境 ··· 40
　　　　二、特殊环境 ··· 41
　　第三节　内部环境 ··· 43
　　　　一、组织内部的有形环境 ·· 43
　　　　二、组织内部的无形环境 ·· 44
　　第四节　管理环境分析方法 ··· 47

一、管理环境分析的内容…………………………………………………………… 47
　　二、管理环境研究的意义…………………………………………………………… 47
　　三、管理环境外部和内部分析方法………………………………………………… 48

第四章　大数据时代的管理……………………………………………………………… 58
第一节　大数据时代的特征和发展趋势………………………………………… 58
　　一、大数据时代的特征……………………………………………………………… 58
　　二、大数据时代的发展趋势………………………………………………………… 60
第二节　大数据驱动下的管理…………………………………………………… 62
　　一、数据决定业绩…………………………………………………………………… 62
　　二、决策文化变革：让数据做主…………………………………………………… 62
　　三、五大管理挑战…………………………………………………………………… 63
第三节　大数据时代下的管理变革……………………………………………… 63
　　一、大数据时代的管理风险………………………………………………………… 63
　　二、大数据时代的管理核心………………………………………………………… 64
　　三、新时代中国企业的变革趋势…………………………………………………… 64
第四节　大数据时代下管理的挑战和机遇……………………………………… 64
　　一、挑战……………………………………………………………………………… 64
　　二、机遇……………………………………………………………………………… 66

第五章　决策与决策方法………………………………………………………………… 69
第一节　决策概述………………………………………………………………… 69
　　一、决策的含义……………………………………………………………………… 69
　　二、决策的特点……………………………………………………………………… 69
　　三、决策的影响因素………………………………………………………………… 70
　　四、决策的类型……………………………………………………………………… 71
第二节　决策过程………………………………………………………………… 73
　　一、界定问题………………………………………………………………………… 73
　　二、明确目标………………………………………………………………………… 73
　　三、拟订方案………………………………………………………………………… 73
　　四、评价与选择方案………………………………………………………………… 74
　　五、执行方案并回馈………………………………………………………………… 74
第三节　决策方法………………………………………………………………… 74
　　一、定性决策………………………………………………………………………… 74
　　二、定量决策法……………………………………………………………………… 76

第六章　计划与计划工作………………………………………………………………… 83
第一节　计划概述………………………………………………………………… 83
　　一、计划的含义……………………………………………………………………… 83
　　二、计划的目的……………………………………………………………………… 84
　　三、计划和决策……………………………………………………………………… 84

四、计划的特点 84
　　五、计划的类型 85
　　六、计划的影响因素 86
　第二节　计划工作程序 88
　　一、确定目标 88
　　二、确立前提条件 89
　　三、确立备选方案 89
　　四、备选方案评价 89
　　五、方案选择 89
　　六、制订有关的派生计划 89
　第三节　目标与目标管理 90
　　一、目标管理的概念与特点 90
　　二、目标的作用 91
　　三、组织目标制订的原则 92
　　四、目标管理的执行 92
　　五、对目标管理的评价 93
　第四节　计划的方法 94
　　一、甘特图法 95
　　二、滚动计划法 95
　　三、网络计划法 96
　第五节　战略性计划 101
　　一、战略的含义 101
　　二、战略特征 101
　　三、战略计划制订的因素 102
　　四、战略的类型 102

第七章　组织与组织设计 105
　第一节　组织概述 105
　　一、组织与组织结构 105
　　二、组织设计的必要性 106
　　三、组织设计的原则 107
　　四、组织设计的影响因素 109
　第二节　组织横向设计 111
　　一、基本原则 112
　　二、基本形式 112
　第三节　组织纵向设计 117
　　一、管理幅度 117
　　二、组织结构职权设计 118
　第四节　组织变革 121

一、组织变革的原因 ………………………………………………………… 121
　　二、组织变革的内容 ………………………………………………………… 122
　　三、组织变革的阻力及管理 ………………………………………………… 123

第八章　人力资源管理 …………………………………………………………… 126
第一节　人力资源管理概述 …………………………………………………… 126
　　一、人力资源管理的必要性 ………………………………………………… 126
　　二、人力资源管理的功能 …………………………………………………… 126
第二节　人力资源计划 ………………………………………………………… 127
　　一、人力资源计划的任务 …………………………………………………… 127
　　二、编制人力资源计划的原则 ……………………………………………… 128
第三节　员工的选聘 …………………………………………………………… 129
　　一、招聘的程序与方法 ……………………………………………………… 129
　　二、员工招聘的渠道 ………………………………………………………… 131
　　三、员工解聘 ………………………………………………………………… 133
第四节　员工培训 ……………………………………………………………… 134
　　一、员工培训的必要性 ……………………………………………………… 134
　　二、员工培训的类型 ………………………………………………………… 134
　　三、员工培训的方法 ………………………………………………………… 135
第五节　绩效管理与薪酬制度 ………………………………………………… 137
　　一、绩效与绩效管理 ………………………………………………………… 137
　　二、绩效考评的作用 ………………………………………………………… 137
　　三、绩效考评的程序 ………………………………………………………… 138
　　四、员工绩效评价的方法 …………………………………………………… 139

第九章　领导与领导理论 ………………………………………………………… 141
第一节　领导概述 ……………………………………………………………… 141
　　一、领导的概念 ……………………………………………………………… 141
　　二、领导的作用 ……………………………………………………………… 143
　　三、领导方式 ………………………………………………………………… 144
　　四、领导者的权力 …………………………………………………………… 146
第二节　领导理论 ……………………………………………………………… 148
　　一、领导特性理论 …………………………………………………………… 148
　　二、领导行为理论 …………………………………………………………… 150
　　三、领导权变理论 …………………………………………………………… 156

第十章　激励 ……………………………………………………………………… 162
第一节　激励概述 ……………………………………………………………… 162
　　一、激励的概念 ……………………………………………………………… 162
　　二、激励的原则 ……………………………………………………………… 163
　　三、激励的过程 ……………………………………………………………… 164

四、激励假设 ·· 166
　第二节　激励理论 ·· 168
　　　一、内容型激励理论 ·· 168
　　　二、过程型激励理论 ·· 173
　　　三、行为改造型激励理论 ·· 176
　第三节　有效的激励 ·· 179
　　　一、物质利益激励 ··· 179
　　　二、社会心理激励 ··· 180
　　　三、工作激励 ··· 181

第十一章　沟通管理 ·· 182
　第一节　沟通概述 ·· 182
　　　一、沟通的含义 ·· 182
　　　二、沟通的作用 ·· 184
　　　三、沟通的类别 ·· 186
　第二节　管理冲突与组织协调 ··· 189
　　　一、管理冲突 ··· 189
　　　二、组织协调 ··· 192
　第三节　有效沟通 ·· 193
　　　一、有效沟通的障碍 ·· 194
　　　二、有效沟通的实现 ·· 196

第十二章　控制概述 ·· 199
　第一节　控制活动 ·· 199
　　　一、控制的概念 ·· 199
　　　二、控制的原理 ·· 201
　　　三、控制的特征 ·· 201
　　　四、控制的作用 ·· 202
　　　五、控制的类型 ·· 203
　第二节　控制过程 ·· 205
　　　一、制定控制标准 ··· 206
　　　二、衡量绩效 ··· 208
　　　三、进行偏差分析 ··· 210
　　　四、纠正偏差 ··· 210
　第三节　有效控制 ·· 211
　　　一、适时控制 ··· 211
　　　二、适度控制 ··· 212
　　　三、客观控制 ··· 213
　　　四、弹性控制 ··· 213

第十三章 控制方法 ... 215

第一节 预算控制 ... 215
一、预算和预算控制的概念 ... 215
二、预算的作用 ... 215
三、预算的类型 ... 216
四、预算方法 ... 218
五、预算控制的步骤 ... 218
六、预算控制的注意事项 ... 219

第二节 财务控制 ... 219
一、财务控制基础 ... 219
二、财务控制的常见方法 ... 220
三、审计控制 ... 225
四、其他控制方法 ... 227

第三节 综合控制方法 ... 228
一、标杆控制 ... 228
二、平衡计分卡控制 ... 230

第十四章 创新与管理创新 ... 234

第一节 创新概述 ... 234
一、创新的含义 ... 234
二、创新的作用 ... 240
三、创新的条件 ... 241
四、创新的过程 ... 243
五、创新管理与维持管理 ... 244

第二节 企业管理创新 ... 245
一、管理创新概述 ... 245
二、管理创新的内容 ... 247
三、管理创新的意义 ... 248
四、管理创新的方法 ... 249
五、管理创新的要求 ... 251

参考文献 ... 254

第一章 管理学导论

【教学目标】

1. 理解管理的概念。
2. 掌握管理的基本职能与管理的主客体。
3. 掌握管理学的含义与特点。
4. 掌握管理学的研究内容与方法。
5. 初步培养自己的管理思维。
6. 了解如何将管理的艺术性与科学性相结合来处理管理问题。
7. 能够从管理机制角度分析和解决实际管理问题。

第一节 管理的概念与职能

一、管理的概念

(一) 管理的定义

什么是管理?长期以来,众多中外管理专家、学者从不同的研究角度出发,对管理做了不同的定义。直至目前,管理仍然没有统一的定义,各个不同的管理学派由于各自理论观点的不同,对于管理的解释也各不相同。管理的定义随着管理的发展,其概念也逐渐多样化,详见表1-1。

表1-1 学者们对管理的定义

代表人物	管理定义
泰勒	管理就是指挥他人用其最好的工作方法去工作
亨利·法约尔	管理就是实行计划、组织、指挥、协调和控制
西蒙	决策贯穿管理的全过程,管理就是决策
哈罗德·孔茨	管理是设计和维持一种良好的环境,使人在群体里高效率地完成既定目标
福莱特	通过其他人来完成工作的艺术
托马斯·贝特曼和斯考特·斯奈尔	管理就是通过对人和资源的配置实现组织目标的过程
周三多	管理是指组织为了达到个人无法实现的目标,通过各项职能活动合理分配、协调相关资源的过程

续表

代表人物	管理定义
徐国华	管理是通过计划、组织、控制、激励和领导等环节来协调人力、物力和财力资源，以期更好地达成组织目标的过程
杨文士	管理是指组织中的管理者通过实施计划、组织、人员配备、指导与领导、控制等职能来协调他人的活动，使别人同自己一起实现既定目标的活动过程

综合上述，本书认为，管理的定义可以系统地表述为：管理是在社会组织中，管理者通过执行计划、组织、领导、控制和创新等职能，合理协调、配置相关资源，以实现组织的预期目标的活动过程。主要包括以下几层含义。

（1）管理的载体是组织，管理的主体是管理者。

（2）管理的目的就是为了实现组织的既定目标，而该目标仅凭组织内单个人的力量是无法实现的。

（3）管理的本质是协调。为实现组织的目标，必须将本组织的资源与职能活动协调起来，而履行管理职能的直接目标和结果则是协调资源和活动，以确保所有业务活动的一致性。所以说，管理问题主要是协调问题。

（4）管理的对象是以人为中心的组织资源与职能活动。一方面，有人指出，管理的重点是组织资源和实现组织目标的实质性职能活动；另一方面，有人强调，人力资源管理是管理的一个关键组成部分，本组织的所有资源和活动都必须以人为本。因此，管理最重要的是对人的管理。

（5）管理的职能是计划、组织、领导、控制、创新。

（6）管理的活动是一个过程，几项工作相互衔接，相互渗透，构成循环，一个循环结束，新的循环又开始。

（二）管理的二重性

管理的二重性包括合理的组织管理生产力的自然属性和生产关系的社会属性。管理的二重性的观点最早是由马克思提出的，它反映了生产力与生产关系之间的辩证统一关系。在《资本论》中，马克思指出：直接生产过程的特点是社会融合，而不是独立生产商的单独工作，监督工作是不可避免的，那么其就具有二重性。

1. 管理的自然属性

管理的自然属性指的是管理与组织生产力相联系的一面，也称为管理的一般性，就是合理地组织配置和有效利用社会生产力，以充分利用人、财、物、信息、时间等组织资源，对产、供、销等过程环节进行协调，通过科学的组织生产力来更好地实现组织的既定目标。无论是社会何种背景下的何种企业，其生产力是否发达，取决于其组织内部的资源和生产要素是否被充分有效地利用，取决于是否充分地发挥了员工的劳动积极性，而这都依靠管理。管理具有自身的规律，必须遵循，讲求科学的态度，管理的自然属性只与生产力相关，而与生产关系无关，不会因为不同的社会发展阶段和不同的社会制度而产生变化。

2. 管理的社会属性

管理的社会属性，也称管理的特殊性，指的是管理与组织生产关系相联系的部分，人们在一定的生产关系和社会生活中，不可避免地受到社会生产关系和社会文化的影响，不同的生产关系和社会文化都会使管理思想、管理目标和管理方法有一定的区别，导致管理具有特殊性。管理的社会属性不仅反映了生产关系和社会文化，而且反作用于生产关系和社会文化。

学习管理二重性理论：有利于我们全面认识管理的内容与作用，既要合理组织生产力，又要适时调整生产关系，避免片面性；有利于正确对待学习资本主义的管理理论，既要学习资本主义企业一切可为我所用的现代管理理论、方法与技术，又要结合我国国情加以批评地接受，不能完全照搬国外的做法，必须建立具有自己特色的管理模式。

（三）管理的科学性与艺术性

管理既是一门科学，也是一门艺术，是科学与艺术的有机结合。科学是一种知识体系，它反映了自然、社会、思维及其发展规律等客观规则，是归纳、总结的体现，是可复制、可学习的，并且有规律可循。而艺术则是才能、潜力和个性的表达，来源于人们的生活经验、感性认知和才智。

1. 管理的科学性

管理是一门科学，即在管理活动中遵循客观的规则，其效力可以通过管理活动的结果来衡量，并通过研究，分析和解决实际的管理问题。它表示更有效和更具体的管理理论和方法，并反映客观的规律和一套分析问题和解决问题的科学方法。学术界和许多企业家根据总结长期管理的客观规律，制定出一系列普遍适用的管理规则和原则，这些规则和原则是理论与实践之间高度一致的产物。虽然地理、文化甚至社会的基础系统变化不定，但这些规律和原则不会以人们的主观意志而转移。因此，从科学的管理角度来看，管理是一种科学，它研究管理活动的客观基本管理规则和方法，有一套科学的分析问题和解决问题的规律。

2. 管理的艺术性

管理的艺术性在于强调其实践，即在掌握这些理论和方法后，必须要在管理实践中灵活地运用这些理论和方法，否则就没有意义。在管理进程中，管理的方法和工具多种多样，因此，如何发挥管理人员的积极性、主动性和创造性，在许多可选择的管理模式中选择更合适的管理方式，这也是一种管理艺术。从管理的艺术性方面来看，一个成功的管理者应该既注重管理的基本理论的学习，又能够在实践中因地制宜地将其灵活运用。

3. 管理的科学性与艺术性的关系

管理的科学性和管理的艺术性说明管理既是科学又是艺术。一方面，只谈科学不讲艺术,就会显得教条和呆板;只谈艺术不谈科学就会违反管理的内在规律,很难达到组织的目标。另一方面,在管理的客体中,主要对象是人,人有思想,虽然管理活动必须遵循客观规律,但是管理者在指导实践应用管理理论时,不能那么死板,应该灵活运用管理理论,对具体问题具体分析。

管理的科学和艺术是相辅相成的,并且有机地结合。虽然可预测和可计量的管理内容可以通过科学方法加以衡量,但部分只能感知的管理问题可能会被忽视,其中有些还具敏感性,有些无法通过理论分析或逻辑推理加以评估,这时可以通过管理的艺术加以评估。因此,管理的科学和艺术性质并不相互排斥,随着社会的不断发展,管理的科学性将不断增强,而艺术性也不会降低。

二、管理的职能

(一) 计划职能

计划是管理的首要职能。计划是对未来活动进行预先规划,内容包括为未来的组织界定绩效目标和制订为实现目标所需要完成的任务和运用的资源。从事一项活动之前,首先要制订计划,正所谓凡事预则立,不预则废,讲的就是计划的重要性。广义上来说,计划职能是管理者制订、执行、记录检查计划执行情况的整个过程。狭义的计划职能包括对组织管理部门今后行动的筹备和组织。计划是我们现在所处的位置与我们未来所期望的目标之间的桥梁。

虽然计划不能准确地预测未来,而且难以预见的情况可能干扰编制出来的计划,但是,如果没有计划,组织的各种工作就会混乱。在管理实践中,最重要的和最基础的因素是让人们意识到他们所担负的目标和任务,并且如果想使组织更有效地运行,人们必须要提前了解任务是什么。计划职能的特点有以下几种。

(1) 预先性,预先确定和规划管理目标及其实施方案。

(2) 预测性,对组织目标、各阶段目标、实现目标的条件和资源、实现目标的方式与途径进行预测。

(3) 评价性,对所确定的目标和行动方案进行评价与分析。

(4) 选择性,在不同的目标和方案之间进行选择。

(5) 调整性,根据环境的变化对原有的计划进行调整。

(二) 组织职能

为了执行组织所制订的计划,还必须在每个阶段和每个职位上履行组织职能。在管理领域,组织的意义既静态又动态。从静态的角度,组织是一个反映个人、职能、任务和联系的网络;从动态的角度,这是一个维护和改革组织结构以实现组织目标的过程。

组织职能包括管理人员根据本组织的特点和原则,建立有效的组织结构,配置管理资源并确保其有效运作,以实现管理目标。组织工作是在一个组织内进行部门划分、权力下放和协调的过程，包括组织结构的设计、组织关系的建立、组织人员配置和组织变革，目的是通过合理的组织设计来实现组织目标。组织职能是管理的基本职能，是所有其他管理活动的保障和基础。组织职能是一个动态过程，它不仅是一项持续的行政活动，而且必须随着管理环境的变化而变化，因此还承担组织变革甚至重组的职能。

（三）领导职能

计划和组织工作的完成并不能保证实现本组织的目标，实现组织目标取决于所有成员的努力。领导职能是指导、协调和监督下属的职能。由于组织内的成员在工作方式、工作内容、工作目标以及性格、偏好等方面有很大的差异，相互合作中必然会产生矛盾和冲突。因此，领导人必须表现出权威，指导组织内人们的行为，促进人际交流，加强相互理解，协调彼此的思想和行动，并激励人们共同努力，最终实现本组织的目标。

虽然计划和组织为管理人员的活动提供了平台，但领导是管理人员的主要管理活动。同时，由于管理人员主要通过行使其法定权力对被管理人员产生影响，这就导致领导作用的基本功能包括指挥、沟通、协调、奖励、惩罚、示范等。领导职能是一门艺术，涉及整个管理活动。不仅本组织的高级管理人员、中级管理人员担任领导职责，而且基层管理人员，如工厂车间负责人和医院服务负责人也担任领导职责。

（四）控制职能

在执行组织计划的过程中，由于受各种内部和外部因素影响，业务活动可能偏离原来的方向，这就需要控制职能。所谓控制职能，是指管理者为了使实际的工作和预定的目标一致而进行的活动。在执行计划的过程中，管理者必须监视本组织的活动，并将实际业绩与预先确定的目标进行比较，以确保根据既定计划开展本组织的活动。管理者采用预先确定的目标来衡量实际工作、确定差异、分析其原因和进行调整，从而保证了计划完成。

（五）创新职能

创新职能，通过引入新的管理要素（管理方法、管理工具、管理模式），把这些基本要素编入组织管理系统，以更有效地实现组织目标。所谓创新，就是不断改变和革新组织的日常工作。管理界对创新功能的重视始于20世纪60年代，由于当时的市场面临着急剧的变化，竞争日益激烈。许多企业感到不创新就难以生存下去，因此有许多管理学家开始将创新看作管理的一项新职能，创新与组织按照既定方向及轨迹持续运行即"维持"常常是相互矛盾的。有效的管理工作，就是要在适度的维持与适度的创新之间求得平衡。

（六）管理职能的相互关系

以上管理的职能中，前四项职能，即计划、组织、领导、控制，是基本的管理职能，尽管都有着不同的内容和表现形式，它们之间也存在一定的逻辑关系，回答了一个组织做什么、怎样做、靠什么、怎样做才好的基本问题。这些管理功能在时间上通常也会按一定的顺序执行。即先计划，然后是组织、领导，最后是控制。但从不断持续进行的实际管理过程来看，在控制工作的同时，往往又需要制订新的计划或对原计划进行修改，并开始新一轮的管理活动。而创新职能贯穿于整个管理过程之中。这表明，各个管理职能不是分离的独立活动，而是相互联系成为一体。管理过程是各功能活动周而复始的循环过程，并且大循环中包含着小循环。

它们之间的关系可以概括为以下五点。

（1）各种职能相互联系、相互制约、交叉渗透，不可偏废。

（2）计划是管理的首要职能，是组织、领导、控制职能的依据。

（3）组织、领导、控制职能是有效管理的重要手段，是计划及其目标得以实现的保障。

（4）每一项管理工作一般都是从计划开始，经过组织、领导到控制结束，在整个过程中可能又产生新的计划，开始新一轮的管理循环。

（5）创新职能贯穿于整个管理过程之中。

管理过程和管理职能的相互关系如图 1-1 所示：

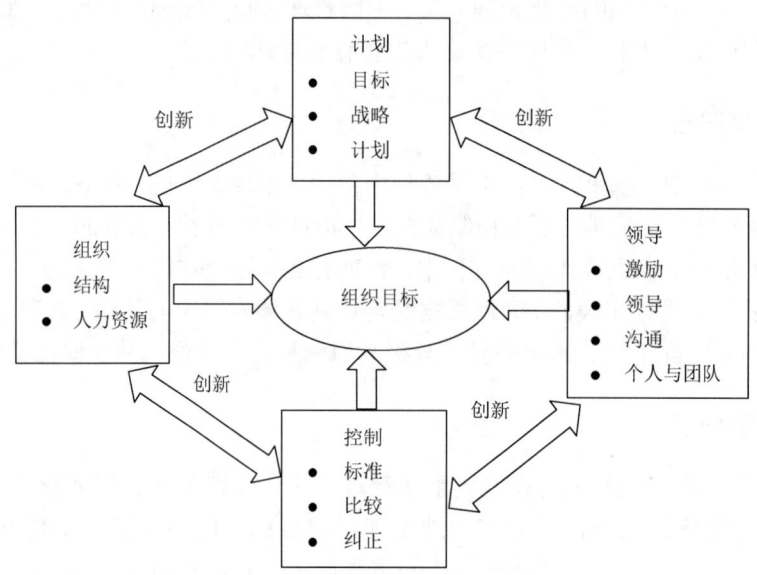

图 1-1　管理过程与管理职能之间的关系

有关各项职能的具体内容和应用知识将在后续相关章节分别介绍。

第二节　管理的主体与客体

一、管理的主体——管理者

管理主体即管理者，是指履行管理职能并且对实现组织目标负有责任的人。传统管理理论认为,管理人员是那些帮助实施组织管理进程的人,他们领导、组织、协调和监督企业工作人员,例如企业经理、质量控制主管、研究主管等,虽然有时是以具体事务的方式开展工作,但这是一项职能性工作,其主要责任是领导其下属的活动,并强调本组织内的正式职位和能力。

在现代管理理论中,管理者的主要特点是,他必须为本组织的目标做出贡献,而不仅仅是拥有权力。重点是管理人员的共同职能责任及其对本组织业绩的贡献,而不是管理人员的存在。例如,拥有知识和贡献的工程师也是管理人员,在一个组织中,管理人员人数很多,可以根据不同的标准分类。另外,值得注意的是,管理者既是管理的主体,也可以是管理的客体。当他管理人的时候,他是管理的主体;而当他被人管理时,他就成了管理的客体。

(一)管理者的层次

1. 按管理者所处的组织层次分类

一个组织内的管理者按其所处的组织层次可分为高层管理者、中层管理者、基层管理者,同时,在管理者层次之下还包括一个作业人员(图1-2):

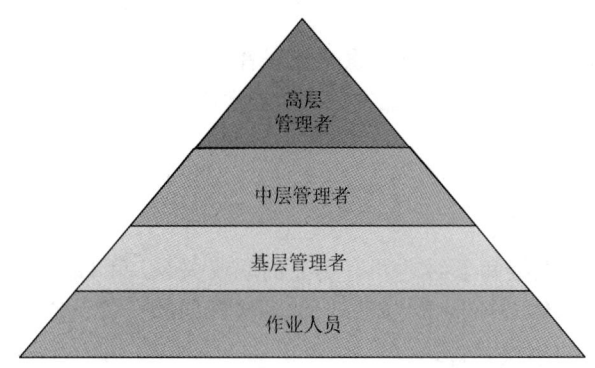

图1-2 管理者的层次

(1)高层管理者。高层管理者对整个组织的管理负有全面的责任,他们的主要任务是确定组织的总体战略目标,确定本组织发展的总体方向,并分配本组织的资源。企业的高层管理者一般是指首席执行官、首席财务官、首席信息官以及首席运营官等。本组织的兴衰存亡取决于高层管理人员对市场环境的分析、目标的选择和资源的利用,高层管理者代表本组织调整与其他组织的关系,负责对社会的影响。因此,高层管理者应具有丰富的知识、高融合能力和高品质的工作素质。

(2)中层管理者。中层管理人员的主要职能是执行高级管理层做出的重大管理决定,协调和监督基层管理人员的活动,并规划具体的任务。区域经理、培训负责人、部门主管等都是中层管理人员。中层管理人员更多地注意日常管理事务,他们是高层管理人员与基层管理人员之间的桥梁。

(3)基层管理者。他们还被称为一线管理者或者直接监督业务人员。主要工作包括:

向下级传达指示和计划；直接将工作和任务分配给下级人员；监督和直接领导现场作业，监测进展情况；同时要考虑到工作人员的要求，回答工作人员的问题，确保执行上级的指示和计划，如工长、小组长、领班等。他们的工作与基本建设计划的执行和各目标的实现直接相关。组织对基层管理人员的技术操作能力要求很高，但没有要求他们具备统筹全局的能力。

（4）作业人员。作业人员直接在某一任务中或某一岗位制造产品或提供服务，他们不负责监督别人的工作，如百货商店的店员、机械制造厂的工人、厨师等，这些人都是作业人员。

上述三个不同层次的管理者，其工作性质和内容存在很大的差别。一般来说，高层管理者所关心的主要是抽象的战略性工作，而基层管理者所关心的主要是具体的战术性工作。

2. 按管理者所从事的工作领域分类

（1）综合管理者。综合管理者是指管理整个组织或组织全部活动的管理者。在小型组织中，企业总经理就是综合管理者，他参与组织的生产、经营、人事、财务等全部业务活动。但是在大型组织中，组织是根据事务部门设立的，从组织的权力层面上授予的，高层管理人员不能总揽组织的全部事务。这时组织的综合管理人员范围扩大，其中包括各公司负责人或事业部经理等。

（2）专业管理者。专业管理者也称职能管理者，指的是负责某一项功能或活动的管理员。比如，营业部门的管理者、人事部的管理者、生产部门的管理者、研究部门的管理者、财务部门的管理者等。

3. 按职权关系进行分类

（1）直线管理者。上级和下级之间有明显的职权关系，可以直接指挥和领导下级，他们负责实现组织内的具体一项基本目标，比如各级部门的主管、餐厅主管等。所谓的直线管理，就是由上至下的集权式管理。

（2）参谋人员。参谋人员是协助上级、为主管提供对策建议的管理者，他们不是直接指导而是提供信息并配合管理人员工作。在管理实践中，参谋人员往往会和管理人员产生矛盾与冲突，而这些矛盾与冲突往往也成为组织缺乏效率的原因之一。为此，在组织中应合理利用参谋人员的作用，明确好各自的工作性质以及职权关系，互相尊重，共同提高组织的生产效率。

（二）管理者角色

一个管理者是否合格，在很大程度上与组织中的管理职能的执行情况有关，因为在执行管理职能时，管理者必须首先明确自己在组织中担任的角色。"管理者角色"这一概念最早是在1955年由美国管理学家彼得·F. 德鲁克提出。所谓管理者的角色，是指特定的管理行为的种类。20世纪60年代末，加拿大管理学家亨利·明茨伯格详细分析了5位总经理的工作，得出了结论：管理者只扮演了10种不同且高度关联的角色。并将这10种角色归纳为3个方面。详见表1-2。

表 1-2　管理者角色

角色		描述	活动
人际关系方面	代表者	担任一些礼节性的职务,是组织中的"头面人物"	会见重要人物、出席晚会等
	领导者	对本组织的员工的工作负责,体现管理者的影响力	负责本部门员工的招聘与培训,并在工作中鼓舞和激励员工
	联络者	通过同组织内外部联系以获取信息	与客户或供应商接触,通过上下级沟通了解公司近况
信息传递方面	监督者	观察周围情况,在已经建立起来的人际关系网络中收集有用信息	及时获取外部市场情况,以便公司及时做出调整
	传播者	与组织成员共享收集到的大部分信息	组织会议交流并传达信息
	发言人	把信息传递给组织外有影响的人	向董事和股东报告公司财务近况等
决策制定方面	企业家	在不断变化的市场环境下寻找新的发展方向	开发新项目,拉投资等
	混乱处理者	应对组织重大突发事件	处理工人罢工、主要客户破产、供应商不履行合同等情况
	资源分配者	负责把组织内的资源分配给具体的人或项目	提前规划和安排员工的工作任务与要求
	谈判者	代表组织参与谈判活动	签订合同,就纠纷问题进行谈判

1. 人际关系方面的角色

(1) 代表者。这是管理者扮演的最基本的角色。管理者在工作中必须行使一些礼节性的职责。比如,参加剪彩仪式,接受采访等。这虽然是一些日常工作,不涉及重要的沟通和重大决策的制定,但对于本组织的有效运作来说,这是一项重要和不可忽视的工作。

(2) 领导者。由于管理人员对其服务的成败负有主要责任,他们都必须发挥领导作用,特别是在人员配置、工作安排、动员、培训等方面。他们与工作人员合作,确保通过工作人员的努力实现本组织的目标。管理者的影响力通常在领导者身上表现出来,领导者在很大程度上决定了使用权力的程度。

(3) 联络者。管理者无论是个人,还是与工作小组一起工作时,都要代表组织与同组织或者同级部门保持联系,提供有用的信息和联络渠道的外部联络网。管理者要提高对重要组织问题的认识,在组织内外建立联络和网络。

2. 信息传递方面的角色

(1) 监督者。管理者作为监督者,必须及时从本组织内部和外部收集信息,以确保能够查找和获取具体信息,包括市场需求、经济状况、科学和技术的发展等方面的信息,以便充分了解内部组织情况和外部环境,从而使其能够掌握组织的潜在机会和面临的威胁,调整运营战略,有效地配置资源。

(2) 传播者。管理者作为信息的传播者,必须共享由信息监督者获得的信息,将从外部得到的信息向内部传送。管理者为了有效地履行职责还必须确保工作人员掌握必要的信息。

（3）发言人。作为发言人，管理者要代表组织，把信息传递给单位或组织以外的个人，向外界说明实际情况，通过向能够控制组织的有影响力的人提供政策、计划等信息来使外界相信组织能够履行社会责任。

3. 决策制定方面的角色

管理人员也在决策过程中发挥作用，处理信息并从中得出结论。如果信息不被用于组织内的决策，那么信息就失去价值。管理人员负责组织内的决策，使决策成为可能，使工作组按照既定路线采取行动，并为执行其计划分配资源。

（1）企业家。作为一个企业家，管理层密切监测本组织内外环境的变化，并寻求利用组织和外部环境发展的机遇，如开发新产品、提供新服务或创新新产品、新方法，以及利用机会投资、规划和制定目标战略的可能性。

（2）混乱处理者。无论一个组织被管理得多好，它在运行的过程中，总会遇到或多或少的冲突或问题，作为混乱处理者，当组织面临重大变动时，管理者需要在压力之下被动地应对变化。没有组织能够一帆风顺地运行下去，也不可能完全预料到意外的发生，每一位管理者都需要花大量的时间来处理一些意外。

（3）资源分配者。管理者决定如何分配各种资源，做到人尽其才，物尽其用。资源除了传统的人力、物力、财力外，管理者所分配的最重要的资源是时间。作为资源分配者，组织的一个重要决策在被执行之前，必须经过管理者的批准，必须保证组织资源不过于分散，必须了解方案的可行性，同时还必须考虑时间问题。

（4）谈判者。谈判者角色是指管理人员作为本组织的代表，参与各种谈判活动，例如与员工谈判劳动合同和与项目伙伴谈判商业合同。

（三）管理者的技能

处于不同职位和不同层次的管理者，由于其任务和职责不同，在执行管理职能时所需要的技能也有所不同。但是，有几项管理技能是所有管理人员都必须掌握的。美国的管理学专家罗伯特·卡茨总结了管理者必须具备三种基本技能：技术技能、人际技能、概念技能（图1-3）。

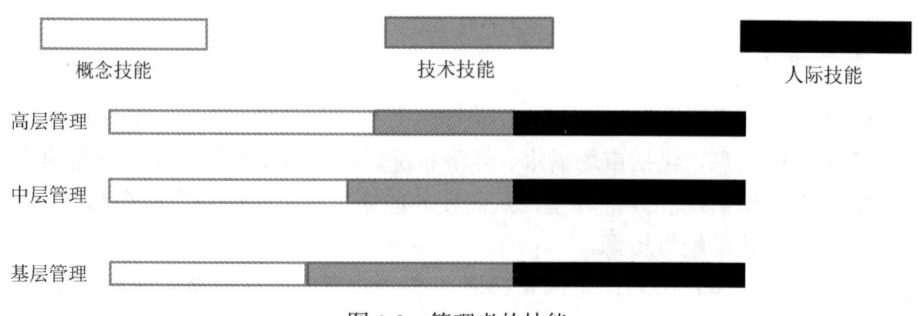

图1-3　管理者的技能

1. 技术技能

技术技能是指与某一特定岗位有关的技能,如生产、财务、营销技能等。管理人员不需要成为技术专家,但他们需要了解和掌握相关技能。否则他们由于缺乏基本的管理技能,难以与本组织的专业人员和技术人员有效沟通,使他们无法为其活动范围内的任务提供明确的指导。不同层次的管理者,对于技术技能要求的程度是不同的。

2. 人际技能

人际技能也被称为人际关系技能,指与他人沟通的能力,也就是处理人与人关系的能力。管理者不仅要协助部下,还要协助上级,还要学会说服上级,理解他们的意图,与上级合作。作为管理人员,要培养良好的团队精神,指导和激发工作人员的热情和信心,就必须具备良好的人际技能。

3. 概念技能

概念技能也称构想技能,是指统筹全局的能力,即在混乱和复杂的环境中,管理人员理解各种因素之间的相互作用关系的能力,准确地了解问题的实质,做出明智的决定。组织的任何一项决策是否被执行与概念技能有着很强的关联性,对于一个概念技能很差的人,他所制订的计划缺乏整体性与可行性。概念技能在管理过程中起着协调和统一的作用,具有全面性和长远性。

要成为有效的管理者,必须具备上述三种技能,缺一不可。罗伯特·卡茨认为,高层管理者对概念技能的要求较高,对中层管理者来说人际技能和概念技能较为重要,而基层管理者相对而言较重视技术技能和人际技能。

另一位管理学家里基·格里芬在上述管理者的三个技能的基础上增加了诊断和分析两个技能。他认为,成功的管理者应具备根据组织症状诊断问题的能力,通过问题表面分析问题的本质。管理人员识别某一情况下的关键变量,分析彼此之间的联系,确定最令人关切的因素,让管理人员了解和理解情况,并确定如何在这种情况下采取行动,补充诊断能力和为本组织决策奠定基础。

二、管理的客体——管理对象

管理客体,也称为管理对象,是指管理者为实现组织目标,通过管理行为作用于其上的客体,随着人类对管理学认识的深化和科学化、复杂化,在不同时期,有不同的内容,不同学派对此有不同的见解:①指管理活动所作用的各种具体对象,起初是人、财、物三要素,此后增加时间、空间,成为五要素,最后又增加信息、事件,成为七要素;②指管理活动所作用的特定系统,即把管理对象作为由多种因素组成的有机整体,系统内各要素互相联系、互相作用,系统与外界环境有信息、能量、物质交流;③指管理活动的对象,即人和组织。

管理活动首先是在一个组织的基础上实施的,组织通过合理配置和组织内外部不同的资源要素,以及通过一系列的职能活动来实现组织既定目标。因此管理的对象包括社会组织、资源以及职能活动。

(一)社会组织

社会组织是指为特定目的联合执行具体任务的群体,包括具有法人资格的团体,如政党、学校、企业、单位,也包括法人组织内部的单位或部门,如销售部门、生产车间。

(二)资源或要素

除了使本组织适应环境外,管理的主要任务是优化所有人力、财力、物力、时间和信息的分配,以便在最短时间内最大限度地提高经济和社会效益,具体有以下几方面。

(1)人力。人是指组织中的所有人员,包括组织上下所有高层、中层、基层管理者和作业人员。人力资源是组织或企业中最重要的资源,如何实现对人力资源的有效配置和管理成为企业人力资源工作的重点。从企业长期可持续发展的角度来看,对人力资源的开发还包括培训、能力提升等内容。

(2)财力。它包括经济和财务,反映了一个组织在一段时间内可以得到的有形信息的价值。财政资源的管理必须有效,并符合经济规则,以便确保足够的资金以供使用,执行管理计划。

(3)物力。它包括对能源、材料、仪器和设备的管理,以确保其得到最佳利用。

(4)时间。时间是一种客观的实际存在形式,有效的管理人员应考虑如何在尽可能短的时间内做更多的工作,并最大限度地利用时间。

(5)信息。它是本组织信息和知识的新来源,在整个管理过程中,信息和知识是整个组织有效管理的一个关键组成部分。

(三)职能活动

任何一个组织必须要通过实施职能活动来实现组织目标,通过不同类型的活动来提高管理活动的效率。如本章第一节所述,组织的职能一般有计划、组织、领导、控制和创新,各职能之间交叉渗透、循环不息,共同推动着组织工作向前迈进。

第三节 管理学的含义及其研究方法

一、管理学的含义与特点

(一)管理学的含义

管理学也称管理科学,是专门研究人类社会管理活动的现象和规律的学科,它以各种管理工作中普遍适用的原理和方法作为研究对象，是管理实践的科学总结。管理学是现代化、社会化和各学科日益发展的产物，横跨自然科学、社会科学等各个领域。它强调使用各种工具和方法来解决管理问题，如用统计学、运筹学等来进行定性定量分析。

（二）管理学的特点

管理学作为一门学科，与其他许多学科相比，具有自身的特点。

1. 一般性

管理学是从一般情况和一般原理的角度出发，研究组织整体的管理活动和管理规则，但不包含对一些具体的管理业务的研究。旨在寻找所有管理活动内在的共同规律，不管是"微观原理"还是"宏观原理"，都是需要以管理学的原理为基础来进行进一步的研究。

2. 社会性

管理的主体和客体都是人，他们是社会中最具有生命力的组成部分，因此管理具有社会性。其次，管理的社会属性必须要体现不同的生产关系和上层结构，这也决定了管理具有社会性。

3. 实践性

管理学是实践性很强的学科。很多成功的案例，如果不考虑具体的环境就复制过来，往往解决不了实际问题。案例也并不是放之四海皆准，它要求管理者在管理实践活动中灵活运用管理学相关理论、技能、方法和经验，加以创造和运用，去解决各种复杂多变的管理问题，只有在管理实践中不断磨炼，积累管理经验，才能更好地解决管理活动过程中的实际问题。

4. 历史性

任何理论都是历史的产物，管理学也是对前人在管理实践、管理经验、管理思想和管理理论方面的总结。根据长期的历史发展和管理经验来看，必须全面了解管理历史，才能很好地利用管理学。

5. 综合性

管理活动涉及社会生活的各个领域，它综合利用社会科学、自然科学和管理活动过程中存在的基本规律和一般方法。管理环境包括生产关系、政治、法律、社会、心理等因素，因此，需要充分利用管理哲学、经济学、社会学、工艺学、系统工程学、行为科学、数学、计算机科学等整理和分析、研究管理规律。管理学综合利用各种交叉学科和边缘学科的研究成果。基于这种特点，只有管理人员具备广泛的知识，才能胜任管理岗位。

二、管理学的研究内容与方法

(一)管理学的研究内容

管理学的研究对象有广义和狭义区分,广义上来说,管理学是研究一切与企业经营活动相关内容的学科。广义管理学内容大体分为三个方面。

1. 生产力方面

主要研究生产力的合理组织问题。即要求管理者研究如何合理、经济、高效地使用和协调组织内的人力、物力、财力等资源来达到实现组织目标的目的。

2. 生产关系方面

主要研究正确处理组织中人和人之间的相互关系的方法,如领导与下属之间的关系、领导与其他管理者之间的关系、下属与同事之间的关系,如何激发组织内成员的积极性和创造力,实现组织目标。

3. 上层建筑方面

上层建筑包括建立在经济基础之上的政治、法律、道德、哲学、艺术、宗教等。管理在一定的社会背景下运行,离不开法律、政策。因此在上层建筑方面,管理学的研究内容主要是对组织内的规章制度进行完善;研究组织的社会道德。

狭义上来说,管理学考虑的是如何让组织更有效率、可持续的长期经营下去。狭义上的管理学研究的内容主要包括管理原理、管理职能、管理方法、管理者和管理历史等。

1. 管理原理

管理原理指的是通过对管理活动中的各方面内容进行科学分析而形成的基本原理,是对各项管理制度和方法的高度总结和概括。研究管理原理有助于提高管理活动的科学性,避免盲目运行;有助于提高工作效率;有助于迅速找到解决实际管理问题的途径与方法。

2. 管理职能

管理职能也称管理功能,一般是指管理者所行使的计划、组织、领导和控制职能的总称,是管理者应尽的责任、义务和权力。对管理职能的研究主要是研究组织中包含哪些职能,主要由谁来执行;执行职能时需要哪些条件;预知在执行的过程中会遇到哪些问题等。

3. 管理方法

管理方法用于组织研究、开发、生产、销售、服务等活动中的方法和过程,管理活动的顺利进行与管理目标的实现都离不开管理方法。

4. 管理者

一个组织的管理目标能否实现，管理者起着至关重要的作用。管理者为组织设定目标并决定采取行动来实现这些目标。除分配合适的人员来完成工作任务，管理者还应该对员工进行激励和鼓舞，提高员工积极性。因此对管理者的研究也是管理学研究内容的重要部分。

5. 管理历史

将管理学从古至今所积累的经验与原理方法整理成可传授的知识，将它们串联成一体，以便更好地继承和发展。

管理学的研究内容十分广泛，涉及人类活动的各个方面，上述内容是管理学界至今研究的主要内容。

（二）管理学的研究方法

管理学研究方法是研究主体为了了解研究对象的本质和规律所进行的思考和采用的步骤，主要是研究管理的方法、路径、工具和手段等，解决的问题是"怎样才能正确认识管理"。管理学研究的一般方法是指研究主体研究管理时使用的最一般思维原理和分析法。常见的管理学研究一般方法主要有以下几种。

1. 案例分析法

案例分析法是一种培训方法，将管理问题作为个案研究来处理，并委托学生进行研究和分析，以此加强他们评价、分析、解决问题和执行任务的能力。案例分析法概述了典型的管理活动案例，从理论、经验和一般管理原则中总结规律。

2. 定性和定量分析相结合的方法

定性分析是管理人员根据经验、直觉、对观测对象的过去和现在进行连续性的分析，并通过信息来判断研究对象的特征、性质和发展模式的一种方法。定量是一种方法，用既定的实际统计数据为基础的数学模型来计算研究对象的指标和数值。

定性和定量分析是相辅相成的。定性是定量分析的先决条件，它以定性预测为基础，并使用数字工具使定性更加科学和准确。只有灵活地应用定性和定量分析，才能实现管理的最佳效率。

3. 比较分析法

比较分析法就是在相同的管理环境下根据同一标准将多个管理对象进行对比分析，在分析中发现其共同点与不同之处，找到存在差异的原因，得到研究结论，在结论的基础上推测其他管理对象的管理特性。

4. 理论联系实际的方法

理论联系实际的方法有两种：①将管理理论与方法运用到实践中去，通过实践来检验这些理论与方法是否正确;②通过实践,把实践经验加以概括和归纳,上升为理论,去补充和完善原有的管理理论。管理学是一门生命力很强的学科,通过理论与实践的结合,使管理理论在实践中不断完善和验证,从而深化认识、发展理论、指导实践,进而归纳和完善理论,使理论和实践得以提升。

5. 实验法

所谓实验法,就是在一定的环境条件下,经过严格的组织和设计,对研究对象进行考察,并对未给予这些条件的实验结果进行比较分析,找出外部条件和实验结果之间的因果关系,明确管理的法则、方法和原则。实验法是有目的的、有制约的研究方法,只有事先进行充分计划和安排,才能得到好的效果。

但要注意,管理有许多问题由于外部环境和内部条件的性质的不同而表现特别复杂,影响因素很多,要想进行人为的重复实验是不可能的,这是实验法的不足之处。

【课后思考】

1. 什么是管理?它的基本特征有哪些?
2. 管理活动具有哪些基本职能?它们之间的关系是什么?
3. 什么是管理者?一个有效的管理者需要扮演哪些角色以及具备哪些技能?
4. 论述管理的二重性。
5. 试析管理的科学性与艺术性。
6. 管理学研究的对象与方法是什么?

第二章 管理理论的形成与发展

【教学目标】

1. 了解中外古代管理思想的演进历程。
2. 掌握古典管理理论与人际关系理论的主要思想。
3. 掌握现代管理理论各流派的主要理论。
4. 了解现代管理理论发展的最新趋势。
5. 使学生具有应用现代管理理念分析和处理实际管理问题的能力。
6. 能够从管理思想的高度认识与分析我国经济领域的管理体制改革活动。

第一节 早期管理思想

一、中国传统管理思想

在管理理论的历史上,亚当·斯密、查尔斯·巴贝奇、罗伯特·欧文、弗雷德里克·泰勒、亨利·法约尔等许多西方先驱者,他们的名字人们耳熟能详,而对中国的传统管理思想却知之甚少。但是管理实践和人类管理理论不是从18世纪开始的。事实上,管理实践和理论与国家文明发展史和国家社会文化背景紧密相关。早在商周,中国就已经建立了组织完善、高度集中的权力结构。历任统治者的功绩是历史学家研究和评论的主题,但从管理角度来看,也留下了国家治理和军队建设方面的丰富经验和理论。

中国传统管理理念可以分为两方面:宏观经济管理和微观管理。前者是适应中央集权的封建国家的需要,体现在税务、土地和市场管理方面。后者是通过人民在经济生产和发展的基础上的实践逐步积累起来的。由于生产力和科技发展方面的制约因素,我国古代的管理思想比较零星分散不够系统。

中国古代修建了许多伟大的工程,如长城、京杭大运河等。这些大型工程,从生产管理的角度看,是十分详细、周密的。在当时科学与管理技术都不发达的情况下,它的计划、组织、领导、控制等活动的难度是无法想象的。

总之,中国古代的管理思想是极为丰富的,凝结了中国人民的宝贵管理经验和智慧,对于我们今天现代管理理论研究和管理实践工作仍具有重要的借鉴价值。

二、西方传统管理思想

(一)亚当·斯密的管理思想

1776年,亚当·斯密发表了《国民财富的性质和原因的研究》,该书系统地论述了劳动分工理论。斯密认为，劳动是国家财富的来源，是人民消费的所有必需品的来源。这些基本商品的供应质量取决于两个因素：第一，该国人民的技能和判断水平很高；第二，有效劳动的数量与非生产性工作的数量之间的关系。同时注意到劳动力创造的价值是工资和利润的来源，而且工资越低，利润就越高。

在分析提高劳动生产率的因素时，斯密特别强调劳动分工的作用：首先，劳动分工可以使工人对某一项工作专注从而提高熟练程度；其次，劳动分工可以将复杂的活动简化为多个小环节，有利于创新工具和改进设备；最后，劳动分工也可以减少因工作变动而带来的经济或者时间成本损失。

斯密的理论虽然已经有200多年的历史，但是到今天，尽管经济管理环境发生了巨大的变化，他的一些理论还是继续发挥着作用，尤其是劳动分工理论，目前在世界各国的组织中普遍采用，我国各种组织的管理也都采用了分工的方式。

（二）查尔斯·巴贝奇的管理思想

查尔斯·巴贝奇是英国著名数学家、机械学家，是工业革命后期对管理思想贡献最大的人。他对管理思想所做出的巨大贡献，不在于提出了什么理论，而在于将数学方法引入管理领域，试图用数学方法来解决管理问题，在他之前，很少有人将数学方法和管理结合起来。

1. 对工作方法的研究

巴贝奇建议通过严密调查以获得数据，用来管理一个企业。例如，他制订了一种观察制造业的方法，用这种方法观察时需准备一张提问表，以便向有关人员提出问题，包括生产材料的损耗、工人、市场、工资、价格、工具、需要的技术、工作周期的长短等。实际上这种观察管理的方法和后来人们提出的"作业研究的科学系统的方法"非常相似。管理史学家雷恩在《管理思想的演变》中说，巴贝奇将数学方法引入管理领域，试图用数学方法来解决管理问题的思想，让管理活动开始有了"科学"的意味。

在斯密劳动分工理论的基础上，巴贝奇进一步详细分析了劳动分工如何有效地提高生产效率，从而节约时间成本、材料成本，提高工作效率，改进工厂器械，他还发明了计数机器，专门计算生产作业中各种数据，如计算工人的工作量、原材料消耗、工具的有效利用等。

2. 对报酬制度的研究

巴贝奇在当时寻求管理人员和工人之间的和谐关系，他认为不仅是"专业分工"，劳资关系的和谐也会直接影响到工厂的生产效率。因此他在计算工人报酬时主张根据工人对生产率的贡献程度制订报酬。这样的报酬由三部分组成：由工作性质决定的固定工资、对生产率贡献大小所带来的奖金和对提高生产效率提出有用建议的额外奖金，这种分享工资和利润的制度可能有助于改善劳资关系。

（三）罗伯特·欧文的管理思想

这一时期的著名管理学者，除了斯密和巴贝奇，还有英国的罗伯特·欧文。他通过试验证明，工厂重视和尊重工人的地位可以提高工厂的生产效率，增加工厂利润。他建议工厂应该多注重工人的情感，比如改善工人的生活环境、提高工资水平以及减少工作时间等。这些管理思想都是适应当时社会生产力的发展而产生的，虽然还不够科学、完整和系统，但是它们对于促进生产以及科学管理理论的进一步发展都有积极影响，其中的一些管理思想也一直沿用至今。

（四）小詹姆斯·瓦特和马修·博尔顿的管理思想

最早在企业管理中使用科学管理方法的，当属瓦特和博尔顿，他们为工厂制定了许多管理制度，并在组织工厂的生产与销售活动中运用了许多管理技术。例如：他们组织市场调查，向欧洲大陆派出许多代表收集各种可能影响蒸汽机需求的资料，并据此确定企业的生产规模和编制企业生产计划；根据工作流程有计划地安排机器的空间布置，组织生产过程规范化，产品部件标准化；在会计与成本核算方面，他们建立了详尽的统计记录和控制系统，采用了原料成本、成品库存、人工费用等分别记账的制度，从而能够计算出工厂的每台机器的成本和每个部门的利润；在人事管理方面，他们首先对工人进行培训，在给予工人基本工资的基础上增加工人的福利。瓦特与博尔顿在管理实践中的这些探索甚至会令今天的管理学家感到惊奇。

（五）安德鲁·尤尔与查尔斯·杜平（又称夏尔·迪潘）的管理思想

安德鲁·尤尔是英国格拉斯哥大学教授，他是第一位同时在理论和技术两个层面培训管理和技术人员的教育者，1839年，在他的建议下，格拉斯哥大学建立了一所专门向工人传授科学知识的学院。在当时的条件下，安德鲁·尤尔认为企业管理的本质，是用机械科学代替手工技巧，用训练有素的企业职工代替经验技巧型的手工艺人。要达到这一目的，安德鲁·尤尔强调，管理人员必须对生产做出安排，使生产过程相互衔接，使整个工厂的工作协调一致。他还认为，每个工厂都有三个系统，即机械系统、道德系统和商业系统。机械系统指的是生产技术和工艺，道德系统和商业系统分别表示工人心理状况和工厂的销售、资金状况。这三个系统构成了指导企业运作的三项组织合作原则。

查尔斯·杜平是法国学者，他在1816~1818年访问英国，详细考察了英国的工厂制度和管理体系，并同安德鲁·尤尔有着广泛的交流，研究了安德鲁·尤尔在培养管理人才方面的贡献。回巴黎不久，他就被聘为公立艺术和职业学校的数学和经济学教授。在任教期间，他写了《在大不列颠的旅行》一书，该书关注的内容是：对工人的福利、教育和美德的关心，杜平认为：管理人员应该利用专业的几何学和机械学知识对劳动者的工作方法进行详细的研究。在杜平的管理教育中，已经涉及工时研究和分工协作问题。

美国管理史学家丹尼尔·A.雷恩博士在《管理思想的演变》中对安德鲁·尤尔和查尔斯·杜平的贡献是这样评价的：杜平的工作受到了尤尔的影响，而杜平又对亨利·法约尔具有影响，而后者是又一位在思想上引导现代管理理论形成的先驱。

第二节 管理理论丛林

一、古典管理理论

古典管理理论是在 19 世纪末 20 世纪初形成的，主要包括科学管理理论和古典组织管理理论两大部分。在这一时期，公司规模迅速扩大，市场竞争激烈，竞争的压力迫使企业不断提高劳动效率，给工人带来了前所未有的沉重负荷。因此，如何调动工人的积极性、提高工厂的生产效率成为管理人员普遍面临的难题。尽管古典管理理论在不同国家的不同时期表现为不同内容形式，但其主要目的是利用当时的科学方法和科学手段，研究和实验管理过程、职能和方法，从而确定了基于科学的理论、原则和方法。

（一）泰勒的科学管理理论

1. 科学管理之父——弗雷德里克·泰勒

1856 年，泰勒出生在美国费城的一个律师家庭，他小时候就爱好科学研究实验，对任何事情都想找出一种最好的解决办法。19 岁时进入一家机械厂当徒工，22 岁进入钢铁厂当普通工人，后来迅速被提升为小组长，42 岁开始从事管理方面的研究。作为科学管理理论的主要倡导者，泰勒在管理思想的发展上扮演着极其重要的角色，被称为"科学管理之父"。他的贡献主要包括"计件工资制""工厂管理""科学管理的原理和方法""科学管理"等。

2. 泰勒的三个主要试验

1）搬运生铁试验

通过搬运生铁试验，大体估算出工人"日合理工作量"，从而为实行定额管理奠定了基础。1898 年，泰勒在伯利恒钢铁公司的一项业务研究中测试了搬运铁块的操作，在其管理研究中，发现工人的工作量很大，总共 75 名搬运工负责这项工作，他们需要将铁块搬运到火车上。每块铁块重 80 公斤，运输距离 30 米，每个人平均每天搬运 12.5 吨，每天赚 1.15 美元。泰勒仔细观察了 4 个工人，研究了他们的背景、习惯和愿望，并最终选择了一个名叫施密特的工人，他是一个非常爱财、非常小气的人。泰勒要求他按照新的要求工作，并给他每天 1.85 美元。泰勒试图转换各种工作因素，测试了行走速度、姿势和其他变量对生产效率的影响。通过长期的观察测试，建立了一个优化处理方法和工作制度，这一制度的实施使每日工作量增加到 47.5 吨，工资也提升到 1.85 美元，而且，也不会让工人觉得太累。

2）铁锹试验

铁锹试验是系统地研究铲上负载，原料的形状、规格等以达到最佳处理方式的试验。泰勒通过对工人劳动过程的观察，使用秒表和量具来计算工人铲煤的效率与铁锹尺寸的关系，发现铲上负载为 9.52 公斤时效率最高，探索出实现铲煤最高效率的铁锹尺寸大小与铲煤动作的规范方式，并相应设计出大小 12 种规格的铁锹。除了分配给工人的任务外，还指定每个工人所用铁锹的规格。此外，泰勒还研究了每项动作的确切时间，从而确定了"一流工人"的日常工作量。这项研究取得了显著的成果：劳动力从 600 人减至 140 人，每人每天平均工作量从 16 吨增加至 59 吨，每人每日工资从 1.15 美元增加至 1.88 美元。

3）切削金属试验

泰勒在考察中发现，工人切削金属的作业十分复杂，例如对于加工不同的金属，应选择何种刀具，如何确定刀具的转速及进刀量，是一个技术性非常强的问题，一般工人不能独立确定。但是，在当时的劳动条件下，工人只能凭着自己的经验来从事这些难度较大的作业，导致劳动效率低下。为此，泰勒先后用了十几台机床做切割金属试验，历时近 26 个月，终于为工人找到合理的加工方法，摸索出一套切削不同金属、选用刀具和确定作业方式及方法的规律，使劳动效率大大提高。泰勒认为，工人凭个人经验作业，只能是会做，但得不到最好的效果，这不是工人的责任，把选择劳动工具和操作方法强加给工人是不负责任的做法，而责任在于管理层。

3. 科学管理的主要内容

泰勒倡导的以科学为依据的管理理论，其要点有以下几个方面：

（1）科学管理的中心问题是提高劳动生产率。泰勒认为当时社会劳资矛盾的根本原因是效率低，而提高生产率的潜力是巨大的。泰勒认为，最高的效率是业主和工人共同繁荣的基础，使较高的工资与较低的劳动力成本相统一，增加利润，并提高工人的工资，从而提高工人的利益，促进生产的发展。正是基于这一认识，泰勒的科学管理研究都是围绕如何提高工作效率而展开，并且主要集中在定额研究以及人与劳动手段的匹配上。

（2）科学地挑选与培训工人。泰勒认为，为了提高劳动生产率，必须挑选"一流"的工人。"一流"的工人就是适合其工作而又有进取心的人，要根据每个人的能力把他们分配到相应的工作岗位上，并对他们进行培训和教育，鼓励他们努力工作，从而最大限度地发挥他们的能力。

（3）确定合理的工作标准。提高效率的首要问题是合理地安排每日工作量，这样就必须对工作方式和时间进行研究，工时研究是泰勒制的基础，通过测试和分析工人劳动的基本要素，确定了最佳工作方法、工作时间配额和其他劳动配额标准。为工人制定了标准化的工作方法，并通过标准化的工具、机械和材料使所有工作制度化、规范化和科学化。

（4）差别计件工资制。为了鼓励员工努力工作，泰勒提出了差别计件工资制，即根据工人完成定额的不同而采取不同的工资率，而不再根据工种来计算工资。经过实践证明，实行差别计件工资制效果十分显著，使产量增加 2~3 倍，大大降低了成本，从而使工人和企业都感到满意。

（5）职能管理。为了提高劳动生产率，泰勒主张把计划职能与执行职能分离开，泰勒所指的计划职能实际上就是管理职能,执行职能则是工人的劳动职能。计划职能由企业高级管理者建立专门的计划部门来执行,专门从事标准化研究、标准制定、工作流程和生产计划的制订,工人则按计划生产。针对工人的管理,泰勒提出一种"职能工长制",即将管理工作予以细分,一个工长只承担一项管理职能,每个工长在其业务范围内有权监督和指导工人的工作。

(6) 实行例外管理。泰勒认为针对不同类型或者规模,不同的组织应采取不同的管理方式和原则进行组织,不能完全地套用同一个职能原则。另外在管理的过程中应适当采取例外原则,也就是高层管理者可以适当将权力下放到低层管理者,自己主要保留对例外事件的处理权和监督权。这种例外的原则至今仍然是管理中极为重要的原则之一。

泰勒还指出,科学管理不单纯是提高效率的手段,不是一种新的计算成本的制度,不是单纯的工人报酬计算制度,也不只是简单的工时研究,它的实质是雇主和工人之间的一场心理革命,对工人来说,是他们对同事和上级之间的心理革命;对雇主来说,是他们对下属、同级和所有事务之间的一场心理革命。没有这种全面的心理革命,科学管理就不能存在。

泰勒的科学管理理论其影响是广泛而又深远的。科学管理有助于当时工厂的全面管理改革,使美国一些大型企业能够以渐进的方式取代单纯以经验为基础的方法,以可持续的方式发展。因而,科学管理的贡献是全球性的。

4. 对泰勒科学管理的分析

1) 泰勒科学管理的主要贡献

(1) 泰勒第一次将经验管理上升到科学管理。泰勒强调运用科学的方法来研究企业的管理活动。泰勒认为科学管理的最终目的是谋求最大生产效率,最高的生产率是雇主和员工达到共同富裕的基础,而要达到最大的生产率的重要手段就是运用科学的、标准化的管理方法代替百多年来沿袭下来的传统的经验方法。

(2) 追求效率的优化思想和调查研究的科学方法。科学管理理论在于解决如何提高劳动生产效率问题,在一系列实验的基础上,如时间与动作研究以及差别计件工资制,创建科学的技术与方法,来优化工厂的效率。这些技术和方法不仅是过去生产的基础,同时也是未来工厂持续运行的前提。泰勒的科学管理和传统管理相比:一个是科学地制定操作流程和改进措施,另一个是拼体力和时间;一个是金钱刺激,另一个是饥饿政策。从这些观点来看,比起传统管理,科学管理有了很大的进步。

2) 泰勒科学管理的局限性

(1) 泰勒对工人的看法是错误的。泰勒把工人看成工具,他们只会按照管理人员的指示与命令来劳动。科学管理理论只注重技术因素,忽略了人的社会因素。泰勒认为工人是"经济人",他们的工作动机是得到经济收入,即"经济人"假设。他所推崇的专业化分工加剧了脑力与体力的分离,加深了劳资双方的矛盾,劳动分工越细,工人的工作内容越少,越觉得乏味,劳动积极性越低,反而不利于生产效率的提高。

(2) 泰勒仅解决了个别具体工作的作业效率问题,而没有解决企业作为一个整体如何运行管理的问题。由于泰勒受当时社会条件与背景的限制,不可避免地会影响到实验研究的方法、条件等，使其对管理活动的研究仅仅是针对个别具体作业的生产效率问题，而不是一个企业整体的经营管理问题。

5. 其他一些管理学家对科学管理理论的贡献

吉尔布雷斯夫妇在动作、时间研究方面取得了突出的成绩。他们发现在工作中，每个工人的工作动作和速度都有所不同，于是他们对两者之间的关系产生了浓厚的兴趣，开始仔细研究工人的每一个动作。吉尔布雷斯夫妇在动作研究中主要采用观察、记录、分析的方法，首先用摄影机记录工人的各项动作，通过瞬时计记录每 1/1200 分钟的时间，根据所拍摄的轨迹就能找到每一项工作的模式。对时间的研究就是合理地分配每一项工作的时间，主要就是制定工人的工作定额。

甘特曾是泰勒的同事，后来独自创业，做企业管理咨询方面的工作。他的重要贡献之一就是开发了甘特图，这种图用线条来表示组织的计划进度，现在企业通常用甘特图来编制计划进度表。甘特在泰勒的基础上提出了"计件工资制"，即工资包括固定工资和奖金，如果工人在规定时间内完成规定定额，不仅可以拿到基本工资，而且超额部分以计件的方式给予奖金，如果工人在规定时间内未完成标准，则拿不到奖金。相比泰勒的差别计件工资制，甘特的计件工资制考虑到了对工人的激励，提高了工人的劳动积极性，在一定程度上缓解了雇主和工人之间的矛盾。

（二）法约尔的一般管理理论

1. 一般管理理论之父——亨利·法约尔

法约尔出生于法国，1860 年毕业于圣埃蒂安国立高等矿业学校后进入采矿冶金公司，成为采矿工程师，逐渐成为职业经理人，他连续担任该公司总经理 30 多年。不同于泰勒和其他学者主要关注基层的专业管理，一般管理理论从高层管理的角度把整个企业作为研究对象，着重分析高层次的指导和企业组织问题，并在实践中逐步形成自己的管理思想与管理理论。法约尔在其代表作《工业管理与一般管理》中提出了一般管理理论，对西方管理理论的发展产生了重大影响，成为过程管理学派的理论基础。

2. 一般管理理论的主要内容

1）六种经营活动

法约尔把整个企业经营活动概括为六个方面，即技术活动、商业活动、财务活动、安全活动、会计活动和管理活动。

（1）技术活动：包括产品的研发、生产、制造、包装等活动。
（2）商业活动：包括原材料的供应、产品的销售、交换等活动。
（3）财务活动：包括企业的投资、筹资、财务支出等活动。
（4）安全活动：包括对财产、安全信息以及人员的保护等活动。
（5）会计活动：包括清理财产，编制资产负债表、损益表、现金流量等活动。
（6）管理活动：包括计划、组织、指挥、协调和控制活动。

法约尔认为，对应的六项能力，即技术能力，商业能力，财务能力，安全能力，会计能力和管理能力，应该是所有经营人员必要的，但不同的活动的六个功能的关注重点不同。对于高层管理者，较为重要的是管理能力；而对于基层管理者的技术与业务能力要求较高，但对他们的管理能力不做太多要求。总的来说就是随着管理能力的提升，基础能力的重要性随之下降。

2）五大管理职能

（1）计划职能：计划是组织的管理活动的前提，根据组织内外部条件确定总体目标，并作出实施方案。

（2）组织职能：对组织内的各项资源和要素进行合理的分配以及设计严谨的组织结构，使组织协调运作，保证计划得以有效地实施，以最好的效率去实现企业目标。

（3）指挥职能：领导者在一定的职权下对下属人员进行指挥、协调，企业需要建立一个有权威、效率高的统一指挥系统，通过各种手段刺激和激励员工。

（4）协调职能：依据正确的政策、规则、计划，协调内部冲突，理顺各方面关系，以便更好地完成企业的任务。

（5）控制职能：保证管理活动实际运行情况与计划相符合，对各项活动进行监督和及时调整。

3）十四项管理原则

（1）劳动分工。对组织内劳动进行专业化分工有利于提高生产效率，通过提高工作的熟练程度、减少工作之间转换的时间使不同行业的产量增加。

（2）权利与责任。权利是个人职责范围内的支配力量，责任是在职务上应承担的义务，是应该做的事情。正所谓，有权必有责，权利和责任是不可分割的整体，责任和权利是相辅相成、相互作用、相互制约的，一个人在组织中负有什么样的责任就有相应的权利。

（3）纪律。组织要想在一定的社会环境下顺利运行，组织内所有的人员必须要共同遵守组织的纪律、规章条例。俗话说，无规矩不成方圆，它是为保证工作而为人们行为制定的规则。

（4）统一指挥。不论在什么样的组织中，法约尔认为每个人只能接受一个上级的命令。

（5）统一领导。为了完成组织共同的目标而进行的一切活动，只能有一个领导者在一个计划下对人员进行领导，不能出现多头领导。

（6）个人利益服从集体利益。在大是大非面前，个人利益必须服从集体利益，当个人利益与集体利益发生冲突时，如果选择不牺牲个人利益，集体利益就无法实现。

（7）人员的报酬。组织内员工进行劳动的最终目的是获得工资报酬，并且组织通过奖金的方式提高员工的报酬可以一定程度上增强员工的工作积极性，以间接的方式提高组织的生产效率。

（8）集权和分权。它们是组织内权力的两种分配方式，集权就是把企业经营权限更多地集中在上层领导，分权则是权力分散到中下层人员，而高层管理者只保留对重大事件的决策权。

（9）等级制度。组织从上至下形成了严密的等级链，相应的产生了高层管理者、中层管理者以及基层管理者和作业人员,并依次有权自上而下进行指挥领导。

(10) 秩序。组织作为一个整体,必须依靠秩序使内部成员各司其职,有条理、有组织地合理安排各个部分使组织顺利运转。

(11) 公平。法约尔强调在组织中对待员工和具体事项要公平公正,依据现有的规章制度办事,不能掺杂个人情感。

(12) 人员的稳定。组织内的人员在很长一段时间内是相对稳定的,因为一项工作从开始到熟练需要相当长的时间。相对来说,基层工作的适应时间较短,而中高层工作的熟悉时间更长。

(13) 创新精神。全体成员发挥创新精神,对整个组织来说是一种巨大的动力。

(14) 团结精神。一个团队的好坏取决于这个团队的和谐程度,组织内的很多任务单靠个人力量是无法完成的,需要整个团队合作完成。

4) 管理人员的能力与素质

法约尔还提出,五大管理职能和十四项管理原则的实施都依赖于管理人员本身的能力素质。

(1) 身体:管理者从事管理活动必须拥有健康的身体。

(2) 智力:善于学习、反应敏捷、头脑灵活。

(3) 道德:责任感、正义感、集体感。

(4) 文化:管理知识背景,一定的文化积累。

(5) 经验:善于从实际管理中总结经验教训。

另外,法约尔还倡导实行管理教育,他认为管理能力并不全是天生的,它也可以通过后天的教育活动来获得,因此他也大力提倡在学校里教授管理学,把它视为一个必修的课程,培养管理思维。

3. 对法约尔一般管理理论的评价

1) 一般管理理论的贡献

泰勒的科学管理理论是以某一个具体的对象进行试验得出结论的,虽然具有很强的实践性,但是缺乏理论性。相比下来,法约尔的一般管理理论更加具有整体性和系统性,它的研究对象都是普通的组织机构,因此也适用于各种类型的组织。

法约尔对于管理"一般性"的认识,在当时是一个很大的突破,克服了狭隘的传统观点,管理研究不再拘于某一项活动或者某一范围。同时,法约尔强调所有的组织结构(工业、农业、商业、政治、宗教等)都需要管理,一般管理理论都是适用的。法约尔的管理理论,后来成了管理过程学派的基础理论,从理论的角度来说,它比科学管理理论对管理理论的发展影响更大,至今仍然有它的实用价值。

2) 一般管理理论的局限

法约尔一般管理理论的不足就是它的管理原则相对来说比较死板,以至于在有些实际情况下不能正确实施。在一般管理理论的十四项管理原则中,法约尔强调组织内进行专业化分工以及分权的重要性,但同时又强调统一指挥、统一领导,一个人只能受一个领导的指挥,这两者在某种说法上是相互矛盾的,这在实际的管理过程中也不符合实际。

另外，一般管理理论过于强调领导者的个人素质，法约尔认为在组织中，领导者可以凭个人力量带动整个组织的发展，这就大大忽视了员工的作用；在对员工的激励方面，只是片面地强调物质上的奖励，不注重精神层面；一般管理理论只是对企业内部的研究，没有考察企业外部环境，缺乏一定的全面性。由于当时所处环境与条件的限制，导致在理论上有一些方法、技巧和体系的缺陷，但是仍然不能否定法约尔对世界管理理论的贡献。

（三）韦伯的组织理论

1. 组织理论之父——马克斯·韦伯

韦伯出生在德国一个富裕家庭。从小受到良好的教育，对经济学、社会学、政治学、宗教学有着广泛的兴趣。他在多所大学担任教授。韦伯管理思想的主要贡献就是提出理想的行政组织模式，他是古典组织理论的奠基人。韦伯的理想行政组织体系的核心不是组织活动通过个人和世袭的地位管理，而是通过职务和职位来进行。

韦伯认为权力有以下三种形态。

1）传统权力

传统权力主要通过传统管理和世袭而来。韦伯认为，人们对上级的服从是因为其拥有传统的权力地位，但同时领导者也会受到传统的制约。人们对传统权力的服从是对个人忠诚的习惯，而领导人的作用似乎只是维持传统，使组织效率低下。

2）"神授"权力

韦伯认为完全依赖于对领袖人物的个人信仰，这种感情色彩是非理性的，它要求组织必须不断产生奇迹和英雄来使领袖获得追随者。

3）合理合法的权力

韦伯认为，只有法定的权力才能成为行政组织体系的基础，根本原因在于：它提供了公平公正；管理的正常运作需要秩序来维护；领导者道德权力需要制度来约束；也为组织择人方式提供了理性基础。

2. 韦伯的理想行政组织体系理论

韦伯的理想行政组织体系理念的主要内容包括以下几个方面。

1）明确的分工

管理者要对成员的工作进行合理地分工，明确每个人的工作范围和职责，同时享有范围内相应的权力，并不断通过技术培训来提高工作效率。进行分工实质上就是一个权利与责任进行匹配的过程。

2）自上而下的等级系统

韦伯最大的贡献就是提出了组织系统的概念，他把组织系统划分为三个层次：最高层、中层和基层，每一层都必须服从上一等级的指挥和领导，同时也要对自己的下级负责。

3）人与工作的关系

在对组织活动进行专业化分工之后，每一位员工都有自己的工作，每个人要在所在岗位上尽职,对自己的工作负责,不能随意辞职。成员之间的关系只有对事的关系而无对人的关系。

4)职业管理人员

除必须根据某些规定选出的特殊职业外,管理职位有固定的工资和明文规定的提升度。这些职业管理者不是他们管理的公司的所有者,而是其中的员工。

5)遵守纪律

组织为保证能够顺利运作,有自己的一套规章制度,组织内成员必须严格遵守纪律,不允许无视组织纪律,避免在工作中感情用事。

6)非人格化的关系

韦伯认为在组织中,人与人之间的关系是完全理性的,仅存在工作关系,他们之间是没有其他情感的,处理问题时完全依赖规则。

3. 对韦伯组织理论的评价

1)组织理论的贡献

韦伯组织管理理论的主要贡献就是提出了"理想行政组织体系",它具有高度结构化、正式化、非人格化的特点,而这些正是对组织进行强制控制的有效手段,韦伯认为这是为达到组织目标、提高组织生产率最有效的方式。这种形式在精确性、稳定性、纪律性和可靠性方面都优于其他组织形式,它在形式上可以应用于一切事务,可以说它是实施统治管理最合理的方式,同时也适用于其他大型组织,如教会、国家机构、政党等。韦伯的这一理论,是对泰勒的科学管理理论、法约尔的一般管理理论的补充,对后来的管理学者尤其是组织管理理论学者有深远影响。

2)组织理论的局限性

韦伯过于强调了组织中的层级关系,它要求下级要绝对服从于上级,忽视了下级人员的主动性和积极性,不利于组织的长期发展,缺乏民主性;组织理论视组织利益和组织效率至上,容易忽视在外部环境变化时组织的应变能力,也不利于组织的多样化发展;过于强调专业化分工和职权的分离,忽视了组织整体上的协调,也很难在组织中消除本位主义的问题;过于强调人员的稳定,认为工作人员不能轻易离开自己的岗位,容易造成不求有功但求无过的管理人员,使有些人员得过且过。

二、行为科学理论

行为科学是研究人类行动的综合科学。这个科学综合研究心理学、社会学、人类学、经济学、政治学、历史学、法律学、教育学、精神病学的管理理论和方法,是研究人行为的边缘学科,研究人的行为的发生、发展和相互转化的法则,预测人的行为并支配人的行动,行为科学的产生是生产力和社会矛盾在一定阶段发展的必然结果,也是管理思想发展的必然结果。

行为科学的研究基本上可以分为两个时期:前期以人际关系学说(或人群关系学说)为主要内容,从20世纪20年代梅奥的霍桑实验开始,成熟于20世纪40年代的马斯洛学说,1949年在美国芝加哥讨论会上首次提出行为科学的概念,在1953年美国福特基金会召开的会议上正式命名为行为科学。

(一)霍桑实验

霍桑实验是指1924~1932年以哈佛大学教授梅奥为首的一批学者在美国芝加哥西方电气公司所属的霍桑工厂进行的一系列实验的总称。霍桑实验是心理学史上最著名的实验之一。霍桑工厂是一个制造电话交换机的工厂,它具有较为完善的娱乐设施,拥有医疗和养老等一系列福利政策,但工人们仍愤愤不平,生产效果很不理想,为找出其原因,美国国家科学研究委员会组织研究小组开展实验研究。实验分成了四个阶段,这项实验的代表人物是美国哈佛大学教授梅奥,梅奥基于这项实验,创立了早期的行为科学——人际关系理论。

1. 车间照明实验

车间照明实验的目的是证明工厂的外部工作环境与生产效率之间是否存在着直接的因果联系。首先将参与实验的工人分成实验组和对照组,通过改变实验组工厂车间的照明程度,而对照组的灯光照明程度保持不变。结果发现:当实验组的照明程度不断增强时,其生产效率与对照组无较大区别;而当实验组的照明程度明显降低时,其产量才明显下降。实验表明,工厂的照明程度不是直接影响生产效率的因素。

2. 继电器装配室实验

实验的目的是研究福利和工作条件对生产效率是否有直接影响,为了有效地控制影响生产效率的因素,研究团队决定单独研究福利和工作条件是否直接影响生产效率。改变研究场所、工作条件(茶叶供应、音乐等)、管理和设备供应模式等的结果都显示,无论因素的变化如何,产量都在增加。且除了管理作风这个因素外,其他因素对生产效率没有特别的影响,管理作风最能改变产量,因为它能改变"工人的工作态度"。

经过几年的实验有人提出要放弃,但梅奥决定继续进行实验。因为梅奥有心理学和社会学知识,他认为,前两个阶段产量提高原因是参加实验的工人的心理状态发生了变化,使得工人感觉到自己受到了重视,因而工人的士气和工作态度得到了改善。为了证实他的看法,于是他又主持了后两个阶段的实验。

3. 大规模访谈计划

实验表明,管理方法直接影响员工的士气和劳动生产率,为提高工作效率就必须了解员工对现有的管理方法的看法,以便为完善管理方法提供依据。于是梅奥等人制订了员工的采访计划。他们花了两年时间,一共采访了超过20000名员工,来了解员工如何看待工作内容、工作环境、监事及与公司相关的问题,以及这些看法如何影响工作效率。经过采访,研究小组发现,预先设计的采访没有得到他们所需要的材料,所以该研究小组调整了采访计划。每次访问前,谈话的内容和方法不确定,可以自由表达其对任何问题的想法。这样一来,工人可以自由发表意见,有机会发泄自己的不满,虽然工作条件或劳动报酬上并没有改善,但工作人员普遍认为,他们的处境比以前好。

在访谈计划的执行过程中,研究人员发现,影响生产力最重要因素是工作场所的人际关系,而不是工资和工作条件。研究小组还了解到,每个工人的效率不仅取决于他们的情况,而且取决于周围其他人的情况。为了继续进行系统的研究,任务组决定进行实验的第四阶段。

4. 观察研究

观察研究也称为"群体实验",梅奥等人在这个实验中选择 14 名男性工人在单独的房间里从事绕线、焊接和检查等工作,同时对他们实行特殊的工人计件工资制度。实验者原本设想通过这样的工资制度使工人更加努力地工作,以获取更多的报酬,但观察发现,产量只能保持在中等水平,每个工人的日产量都差不多,而且有的工人选择不如实报告产量数。深入研究发现,这个小组为了维护群体的利益,自发地形成了一些规范。

1) 大多数成员故意限制自己的日产量

小组成员互相约定,谁也不能干得太多,突出自己;谁也不能干得太少,影响全组的产量,并且约法三章,谁也不能向上级告密。他们认为,如果集体产量增加,工厂就会继续增加份额或裁减人员,导致一些人失业或者使干得慢的伙伴受到惩罚。

2) 工人对不同层级管理人员的态度不同

大部分工厂的工人认为小组长是与他们关系最近的领导,他们更愿意与小组长说一些自己的事情,而对于小组长以上的级别就比较拘束,也更加尊敬,但同时工人的顾忌心理也越强。

3) 成员中存在一些小派别

实验表明,为了维护组内部的团结,他们可以放弃利益上的诱惑,自发地形成非正式群体,这种群体有自己特殊的行为规范,对人的行为起着调节和控制作用,同时也增强了组织内部协作关系。

霍桑实验是一次不平常的实验,它的持续时间有 8 年,实验的结果表明,原先假定对工厂生产效率起作用的照明条件、休息时间、福利和薪水都与工厂的生产效率相关性较低,而工厂内部融洽的气氛、工人的情绪与工作效率的相关程度较大。也就是说,改善员工的士气以及人与人之间的关系,使工人心情愉快地工作,并对自己的工作满意,这才是增加产量、提高生产率的决定因素。

(二) 人际关系学说的主要内容

1. 工人是"社会人",而不是单纯的"经济人"

梅奥认为泰勒把工人看成是只追求物质利益的"经济人",其创造的科学管理方法主要通过劳动条件、工资报酬刺激工人,提高劳动生产率。但是,霍桑实验表明,劳动条件和工资等不是影响生产率高低的第一要素。工人是"社会人",除了有生理和物质需求外,他们还有很多社会心理需求。为此,他强调必须从社会、心理上鼓励工人提高生产率。

2. 企业中存在着"非正式组织"

由于人是处在社会群体中的，所以工人在实际工作的过程中必然会相互产生联系，在联系的过程中产生社会情感从而形成非正式的群体。在这种非正式的组织中，有共同的情感、倾向和规范，并且其会左右群体中每一个成员的行为。古典管理理论只考虑了正式组织的影响，忽略了"非正式组织"的作用，这显然是不够的。非正式组织与正式组织是相互影响、相互依存的，对生产效率有重要影响。

3. 满足工人的社会需求，提高工人的士气是提高生产效率的关键

古典管理理论认为工作方法和工作条件会直接影响工厂的生产效率，而霍桑实验证明他们之间是没有必然联系的。实验显示，提高生产效率的关键在于改善工人的工作态度、提高工人的士气，士气的水平取决于工人的满意程度，这种满足程度仅限于人际关系，比如工作是否被领导、同事和社会所认可。简而言之，工人的满意程度越高，士气越高，工厂的生产效率越高。

（三）人际关系学说的贡献

梅奥的人际关系理论克服了古典管理理论的不足，带来了管理上的一系列改革，其中许多措施至今仍是管理者所遵守的准则。其贡献主要有以下几点。

（1）激起了管理层对人的因素的研究兴趣。

（2）改变了人与机器没有差异的观点，恢复了"社会人"的本来面目。

（3）为行为科学奠定了基础。

（4）为管理思想的发展开拓了新领域。

（5）为管理方法的变革指明了方向。

当时，根据梅奥的人际关系理论，人们在管理过程中采取了新的措施，主要可以归纳成为以下几点。

（1）强调对管理者和监督者进行教育和培训，以改变他们对工人的态度和监督方式。

（2）下级可以参与企业的各项决策，不提倡采取解雇和人事考核制裁等强制性手段迫使职工服从的古典管理方法。

（3）加强意见沟通，允许员工对工作目标、工作标准和工作方法提出意见，鼓励上下级之间进行意见交流。

（4）建立面谈和调解制度，消除不满和纠纷。

（5）调整管理人员的标准，重视管理者自身的人际关系，以及协调人际关系的能力。

（6）注重利用、提倡各类非正式组织，注重美化工作和宿舍环境，建设娱乐、运动、生活福利设施等。

（四）人际关系学说的局限性

（1）过分强调非正式组织的作用。在人际关系理论中，组织内的人们的行动会受到非正式组织的影响。但是，非正式组织并不总是给每个人的行动带来决定性的影响，经常发

挥作用的仍然是正式的组织。

（2）过多强调感情的作用，似乎员工的行动主要受感情和关系的支配。事实上，关系好不一定士气高，更不一定生产效率高。

（3）过度否定经济报酬、劳动条件、外部监督、工作标准的影响。实际上，这些因素在人们的行动中仍然起着重要的作用。

三、现代管理理论

（一）现代管理理论的主要学派

现代管理理论起源于 20 世纪 40 年代，这是继古典管理理论、行为科学理论后发展的第三阶段。在此期间，科学技术已经发展得非常迅速，企业规模急剧扩大，竞争激烈，市场环境正发生剧变。在此期间生产关系产生了新的变化，随着工人阶段运动的兴起，资本主义的剥削方式越来越微妙。管理层更注重心理需求和情感需求，并形成组织行为管理。管理理论的发展越来越依赖于经济学、统计学、社会学、人文科学、法学、计算机科学等。现代管理理论是现代所有的管理理论的综合，这是一个复杂而全面的知识体系，其基本目标是建立充满活力的系统，随着生产力的发展不断改变其面貌。

20 世纪 80 年代后，随着经济、文化、社会的飞速发展，以及信息化、全球化和经济一体化等新形势的出现，管理科学也与时俱进，发生变化，管理理论更是取得了进一步的成就。以下主要介绍比较有影响的现代管理理论学派。

1. 管理过程学派

管理过程学派也称为管理职能学派或经营管理学派。该学派是继行为科学学派与经典管理学派之后最具影响力的学派。

管理过程学派的重点是管理过程与职能。该学派试图从理性的角度综合管理过程和管理职能，并将应用于管理实践的原则、概念、理论和方法结合起来，形成管理学科。该学派强调各个企业和组织以及组织中各个层次的管理环境都是不同的，但管理却是一种普遍而实际的过程，与组织的类型或组织中的层次无关。把这些经验加以概括，就成为管理的基本理论。有了管理理论，就可以通过对理论的研究、实验和传授来改进管理实践。管理过程学派的管理理论主要包括以下几点。

（1）管理是一个过程。通过分析管理者的职能进而更好地分析管理。

（2）根据企业长期管理的经验，我们可以提炼一些基本的管理原则，这些原则可以解释和帮助改进管理工作。

（3）有益的探索可以围绕这些基本的原则进行，以提高在实际应用的作用和范围。

（4）只要这些基本原则未被实践证明是错误的，它们就可以为管理理论提供支撑。

（5）管理是可以通过灵感来加以改进的，类似于工程和医学。

（6）管理中的一些基本原理是不变的，就像生物学和物理学中的原理一样。

（7）管理人员的环境和任务受到文化、物质、生理等方面的影响，但也吸收同管理有关的其他学科的知识。

2. 社会系统学派

社会系统学派从社会学的角度研究各种组织及理论，美国管理学家切斯特·巴纳德为该学派代表人物，其于1938年出版的《经理人的职能》一书将组织看作一个复杂的社会，应当从社会学的角度分析和研究管理问题，他提出的理论被称为社会系统学。社会系统学派的主要包括四点。

（1）组织是个人的协作系统，个人只能在彼此交互的某些社交关系中与他人合作。

（2）组织的三大要点包括信息系统、协作意愿和共同目的。

（3）组织是由两人或两人以上成立的协作系统，管理员处于互联的中心，参与有效协作所需的协调工作。

（4）管理员在组织中扮演系统运行的核心角色，协调成员活动和组织运作，并帮助实现组织的目标。

此外，巴纳德还提出了经理所具备的职责要求。

（1）确定目标。

（2）激励成员为实现组织目标做贡献。

（3）建立和维护信息系统。

虽然这一学派的研究主要集中在组织理论，但其对管理的贡献较为突出。

3. 决策理论学派

决策理论学派的代表是卡内基梅隆大学教授，1978年度诺贝尔经济学奖得主赫伯特·西蒙。他创建了决策理论学派，提出了决策过程、类型、方法和准则。决策理论学派的主要观点如下。

（1）管理就是决策。组织中管理者的重要职能就是作决策，任何作业开始之前都要先作决策，制订计划也同样离不开决策，决策问题贯穿于管理的整个过程。

（2）决策分四个阶段即收集情况阶段、制定规划阶段、选择规划阶段、评估规划阶段。

（3）在确定决策标准时使用"令人满意"标准取代"最优化"标准。

（4）组织决策可根据其活动是否重复进行分为程序性决策和非程序性决策。

4. 系统管理学派

系统管理学派是一种结合系统科学和管理学的理论。系统管理学派的主要理论要点包括以下两点。

（1）组织是几个相互连接的元件构成的人工系统。

（2）组织是一个开放的系统，能够影响环境。

系统管理学派所指的组织不仅是组织本身，它同时也是一个社会系统，它达到了与环境交互的平衡。与此同时，该组织必须接受各种输入，如能源、信息和来自外界的材料，再将产品转化为外界输出。此外，系统管理和分析帮助提升了管理层对影响管理理论和实践的多种相关因素的分辨能力。这个理论在20世纪60年代很受欢迎，虽然在解决具体的管理问题时存在不足，但它仍是重要的管理科学理论之一。

5. 社会-技术系统学派

社会-技术系统学派是第二次世界大战后在西方出现的新学派。该学派由特里司特等人通过对英国采煤场的运营组织进行研究而产生。"长壁采煤法"研究结果表示，很多矛盾是由于组织只被视为社会系统，而忽视其技术系统的特点造成的，事实上技术系统对社会系统的影响很大，通过协调社会系统与技术系统间的关系，才能进一步解决二者之间的矛盾，提高劳动生产率。因此，管理者的任务就是要确保社会系统和技术系统二者之间的相互协调。该学派就环境对企业的影响有如下两点见解。

（1）企业的技术系统灵活度决定了该企业能够承受多大程度的市场波动。

（2）企业的技术系统灵活度从另一方面决定了该企业在面临资源市场变化时的承受能力。

因此，企业必须是一个社会-技术系统，而不仅是社会系统。社会-技术系统学派的研究内容和成果，有些是符合社会化大生产的发展规律的，特别是在新技术革命和产业革命的条件下，更有现实意义。

6. 经验主义学派

经验主义学派也称为案例学派，以美国管理学家彼得·德鲁克为代表。这个学派的核心理论强调管理的艺术本质。他们认为，行为科学理论和经典管理理论都无法完全适应企业的发展需求，企业的管理人员需要从企业管理的角度出发，以大企业的管理经验为主要研究对象，对研究结果进行归纳并理论化。他们主张使用案例研究经验，不必尝试确定一些原则，只要案例研究分析了一些管理者的成功及其解决具体问题的方法，就可以在同样的情况下借鉴。经验主义学派的主要观点有以下三个方面。

（1）管理是管理者的技能，是独立的活动和知识领域。

（2）管理任务是生产的统一体，管理者在做出决定并采取行动时必须协调当前和长期的利益。

（3）提倡实行目标管理。

7. 管理科学学派

管理科学学派也被称为运筹学派或大众研究学派。代表人物包括爱德华·鲍曼、埃尔伍德·斯潘塞·伯法、塞缪尔·里奇蒙和罗伯特·费特等。管理科学学派认为管理的过程是一个用数学语言表达规划、组织、管理和决策以及公司目标的逻辑过程，从而获取达到企业目标的最好解决办法。该学派提出解决管理问题的七个步骤：观察分析、确定问题、建立模型、获取解决方案、验证模型、建立对解决方案的控制、把解决方案付诸实施。七个步骤相互关联且相互影响。

管理科学理论对管理实践活动的启发，主要体现在组织面临复杂问题时，将问题分解为小的问题进行处理，企业通过建立决策程序和数学模型来帮助决策，并使用计算机等现代化设备加以实施。

8. 人际关系行为学派

该学派将诸多理论、方法和技术用于研究管理中的人际关系。该学派的多数学者已经接受过心理学培训，他们强调，员工是群体的一分子，他们的需求应当由组织满足。也有些学者致力于研究激励和领导的问题，提出了许多对管理者很有益的见解。需要指出的是，研究人际关系对管理工作确实很有用，也很重要，但是不能说人际关系就包括了管理的一切。

9. 群体行为学派

群体行为学派和人际关系行为学派紧密相关，但它重点关注特定成员的行为，并非一般的人际关系；关注社会学，人类文化和社会心理学，而不是个人心理学。该学派重点关注群体行为，包括群体的行为特征。故此学派的研究内容也被称为对"组织行为"的研究。

10. 权变理论学派

权变理论学派形成于20世纪70年代，发展至今。其代表人物是英国学者琼·伍德沃德和美国管理科学家弗雷德·卢桑斯。权变是适当的分析和处理特定的状况。权变理论的核心思想即不存在普遍的管理方法，可以无条件地适用于任何组织。它指出管理层应当依据内部和外部的变化，针对特定情况找到特定解决方案。在提出权变理论后的几十年中，其理论价值和应用价值越来越受到实践的证明和人们的支持，成为影响力很大的管理学派之一。其主要观点包括以下几点。

（1）环境变量与管理变量存在某种对应关系，称为权变关系。环境变量包括企业内部环境和组织的外部环境。管理变量指的是管理理念和技术，由管理人员选择使用。

（2）一般而言，环境是一个自变量，管理的概念和技术是因变量，因此，如果环境条件是一定的，为了实现目标，相应的管理原则和方法必须被采用。

（3）管理模式并非保持不变，而应当随着环境的变化而变化，且应当根据组织的实际情况选择合适的管理模式。

（二）现代管理理论的新思潮

进入20世纪90年代，全球竞争日趋激烈，信息技术高速发展，经济一体化进程快速发展，这些变化给管理学带来了一些难以预料的问题，管理理论体系也迎来一场革命。在这个时期，企业再造理论、学习型组织、精益思想和核心能力理论是现代管理理论的代表性新思潮。

1. 企业再造理论

企业再造理论由美国学者迈克尔·哈默和詹姆士·钱皮于1994年出版的《企业再造》一书中系统提出。哈默与钱皮认为，自亚当·斯密以来的企业运营都是基于劳动分工论，这种方式无法适应以客户为导向、具备激烈竞争和快速变化为特征的现代商业环境。企业再造是要彻底放弃大工业时代的企业模式，即市场开发、生产、营销、人事、物流、财务等职能部门难以拆解的组织结构,重新整合。跨部门运作过程,从协作的角度来看,可使企业重塑所有过程,使企业模式适应现代信息化和全球化,大大提高企业的生产力。显然,这种重组是对过去组织赖以运作的程序和体系的一场革命。

企业再造的核心是业务程序(或业务流程)的再造。流程再造的目的是培养企业独特的个性,如通过改变工作结构和方法,在绩效上实现突破。业务再造的理念将导致传统管理理论和实践全面革新,必将为管理学科开辟新道路。当然,虽然实践中对流程重新塑造为企业带来惊人变化的例子很多,但由于流程再造失败给企业带来了巨大损失的例子也不罕见。

2. 学习型组织

美国麻省理工学院教授彼得·圣吉于1998年撰写的著作《第五项修炼:学习型组织的艺术与实务》中首次提出学习型组织概念,并建议企业应采用学习型组织管理思路,从而在外在环境剧烈变化时能够维持竞争力。学习型组织的五个要素包括:自我超越、心智模式的改善、共同理想、团体学习和系统思考。他指出,在学习型组织中,设计师、教师的角色由领导者担任,他们负责建立一个组织,让其他人不断提高他们建立复杂性愿景和改善共同心智模式的能力,总之领导者负责组织成员的教育活动。学习型组织的特点可以概括为三个方面。

(1) 所有成员都充分参与,并能够学习。

(2) 鼓励成员实现工作目标和理解工作意义。

(3) 员工通过学习完善自我,进而帮助组织提升价值和竞争力。

学习型组织是一个有机组织,具备灵活、人性化和可持续的特点,通过营造一种贯穿整个组织的学习氛围,带动员工创造性思考,发挥员工的创新潜力。如果组织有持续学习的能力,其整体绩效大于个人绩效的总和。

3. 精益思想

1985年,麻省理工学院推出一项计划。这项计划组建了一支国际研究团队,耗资500万美元,历时5年。团队访问了美洲、欧洲、亚洲的汽车公司和工厂,撰写了大量研究报告,出版了《改变世界的机器》,其中详细介绍了日本丰田汽车的生产方式。"精益生产"是指公司将客户、销售代理、供应商和合作单位整合到生产系统中,并与他们建立合作伙伴关系,为企业形成供应链。

消除无价值的活动是精益生产的本质。精益生产方法与批量生产方法不同,詹姆斯·沃麦克和丹尼·琼斯在《精益思想》一书中指出,"精益思想"强调公司生产的价值必须符合用户的需要。依据价值来组织生产活动,将创造价值的环节保留,摒弃无价值的工作,以用户需求带动产品研发和生产,而不是把产品硬推给用户,并及时暴露隐藏的无价值活动,从而不断完善生成流程。

4. 核心能力理论

1990年,普拉哈拉德和加里·哈默尔在《哈佛商业评论》中首先提出"核心能力"

的概念。核心能力是指企业的核心竞争力，即竞争对手难以达到的企业的竞争优势。在技术方面，主要调整和整合各种技术和功能，强调组织的整体协调，为企业带来利润和竞争优势。核心能力具有以下特征：价值性、独特性、持续创造价值、难以模仿和不可替代性。

（三）现代管理的主要特点

与传统科学管理相比，现代管理已经发生了很大变化，主要表现出以下几个特点。

1. 强调系统化

现代管理理论强调使用系统思维以及相关的分析思路指导管理实践，解决管理难题，避免偏见和受局部影响。

2. 更加重视人的因素

管理的核心是对人员的管理，现代管理与传统管理的最大不同在于以人为中心。现代管理理论越来越重视人的因素，重视对人的需要的研究与探索及非正式组织的作用，以保证组织成员齐心协力地完成组织目标而自觉做出贡献。

3. 注重"效率"与"效果"的结合

现代管理理论的内容不只限于"效率"的提高，不只注重"如何正确地做事"，而是把"效率"和"效果"结合起来，关注经营的实际效力，注重"做正确的事"。要求组织从整个组织的角度来考虑组织整体效果及对社会的贡献。

4. 权变优势

权变即权宜应变。由于市场和公司外部的环境复杂多变，企业需要不断地改变自己的管理方法，以适应环境变化。这种管理方式为管理科学带来诸多新的管理理论。

随着社会的发展和科学技术水平的迅速提高，现代管理理论发展了一套现代管理方法，如线性规划、投资决策、博弈论、总体规划、队列理论、仿真方法和系统分析。在研究和使用管理工具方面，也取得了诸多进展，例如办公自动化，电子计算机在产品设计、组织生成、质量控制、物料管理、财务管理以及人力资源管理方面的应用，提高了相关企业的管理水平。

5. 强调不断创新

随着计算机网络的高速发展，一些依赖于网络的"虚拟企业"逐渐涌现并占据相关市场，这是企业管理面临的新课题。因此，管理需要有创新，要保证在"惯性运行"的状态下，不死守现状，利用一切机会进行变革，使得组织适应和追随社会环境的变化，立足于市场不倒。总之，现代管理理论是一个综合管理理论体系，它在很大程度上吸收了社会科学和自然科学的最新研究成果，从而更有效地管理组织，实现帮助组织达到既定目标和肩负相应责任的目的。

【课后思考】

1. 弗雷德里克·泰勒的"科学管理"理论的要点是什么?
2. 科学管理的贡献是什么?它有哪些局限性?
3. 法约尔的一般管理理论的贡献是什么?
4. 行为科学理论的主要内容有哪些?它与早期管理理论有何不同?
5. "霍桑实验"的结论是什么?
6. 现代管理理论主要学派有哪些?它们各自的主要观点是什么?

第三章 管理环境

【教学目标】

1. 掌握管理环境的概念和内涵。
2. 了解内部环境和外部环境各自所包含的要素及其作用功能。
3. 理解相关的分析方法以及方法的应用技巧。

第一节 管理环境概述

任何组织都不能独立存在，所有的活动都是在一定的环境中进行的，其中也包括管理活动。环境的特征及其变化将无法避免地限制管理活动的内容和方式。组织作为一个经常与外界联系的开放系统，需要一直和外界交流各种资源和信息，所以其运作和发展无法避免地会被各种环境因素所影响。管理者如果想有效地实现其管理目标，需要对管理环境进行研究，提前了解、调查组织的现有环境以及其变化的规律，然后分析管理活动的内外影响因素，为调整管理活动的内容和方向提供依据。

现代企业的生产经营活动越来越受经营环境的影响，因此想要有效地管理好企业，首先必须全面客观地分析和认知管理环境的变化，其中包括企业宏观环境和微观环境的变化，以此为基础来制订企业的战略目标及方针，从而对企业进行全面的、有效的、高效的管理。

一、管理环境的定义

管理环境又称组织环境，作为管理学中的一个特定的研究领域，许多管理学家对其进行了定义或描述。

切斯特·巴纳德在《经理人员的职能》中曾提到，从组织与协作理论的角度，组织行为可以看作是对环境的反应；罗宾斯认为管理环境决定了组织生存和发展的物质条件，具有很高的复杂性，它处于组织的边界之外，可以直接或间接地影响管理组织当下行为或决策；里奇·格里芬则认为，组织有效管理的关键因素之一即确定组织与环境间最适当的关系，并且在工作中实现和保持这种关系。

总之，管理环境是指影响组织生存和发展过程中各方面因素的集合，包括外部环境和内部环境。每个组织都是一个环境的子系统，存在于整个环境中，系统实现了内外环境之间物质、信息、技术和其他资源的交换。根据组织与管理环境的关系以及子系统内与子系统之间的相互关系，将管理环境分为最适合具体情况的内外环境，建立相对完整合理的组织管理环境分析理论框架，全面理解和控制管理环境的变量，以实现管理决策与组织环境之间的互动和适应性。

二、管理环境的特征

管理环境的特征分析是对组织所赖以生存和发展的环境进行分析,这种分析有助于把握这种环境的性质、特点和变化趋势,进而制定正确合理的决策。

(一)外部环境的特征

外部环境的不确定性对组织运营产生重大影响。根据环境的复杂性(环境要素的种类和数量)和动态变化(环境变化的速度和其可理解性、可预测性),组织环境有以下四类不确定性。

(1)低不确定性,即简单且稳定的环境。

(2)较低不确定性,是指一个稳定而复杂的环境。

(3)较高不确定性,即简单而动态的环境。有些组织所面对的环境复杂性并不高,然而,由于某些环境要素的动荡变化,环境的不确定性更趋显著。

(4)高不确定性,即复杂动态的环境。当组织面对许多环境因素,时常会有某些因素发生变化,并且这种变化难以预见,不确定性程度较高,对组织管理者的挑战和考验较大。

通过对环境的不确定性分析,一方面要求管理者在寻求和把握组织生存和发展机会的同时能够积极快速地适应环境,并且避免受环境的负面影响;另一方面,管理者还必须积极地选择环境,通过主动行为将环境的不确定性降至最低。

除此之外,管理工作所面对的外部环境分析还可从行业成长性、组织竞争性、组织合作性等角度进行。

(二)内部环境的特征

所谓管理活动的内部环境特征,就是通过分析组织所拥有的文化、资源和能力,区分出企业相比于竞争对手的优势和劣势。所谓优势,即对组织生存发展产生有利影响的方面,它会成为组织的良性资产,也就是"核心竞争力";而劣势是对组织生存发展产生不利影响的方面,它会构成组织的负担或债务,被称为"核心惰性"。

三、管理环境的构成

管理环境是指由组织内外存在的影响组织绩效的各种力量和条件所构成的环境。管理环境包括组织的外部和内部环境,组织的外部环境又包括一般环境因素和任务环境因素。一般环境因素是指那些对组织业绩起到间接影响的外部因素,任务环境因素是指可以直接影响组织业绩的外部环境因素。内部环境包括组织文化和经营条件,组织文化是指存在于组织中的共同观念系统,经营条件是指组织拥有的资源和能力的数量及质量。因此,确定因子是不是环境因素取决于组织的目标定位。只要是影响实现组织目标的因素,对于该组织而言就是环境因素。而对于一个环境因素是什么性质,则由该环境因素是存在于组织的内部还是外部和对组织业绩是直接影响还是间接影响决定。

第二节 外部环境

外部环境指存在于组织界限之外,并可能会直接或间接地影响到组织行为和组织经营管理活动过程的所有因素的总和。外部环境对组织影响的方式和程度不同。一部分环境对所有组织是长期、间接、均等的影响,这种环境叫一般外部环境,它主要包括政治、经济、社会和技术等因素,比如有关调整政府与市场关系的基本政策,尽管不会对企业的日常经营有直接的影响,但从长远来看,肯定渐进地影响企业的生产;另一部分外部环境与组织的日常经营管理相关程度较高,这部分外部环境被称为特殊环境,比如竞争对手调整价格会直接影响到组织的销售业绩。

一、一般外部环境

一般外部环境反映环境的外层,这些因素会随时间影响组织,但一般情况下不会对日常经营造成影响。一般环境包括国际环境、技术环境、社会文化环境、经济环境和法律-政治环境、自然环境等。

(一)国际环境

一般外部环境中的国际因素包括在国外的潜在机会,还包括在国外发生的事件,国际环境为管理者带来了新的竞争对手、客户以及供应商,并且决定了社会、技术和经济的发展方向。

国际环境相比国内环境更为复杂。习惯于只考虑国内环境的管理者必须学习新的规则以保持竞争力。当管理者走向国际,需要开始全方位考虑政治、社会和经济各方面的因素,眼光不能仅局限于国内。

(二)技术环境

技术因素不仅包括宏观上科技的发展,还包括特定行业的科技进步。近年来,技术的创新,对各行业产生了深远的影响。特定行业的技术进步影响到相关组织本身和其管理人员,例如破解人类基因组将彻底改变医学的未来发展,克隆技术以及干细胞研究的发展引发了各界对科学和伦理的思考。

(三)社会文化环境

一般外部环境中的社会文化因素不但反映大众的规范、习惯和价值观,而且还反映人口特征。今天的人口状况及结构是明天的劳动力和顾客的基础。经济学家看到了消费者市场和劳动力供应与日俱增的趋势,组织内部和消费者市场都在向多元化发展。

(四)经济环境

经济因素反映公司经营所在的国家或地区的经济状况。消费者的购买力、失业率和利率都是组织面临的经济环境的一部分。现在,由于组织是在全球化的环境中开展经营活动,所以经济环境已经变得极为复杂,同时也给经营带来了更大的不确定性。世界各国的经济比以往任何时候都更加紧密地联系在一起。例如,21世纪初期美国经济衰退和消费者信心削弱影响了世界各国的经济。同时,亚洲和欧洲的市场因受美国经济衰退的影响也给美国的公司和股票市场造成了重大的影响。

(五)法律-政治环境

法律-政治因素包括制约公司行为的法律法规和行业规范,还包括政治活动。例如美国的政治体制鼓励资本主义,政府尽量不过多管制商业交易。但是,政府法律要对行业规则进行精准、详细的确立。

(六)自然环境

自然环境包括地球上客观存在的所有元素。自然环境和其他一般外部环境不同,因为它自己不会说话。对管理者达到自然环境要求的影响可能来自其他领域,如政府管制、客户关注、新闻媒体的舆论批评。

二、特殊环境

特殊环境因素也称任务环境因素或者具体环境,是指直接影响实现组织目标的外部因素,包括顾客、竞争者、供应商、劳动力市场、政府机构。对任何一个具体的组织,其特殊环境因素都会不同。一个组织发展的不同时期其特殊环境因素也不同,管理者对本组织特殊环境因素的了解和把握往往会直接影响管理效益,管理者对特殊环境因素的变化也更为敏感。外部环境与管理是相互作用的,在一定条件下,特殊环境甚至在管理中有着决定性的意义,主要包括以下方面。

(一)顾客

顾客是指在组织所处的环境中,从组织获取产品或服务的个人以及组织。顾客作为组织产出的接受者是至关重要的,因为他们的接受与否决定着组织的兴衰成败。例如病人是医院的顾客,学生是学校的顾客,旅客是航空公司的顾客。

(二)竞争者

竞争者是指在同样行业或同类业务中向同一顾客群体提供产品或服务的其他组织,每个行业都有其特定的竞争环境,就好比唱片业的竞争不同于钢铁业和制药业。

(三)供应商

组织用以生产产品的原材料是由供应商提供的。例如钢铁厂需要铁矿、机器和经济资源。一所大学可能需要数以百计的供应商供给纸张、铅笔、自助餐厅的食品、计算机、货车、燃料、电力和教材。

(四)劳动力市场

劳动力市场是指环境中能被雇用来为组织工作的人员。每个组织都需要受过培训的、能够胜任工作的人员。

(五)政府机构

政府机构是负责制定各种法律法规,规范各类组织的活动的行政管理部门。也可以将政府机构的职能理解为政府管制,是政府干预组织市场活动的总称。就政府机构与组织关系来看,还包含另外一个很重要的范畴,就是政府经济,即政府以更为直接的方式参与到经济活动中来,对组织发展产生影响。组织管理者要在政府法律法规规定的范围进行活动,一旦政府政策发生变化,或政府的直接参与经济的活动发生变化,相关联的组织战略也应该随之变化。具体来看,政府对组织的作用可以理解为以下几方面。

1. 经济性管制

政府直接管控价格,规定市场进入和退出的条件,控制特殊行业的服务标准。政府对某个特定行业进行管制,涉及的行业往往具有自然垄断等特点,比如电信、电力、铁路等行业,它们必须具有合理的社会效应,如果其服务的质量及价格不合理,可能危及购买及需要这些产品的使用者的利益,政府需要在实施入口管制的同时,进行价格干预。

2. 社会性管制

社会性管制主要指政府对于涉及环境和消费者健康和安全的问题,必须对组织设定准入标准和收费等施行管制。例如,破坏环境和销售假冒伪劣药品、隐瞒工作场所的安全和健康危害等,这都属于政府社会性管制范畴。

3. 政府经济

政府经济指以政府为主体,进行资源配置及宏观的经济管理。其中,政府财政的分配和公共服务的提供在政府的经济活动中起着主要作用,政府经济是实现社会资源合理配置不可或缺的一部分。

综上所述,外部环境的各个因素与管理相互作用,甚至在一定条件下对管理有决定性的影响,外部环境决定了管理的方向和内容。无论管理最终要达成什么目的,管理活动必须在客观现实的基础上进行,管理必须要依赖于现实的环境,否则很难成功。"靠山吃山,靠水吃水"这句老话,从某种意义上,正是体现了外部环境对管理活动决定性的影响,同时，外部环境也会对管理决策的制度和方法的运用有所影响，不能忽略的是，管理对外部环境有一种动态的反作用。

第三节 内部环境

从20世纪80年代开始，组织战略管理开始出现，战略管理的思想不仅要求组织要把握外部环境的变化，而且要求组织要分析内部环境，认清组织内部的优势和劣势，并以此来制定有针对性的战略。一般认为，管理的内部环境是指企业内部的物质、文化环境的总和。内部环境究竟包括哪些内容，综合目前管理学界对于内部环境的研究，本书把管理的内部环境划分为组织的有形环境和组织的无形环境。内部环境的有形部分包括：物力、财力、人力资源、技术和信息等。内部环境的无形部分包括：组织文化、组织结构、人际关系、雇佣关系、组织核心竞争力等。

一、组织内部的有形环境

（一）物力

物力是组织活动的基本要素之一，组织的物力资源一般分为生产制造、储存、运输、销售及事务处理几部分。通过分析组织的物力资源，可以找出组织物力资源存在的薄弱环节，并加以改进。物质资源的管理要求组织根据目标实现情况，遵循客观事物发展的规律，最有效地配置和利用各种物质资源，开源节流，做到物尽其用。对于一个国家、一个组织来说，增加投入产出是在物资日益匮乏的情况下管理的最基本原则之一。

（二）财力

金融资源是反映各种经济资源价值的特殊资源，具有一定的独立性。组织财政资源的使用效率决定了组织其他资源使用的有效性。财力资源主要是指组织的资金实力。财力资源分析主要是指组织根据自身事业的性质和规模，测算所需要的资金的数量，参照资金市场行情，对资金来源、使用和分配等进行统筹规划，以配合组织战略的实施。管理财政资源的目标是最大限度地利用金钱。

（三）人力资源

员工，即组织的人力资源，可以成为可持续竞争优势，也可以成为一种劣势。员工构成了人力资本，人力资本是提高生产率和经济增长的基础。人力资源是可持续竞争优势的最重要的来源，雇用正确的人，进行培养，让他们充分发挥潜能，组织得到相应回报。管理者通过人力资源管理和建立恰当的内部组织结构，能够影响组织的人力资本。

（四）技术

在科技迅速发展的今天，掌握新技术是许多组织的必行之路。组织在竞争中的地位、成败取决于技术资源的掌握情况。对技术资源的分析应包括：组织研究与开发能力分析、技术信息分析、产品质量分析三个方面。组织应根据自己的战略方针，研究开发或引进新技术，保持技术的领先，立于不败。

（五）信息

在通信和网络技术发达的今天，信息越来越公开。信息是对我们有用的数据，是事物的特质属性和关系的表面特征。信息资源可分为两类：一类是外部环境信息，如顾客、市场、国内外技术发展形势、组织信用、组织形象等；另一类是内部组织信息，如组织文化、员工状态、经营方式等。组织应根据目标实现情况和管理的要求，建立完善、高效的信息网络，确保管理机构的准入；提供各种准确、完整和及时的信息；在组织内部建立合适的信息共享网络，以提供平等、互动、交流的新组织管理条件。

二、组织内部的无形环境

（一）组织文化

组织文化是组织内部员工共享的价值观及假设的基本模式。文化之所以重要，是因为组织的共享价值观影响着管理者对经营活动的选择。组织机构设计界定了组织中成员的职责、权力和影响力的集中方向。

组织氛围是组织文化的衍生品。成功的组织往往拥有开放的组织氛围，能够有效地激发个体的斗志和创新意识，并吸引员工广泛地参与到组织经营中。在这种组织中，员工被充分授权，即使员工大胆尝试自己想法的结果是失败的，组织也会宽容地接受并继续予以支持和鼓励。员工在这种组织里自然会产生主人翁意识，将自己作为组织系统中不可或缺的组成部分，为组织的发展贡献一份自己的力量。

组织的文化制定了雇员的工作标准，文化把正确的行为传递给了组织的管理者，组织的文化也限制了管理者的决策选择。人们普遍认为，组织文化具有导向作用、约束作用、凝聚作用、激励作用和辐射作用。导向作用是指组织文化能将组织员工的个人目标引导到组织目标上来；约束作用是指用一种无形的文化上的约束力量，形成一种行为规范；凝聚作用是指通过文化的渗透使组织产生凝聚力；激励作用是指良好的组织文化能产生一种激励机制，促使员工不断进取；辐射作用是指一个组织具有很强的文化特色，会通过组织成员的共同价值观念，表现出组织的特殊性，有利于组织形成别具一格的经营战略。组织经营战略制定后，需要全体员工贯彻执行，组织文化正是激发员工热情、统一意志的重要手段，组织文化若能与组织战略相配合，就是组织内部的优势，反之，则变为组织内部的劣势。

（二）组织结构

一个组织的正式结构是其内部环境的组成部分，它决定着组织决策是如何被执行的。高层管理者、中层管理者、基层管理者这三个不同层次的组织管理者，组成不同的团队完成设计、销售、财务、人力资源管理等不同的工作。组织结构还决定了权利和信息沟通的流动方向,即由管理层到基层。组织结构因每个组织的不同而不同,因管理者的期望不同而不同,因各种外部因素不同而不同。现代的组织结构越来越倾向扁平化,包括被充分授权的个体、被充分授权的团队及风险小组等。这种组织结构使组织更快、更灵活地对市场需求做出反应,大大降低了市场风险。

创造一个好的、有利于组织目标实现的内部环境、组织结构非常重要。组织结构应当综合考虑高层管理者、中层管理者和基层管理者的需求,提供足够的信息,确保组织结构的有效运转。

(三)人际关系

人际关系是人们在日常生活中形成的关系的总称。在人们的日常生活、学习和工作中,必然会遇见各种各样的人和事,形成各式各样的人际关系。其功能可以分为:良性的人际关系和恶性的人际关系。良性的人际关系可以增强组织成员的凝聚力,高效地实现组织目标。然而,恶性的人际关系会引起组织成员之间的冲突,让组织成员浪费时间和精力与其他成员打交道,无法实现组织目标,恶性人际关系会引起组织内部的"内部摩擦"。而组织管理从本质上来说是人的管理,所以,要想实现人的管理,必须要协调好组织内部的人际关系,构建和谐友好的组织环境。除了可以依靠行政手段、经济手段和制度制约以外,更重要的是要具有情感影响力和人际吸引力。现代管理理论是要坚持以人为本的原则,并遵循尊重人、体贴关心人的理念。要形成具有凝聚力的组织群体,必须要建立良好的、宽松的、互相信任、友好的人际环境,才能体现人本管理的意义。人本管理就是通过最大限度地寻找组织各部分价值观的共通处,并发挥其影响力,用以充分调动组织各方的积极性,全面提高员工自身的素质。

协调组织内部的人际关系对利用管理的整体功能和提高组织效率具有关键意义。由于组合方式和结构的差异以及人与人之间的协调程度的差异,所以组织在整体过程发挥上也会存在差异。当人与人之间的关系很好地结合起来,它就能最大限度地反映整体效果。相反,它的整体效应力很小,甚至没有。因此,建立和谐友好的组织内部的人际关系,会使员工在工作时感到舒适,充分发挥整体功能,弱化个体的作用,只有这样,组织的各项工作才能不断取得新的成效,快速实现组织经济效益的增长。因此,改善组织内部的人际关系对于提高组织的效率具有推动作用。

协调组织内部的人际关系就是调动员工积极性,是实现组织目标的根本。人际关系旨在营造宽松平等、健康文明、互帮互助的人际关系环境,促进组织内部人际关系的和谐,推动上下层诚实相处、和谐相处,让工作人员处在一个和谐良好的工作氛围。这样,组织的员工才会有安全感,每个工作人员会为了组织的利益和荣誉而努力工作,并为组织实现其组织目标而一起努力,从而产生强大的组织凝聚力和向心力,以调动员工的积极性,推动组织高效运转,加快组织的高效益的实现,有效地克服组织管理中的各种困难和障碍。

（四）雇佣关系

激烈的全球竞争导致很多公司组织结构重组和雇员缩减，这就产生了新的"雇佣"关系，西方管理理论将其称之为"新的雇主-雇员社会契约关系"。这种新关系的目标是，使员工能够适应组织内外部的不同要求，从而提高员工的满意度。相应的，员工则被期望通过对工作和工作团体有更强的承诺来为新的"雇佣"关系做出贡献。这种新的"雇佣"关系契约被喻为现代员工关系管理的最重要的基础。

全球化进程的加快、从业人员越来越复杂、新技术的应用等原因导致多种新的"雇佣"关系问题出现，并使组织面临着各种社会压力。而且，许多社会力量正通过员工的个人价值观、社会态度在组织内部渗透，构成工作场所的一个内在部分，使组织内部环境发生根本性变化。

（五）组织核心竞争力

一个组织成功与否，关键因素之一是该组织能否认识到并有效地利用组织的核心竞争力。核心竞争力与其他一些无形的因素构成了组织的智力资源。智力资源包括丰富的经验、智慧、知识储备和专业技能。智力资源包含在组织人事技能及组织成员的实践中，它包括了一个组织现实存在的价值与未来的发展前景，只有充分有效地意识到组织的核心竞争力，并整合组织资源对其加以利用，才能在竞争中彰显出自身的特色。

具体组织的各环境区位示意如图 3-1 所示，这里需要强调的是，一个组织的内部环境可以是一种优势，也可以是一种劣势。因此组织要重视内部环境，发挥其优势，避免劣势。

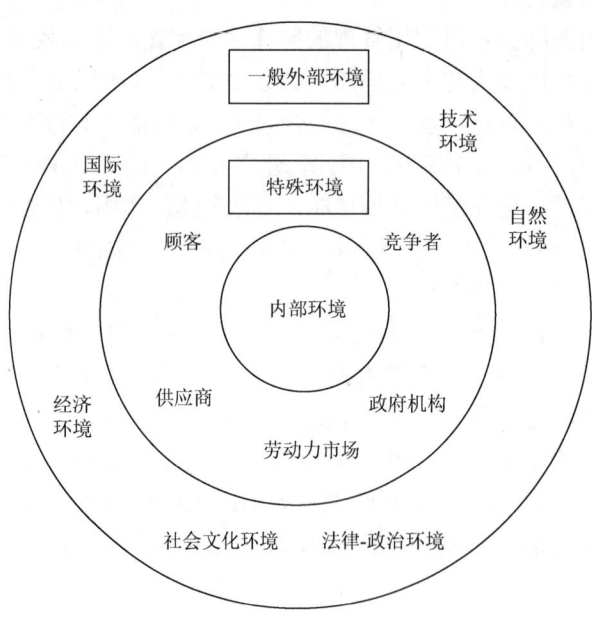

图 3-1　组织的各环境区位示意图

第四节　管理环境分析方法

一、管理环境分析的内容

分析组织所处的内外部环境,一般要根据管理的目的来确定分析的内容。在大多数情况下,对管理的环境要进行两个方面的分析:一是分析管理环境的基本特征,主要是分析组织对外部环境中的某些因素的依赖程度以及环境本身的不确定性程度;二是环境变化给组织带来的机遇以及挑战各表现在什么方面,程度有多大。从第一个方面来看,如果一个组织对外部环境中的某些因素的依赖程度越高,组织管理者自主性的程度就会越小,如果外部因素中不存在要高度依赖的因素,组织的组织化程度高,自主性就会相对较大;环境的不确定性越低,组织决策就越容易,反之,不确定性越高,组织制定决策也就越难。对于环境分析的第二方面的内容而言,同样的环境变动过程给不同的组织带来机遇和提出的挑战显然是不同的。从适应环境的要求出发,只有准确把握环境动态变化带来的机遇,分析好不确定的因素,组织才能高效运转,只有认识到挑战,才能避免威胁,避免决策失误。

二、管理环境研究的意义

建设组织体系需要环境作为客观基础,组织生存和发展也需要良好的环境。组织具有与外部环境不断交换信息、能量和物质的性质和功能。组织与环境之间的物质交换不断改变着组织,从而影响着管理行为的变化。环境本身并不会直接对管理当下的行为产生影响,而是通过组织的本身的影响力来潜移默化地影响管理的行为。环境间接影响管理行为,这种间接影响主要表现在以下几个方面。

(一)环境是组织系统生存和发展的必要条件

环境因素对组织的生存和发展具有决定性意义。一个好的环境条件,能够推动组织完善结构并充分发挥组织各功能要素的效用,可以加速管理效率,从而促进整个组织的高速发展,实现管理的目标;一个不利的环境条件,会影响管理活动的正常前进脚步,甚至完全停滞管理活动。环境会给组织的成立和健康发展带来机遇,但同时,环境的变化在某些时候也会给组织造成威胁。在某些时候,环境因素的突然的动态变化带来的高度不确定性会导致组织发生重大变化,甚至会引发质的变化。从某种意义上说,组织系统是否能够适应环境变化关系到系统今后的生存、稳定和发展,关系到决策的正确制定,关系到组织目标能否实现。只有及时了解、响应和适应环境,才能实现长远的发展和成功。只有关注环境的研究,组织才有可能成功并达到预期的组织目标。

(二)环境制约组织系统的内容

组织系统的性质和特点、结构和职能由组织的宗旨决定。然而,不能忽视环境的影响。

即使在某些情况下，环境对组织系统的性质和特点、结构和职能也起着决定性的作用。环境是人类活动的必要条件，一切人类活动都离不开这种条件。如果人们要在组织中开展任何活动，他们就必须适应当地的条件，才能取得成功。换句话说，什么样的组织结构，要参与什么样的管理活动，要实现什么样的组织目标，都必须在客观的实际条件和现实条件下进行。在市场经济条件下，企业组织要满足市场的需求，设计组织结构的同时还需要考虑市场经济的客观要求。

（三）环境对管理过程具有巨大的影响作用

在建立组织时，管理者需要注意组织的结构和组织的功能。此外，还须充分估计和考虑到环境因素。同样，管理者在制定决策和计划的同时，还必须充分利用有利的环境条件，按照因地制宜的原则，把决策和计划建立在坚实客观的基础上。

例如，自20世纪70年代以来，组织环境的变化越来越快，环境变化的趋势也越来越无法确定。特别是20世纪70年代的石油危机影响了世界各地的企业，将同一企业从一个国家转移到另一个国家，或从一个地区转移到另一个地区，需要在各个方面进行重大调整，以适应其环境的变化。正是由于这一原因，许多现代跨国公司的成功经验证明，有必要赋予其在国外的子公司尽可能多的主动性，允许它们在业务系统、组织目标、组织结构等所有方面不需要完全与总部保持一致地运作，而要根据地方政治、经济、社会、文化特点，灵活制定相应的符合实情的管理目标和战略。

三、管理环境外部和内部分析方法

（一）外部环境分析方法

1. 外部因素评价矩阵

外部因素评价矩阵（external factor evaluation matrix，EFE矩阵）是分析外部环境的工具，它可以用来帮助战略家总结和评价外部因素。它是通过从机会和威胁两方面找出影响企业未来发展的关键因素，根据各关键因素的影响程度高低赋予权重，再根据企业对各关键因素反应的有效程度对各关键因素进行评级，最后，计算企业的总加权得分。通过EFE矩阵，公司可以汇总他们面临的机遇和威胁，并计算出他们的全部吸引力，具体操作步骤如下。

（1）外部分析过程中确定的外部因素清单一般为10~20项，包括企业面临的各种机遇和威胁，应该分别列出。

（2）赋予每个因素权重，从0.0（不重要）至1.0（很重要），且所有因素的权重总和必须等于1。

（3）根据企业现行战略对各项关键因素的有效反应程度给各因素进行1~4等级的评分。1代表较差的反应，2代表平均水平，3代表高于平均水平，4代表良好反应。

（4）用因素的权重乘以评分，得到各因素的加权分数。

（5）将所有因素的加权分数求和，得到总加权分数。无论EFE矩阵包含多少因素，总加权分数的范围都是从最低的 1.0 到最高的 4.0，平均分为 2.5。超过 2.5 意味着公司能对外部因素作出反应。否则说明企业对外部影响因素的反应能力较差。

2. 外部因素分析总结

外部因素分析总结（external factors analysis summary，EFAS），也称外部因素合成。EFAS 同样是通过分析重要的社会与任务环境，并识别出有可能影响公司的外部因素后，对其进行进一步的分析和提炼。外部因素分为机会与威胁两大类，并且按照这些因素的重要性为其赋予相应的权重，对这些因素的相应情况进行评分。EFAS 的步骤如下。

（1）列出公司面临的 8~10 项最重要的机会与威胁。

（2）赋予每个因素权重，从 0.0（不重要）至 1.0（最重要）。所有因素权重的总和为 1。

（3）按照公司当前对该因素的应对方式为各因素进行评分，每一次评分都可以判断出公司处理所面临的外部威胁的能力大小。评分为 1~5 分，1 代表很差，2 代表低于平均水平，3 代表平均水平，4 代表超过平均水平，5 代表很好。

（4）用因素的权重乘以评分，得到各因素的加权分数。

（5）将所有因素的加权分数求和，得到总加权分数。最终得到的加权分数，最高为 5，最低为 1，平均值为 3。

3. 竞争态势矩阵

竞争态势矩阵（competitive profile matrix，CPM）主要用于确认企业主要竞争者的优势、劣势及该企业的战略地位，以及主要竞争对手的特定优势与劣势。竞争态势矩阵的分析步骤与外部因素评价矩阵方法类似，只是其最终加权得分反映了竞争者的强弱。CPM 主要是通过对行业关键战略要素的评价分值进行比较，展示出行业内各竞争者之间的相对竞争力的强弱、所面临的机会与风险的大小，为企业制定经营战略提供一种用来识别本企业与竞争对手各自竞争优势、劣势的工具。建立 CPM 具体可按以下四个步骤进行。

（1）由企业战略制定者识别行业中的关键战略要素。评估矩阵通常需要 3~5 项关键战略要素。具体由战略决策者通过研究具体的行业环境和评价结论，就与企业成功密切相关的因素达成共识。分析中常见的关键战略要素有市场份额、产品组合度、规模经济性、价格优势、广告与促销效益、财务状况、管理水平、产品质量等。

（2）确定适用于该行业所有竞争对手的每个关键战略要素的权重，以表明该要素对该行业成功经济的相对重要性。权重值的确定可以通过考察成功竞争者与不成功竞争者的经营效果来确定。每一要素权重值的变化范围从 0.0（最不重要）至 1.0（最重要），且各要素权重值之和应为 1。

（3）评价行业中每一竞争对手相对于每一关键战略要素的实力和相对实力。评价的分数通常取为 1、2、3、4，其中 1 表示最弱，2 是弱的，3 是强的，4 是最强的。评价中必须注意，各分值的给定应尽可能以客观性的资料为依据，以便得到较科学的评价结论。

（4）将每个关键战略要素的评估值乘以相应的权重值，得到各竞争对手在相应战略要素中的相对强度的加权评估值。最后对每个竞争者在每个战略要素上所得的加权评价值进行相加，从而得到每个竞争者在各关键战略要素上力量相对强弱情况的综合加权评价值，这个值的大小反映了一般竞争对手的相对实力的情况。

4. 竞争态势矩阵的相关讨论

在竞争态势矩阵评价中所得的各分值，仅仅表示了各竞争者之间相对竞争力量的地位，这些数字并不具有绝对意义。即它们只是提供了一种分析的手段和参考信息而已，并不能够真如这些数字相对大小精确指明各竞争者力量之间相对强弱关系。不能仅仅因为在竞争态势矩阵中一家公司总得分为 3.2 而另一家公司总得分为 2.8，便认为第一家公司比第二家公司强。数字反映了公司的相对优势，但它表面上的精确性往往给人们带来错觉。数字不是万能的，我们的目的不是得到一个神奇的数字，而是对信息进行有意义的吸收与评价，以便帮助我们进行决策。

在表面上，CPM 和 EFE 矩阵有某些相似之处，但它们之间的差异需要我们注意。第一个不同之处在于，所分析的因素是不同的。EFE 矩阵中的因素属于企业外部因素，分为机会因素和威胁因素两大类，CPM 中的因素属于竞争对手的内部因素和外部因素。第二个不同之处在于分析的对象和目的不同。EFE 矩阵把企业自身作为分析对象，以了解企业外部环境中存在的机会和威胁为目的。在 CPM 中，企业自身和竞争对手是分析的对象，是几个企业相关因素进行比较分析后的结果。它可以反映不同企业的一些因素的差异，这样分析可以提供重要的内部战略信息，有助于决策的制订。

竞争态势矩阵确定了其主要竞争对手企业相对于企业的战略地位，确定这些主要竞争对手的具体长处和短处。但是，CPM 的影响要素包含内部要素和外部要素这两类。

EFE 矩阵与 CPM 中间存在着以下差异。

（1）CPM 中的关键因素更为普遍。

（2）CPM 中的因素不像 EFE 矩阵中的那样被分为机会与威胁两大类。

（3）在 CPM 中，竞争公司的得分和总加权得分可以与分析公司的相应指标进行比较。通过这种比较分析，企业可以获得重要的内部战略信息。

（二）内部环境分析方法

企业内部环境分析的目的在于掌握企业目前的状况，明确企业所具有的优势和劣势，以便确定企业的战略目标。目前，企业内部环境分析方法大致可分为两类。一是纵向分析，即分析企业各方面（功能）的历史演变，找出企业哪些方面得到发展和加强。在哪些方面有待弱化，在历史分析的基础上对企业各方面的发展趋势进行预测。二是横向比较企业状况与行业平均水平，企业可以发现相对于行业平均水平的长处和短板。这种分析对企业的经营具有较强的现实意义。

1. 内部因素评价矩阵

内部因素评价矩阵（internal factor evaluation matrix，IFE 矩阵）是总结和评价企业各职能领域优势和劣势常用的分析工具。该方法从优势和劣势两个方面找出影响企业未来发展的关键因素，并根据各因素影响程度的高低确定权重，然后根据各关键因素的有效响应维度对关键因素进行评分。最后，计算了企业未来发展的加权总分。

操作步骤如下：

（1）列出内部分析中能够确定的关键因素，10～20项，包括优点和缺点两方面。

（2）赋予每个因素权重，从0.0分（不重要）至1.0分（重要）。所有因素的权重总和必须等于1。

（3）为各因素进行评分。1分代表重要劣势，2分代表次要劣势，3分代表次要优势，4分代表重要优势。值得注意的是，优势的评分必须为4分或3分，劣势的评分必须为1分或2分。

（4）将因素的权重乘以评分，得到各因素的加权分数。

（5）将所有因素的加权分数相加，得到总加权分数。

当因素既构成优势又构成劣势，需要在矩阵中出现两次，分别给予权重和评分。

无论IFE矩阵包含多少因素，总加权分数的范围都是从最低的1.0分至最高的4.0分，平均分为2.5分。总加权分数大大低于2.5分的企业，其内部状况处于弱势，而分数大大高于2.5分的企业，其内部状况则处于强势。

2. 内部因素分析总结

内部因素分析总结（internal factors analysis summary，IFAS），这种方法有时也被称为内部因素合成。

IFAS是指分析完重要的组织内部环境后，识别出一些可能影响公司的内部因素，对其进行进一步的分析和提炼。将内部因素分为优势与劣势两大类，并且按照这些因素的重要性为其赋予相应的权重，通过公司管理层对这些因素的响应情况进行评分。

IFAS的步骤如下。

（1）列出公司面临的8～10项最重要的优势与劣势。

（2）赋予每个因素权重，从0.0分（不重要）到1.0分（最重要），确定权重的依据是该因素对公司当前战略位置的可能影响。所有因素权重总和为1。

（3）按照公司当前对该因素的应对方式为各因素进行评分，每一次评分都是判断公司当前处理一个内部因素的优劣。评分在1～5分，1分代表很差，2分代表低于平均水平，3分代表平均水平，4分代表超过平均水平，5分代表很好。

（4）用因素的权重乘以评分，得到各因素的加权分数。

（5）将所有因素的加权分数求和，得到总加权分数。

最终得到的加权分数，最高为5分，最低为1分，平均值为3分。

3. 行业环境分析——五力模型分析法

行业环境通常指外部环境中的微观环境因素。对行业环境分析的目的主要是认清本行业的组织竞争格局以及本行业与其他行业之间的关系。通过分析，进一步认清本行业的现状和未来走势：是微利行业，还是高盈利行业；是朝阳行业、成熟行业，还是夕阳行业。行业环境的分析常用波特的五力模型分析法。

据迈克尔·波特的观点，行业竞争不仅仅是竞争对手之间的竞争。有五种基本竞争力：潜在的新加入者、替代产品的威胁、买方的议价能力、供应商的议价能力以及现有企业间的竞争。这五大基本竞争力的总体状况和综合实力决定了行业的激烈竞争程度，从而决定了行业的最终利润潜力和资本流入的程度，并最终决定了企业保持高收益的能力。在对产业竞争的五种力量分析的基础上，波特建立了行业竞争结构分析模型，如图3-2所示。

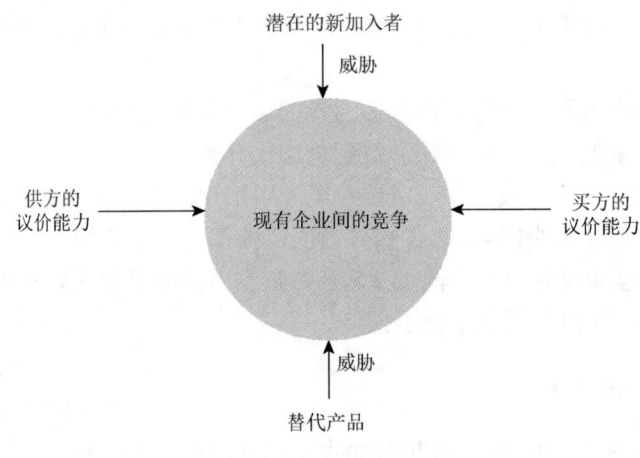

图3-2 波特五力模型

（1）潜在的新加入者。潜在的进入者加入这一产业，会带来生产能力的扩大，导致与现有企业的激烈竞争，使产品价格下降；另一方面，新进入者需要获得生产资源，这可能会提高工业生产成本，这都会导致行业赢利能力的下降。新进入者进入的难易度取决于进入壁垒，进入壁垒的高低取决于：①规模经济；②独具一格的产品；③商标的知名度；④转换成本；⑤资本需求；⑥销售渠道；⑦绝对的成本优势；⑧预期的反击；⑨政府的政策。

（2）替代产品。同行之间的竞争在许多情况下都是由于其产品的性质相同而引起的，如果一种替代产品的价格相对较低，该行业产品的价格上涨就会受到限制，从而限制了公司的收益的提升。产品替代的可能性通常取决于下列因素：①替代品的赢利能力；②用户的转换成本；③用户使用替代品的倾向及替代品生产企业的战略。

（3）供方的议价能力。对某一行业来说，供应商竞争力的强弱，主要取决于以下几个因素：①供方的集中程度和本行业的集中程度；②供应品的可替代程度；③本行业对于供方的重要程度；④供应者对本行业的重要程度；⑤供方产品的差异性和用户的转换成本；⑥供应方前向一体化的可能性；⑦本行业企业后向一体化的可能性。

（4）买方的议价能力。买方亦即顾客，买方的竞争力取决于以下情况：①用户的集中程度；②用户所购产品在其成本中所占的比重；③用户从本行业所购产品的标准化程度；④转换成本；⑤用户的赢利能力；⑥用户后向一体化的可能性；⑦本行业前向一体化的可能性；⑧本行业产品对用户产品质量上的重要性；⑨用户掌握的信息。

（5）现有企业间的竞争。这种竞争力是企业所面对的最强的一种竞争力，同行竞争者都会运用各种手段（价格、渠道、服务、促销、产品质量等）试图在市场上获取优势地位，争取到更多顾客，对企业造成的威胁最大。同行竞争激烈程度由以下因素决定：①竞争者的多少及力量对比；②市场增长率；③固定费用和存储费用；④产品差异性与用户的转换成本；⑤行业生产能力的增加幅度；⑥退出壁垒，包括资产的专用性、退出费用、策略性影响、心理因素、政府的限制等。

此外，还有"其他利益相关者"，管理学家弗雷曼建议在分析行业环境时，要把它加到波特的竞争模型中。这些利益相关者通常是政府、当地社区、借款人、贸易组织、股东和特殊利益集团。其中，政府的作用最大。

用波特五力模型分析行业环境的步骤如下。

（1）识别行业中对组织有影响的关键要素。

（2）根据每一关键要素对组织的重要性进行加权。

（3）对每个关键要素的表现进行评分。

（4）将各关键要素评价值与相应权数相乘，计算每个竞争者的加权评价值。

（5）根据评价值的大小，就可以判断该组织在行业中所处的位置，据此制订竞争战略。

4. 价值链分析法

价值链分析是波特教授提出的。他认为，企业的生产是创造价值的过程，企业的价值链是设计、生产、营销、运输和支持活动的集合。价值链显示了产品生产对消费者的整体价值。它包括两个部分：价值活动和边际利润。

可以将价值链中的价值活动分成两大类：基本活动和支持活动。其中基本活动包括生产单位的产品、向买方销售产品和提供售后服务；支持活动是向生产要素、技术、人力资源和全公司职能提供投入，以支持企业的基本活动。现将各项活动分述如下。

（1）基本活动要素，其主要包括以下几个方面。①进料后勤，包括接收、存储、分类原材料、向产品生产单元分配材料、库存控制、运输车辆调度和原材料退回等活动。②生产，是将生产要素投入转变成最终产品的活动，如机械加工、包装、装配、机器维护、产品检验、印刷和工厂设施管理等活动。③发货后勤，是一种与产品的集中、储存和实际分配有关的活动。它包括收集成品、储存、订单处理、派送车辆等活动。④市场营销，是一种为顾客提供购买企业产品并促进其购买的方式或手段的活动，如广告、促销、销售人员安排、分配配额、分销渠道选择、与销售渠道的公共关系、定价策略等活动。⑤售后服务，是一种为提高或保持产品价值而提供各种服务的活动，如安装、维修、人员培训、备件供应和产品调试等活动。

（2）支持性活动要素，其包括以下方面。①采购，这里的采购是指为价值链中的要素投入而不是为购买的要素投入而购买此类职能活动。与所有价值活动一样，采购活动使用某些"技术"，如与客户打交道的程序、标准规则和信息系统。②技术开发，包括一系列旨在改进产品和生产工艺的活动，这些活动通常由企业的工程和研发部门进行。③人力资源管理，包括甄选、征聘、培训、技能发展和为各类人员制定报酬制度等活动。④企业基础设施，包括全面管理、企业规划、企业财务、会计、法律事务、政府间事务和质量控制。

企业的价值链通常由上述活动组成。一方面,企业的内部条件审计可以逐项分析各种价值活动的进展,找出企业的优缺点。另一方面,还可以分析各种价值链活动之间的内在联系,这种联系在整体活动中的优化和协调的结合给公司带来优势。这是因为价值链并不代表独立的活动,而是一系列相互依赖的活动。因此,在分析价值链之后,我们不仅可以发现构成价值链本身的个体活动是企业的优势,而且活动之间的联系也是。此外,从更广泛的角度看,企业价值链被嵌入更广泛的价值体系。从企业与供应商、买方之间的关系来看,供应商在下游企业价值链中具有外包的价值链,企业的产品最终将成为买方价值链的一部分。因此,企业的优势不仅来自价值活动所涉及的市场范围的调整,也可以来自企业之间价值链的协调或共享所带来的最佳利益。

5. 企业潜力分析法

在企业进行内部分析时,需要评价企业内部潜力。从企业内部因素来评估企业潜力,可采用以下三种方法。

1)结构平衡法

结构平衡法是一种静态的挖潜方法,是将现实的因素进行平衡搭配,使企业满负荷运行。但企业环境本身是一个递增的过程,即需要不断与外界环境进行物质或信息流的交换才能使企业继续生存下去。由于外部环境的变化,处于新环境的企业也需要相应地引进一些新的因素,这时只要从外界引入某些因素,就能激发出巨大的潜力。企业经营的各种因素,如人员、机构、设备、物资、销售、资金等长期不平衡,经常出现内部失衡。企业的人员比设备、材料、销售、资金等其他生产、流通要素要多,如果以人员为结构平衡的标准,还有其他不足之处需要探讨,以进行改善;如果以设备为标准,其他因素应与设备容量一致,以使人员过剩,并做出相应调整。

2)因素介入法

因素介入法就是利用外界因素的引入来估算企业潜力的动态方法,因素介入法的核心是因素的导入。因为影响企业发展的因素是多种多样的,所以介入的因素也是多种多样的。常见的介入因素有八个,详述如下。

(1) 观念介入。新思想、新观念的引入,将开辟新的思维领域,对企业的经营方式和管理制度进行相应的变革,从而促进企业的发展。新观念的介入往往不会给企业带来金钱上的损失,人仍然是那些人,设备和工厂也还是那样,员工只是改变观念,就能充分发挥积极性。

(2) 知识介入。现在是一个知识爆炸的时代,因此知识介入是非常必要的。目前企业倡导的知识管理便是知识介入的真实写照。企业知识介入的方法主要是对员工进行生产技术知识或管理知识培训。

(3) 人才介入。就是从外部引进新鲜血液,引进新的技术和管理人才。引进关键人才,可使企业打破原有局面,实现技术和管理的飞跃,取得显著成效。

(4) 技术介入。就是引进生产技术专利,或与科研院所合作共同开发某项技术。这种方法,对于需要不断研发新技术以在激烈竞争中赢得一席之地的高科技企业来说,能达到"一着棋活全盘皆活"的效果。

(5) 设备介入。设备介入是指引进先进的关键设备或者改造原有设备等。

(6) 资金介入。资金介入是指申请贷款或进行社会集资等，以解决企业资金短缺问题。资金是整个企业运转的润滑剂，许多企业就是缺乏资金而导致发展停滞的，因此资金介入对企业至关重要。

(7) 信息介入。现代社会是一个信息社会，信息是企业生存和发展的关键。所有的行动都建立在正确掌握信息的基础上。因此，信息的介入，尤其是市场变化和渠道信息的介入，往往会促进企业流程的转型或要素的重组，产生新的成果。

(8) 制度介入。企业制度是企业运行的基础机制，企业制度关系到企业中各要素作用的充分发挥。新制度的介入常常可以排除旧制度的弊病，开创新的局面。

3) 比较分析法

比较影响企业经营管理的各项因素，比如企业制度、设备、资金、产品成本、产品质量、产品功能、渠道建设、售后服务等，将比较后的结果制表，得出评价中各因素的总分，然后排出名次，得分最高者为第一名。

在表 3-1 中，首先将企业制度、渠道建设、设备状况等诸因素依次在竖列和横行中填上，然后将各个因素的潜力逐一比较，较大者得 1，反之得 0。例如：第一行是企业制度，将它与设备状况的潜力对比，企业制度的潜力大些，所以在设备状况的竖向与企业制度横向相交处写上 1；第二行是渠道建设，它与企业制度比，潜力小些，所以在渠道建设横行、企业制度竖列的交叉格内写上 0，依此类推。对各因素比较后，将各项因素得到的分数加起来即得各要素总分，最后按得分多少排列出名次。在表中，企业制度总分最高，居第一位，其次是产品成本。这说明，该企业的制度改进和成本降低的潜力是最大的，也是该企业潜在的优势所在。

表 3-1 企业潜力比较与评分表

	企业制度	渠道建设	设备状况	产品性能	产品质量	产品成本	售后服务	资金状况	总分	排名
企业制度		1	1	1	1	1	1	1	7	1
渠道建设	0		0	0	0	0	1	0	1	7
设备状况	0	1		1	1	0	1	1	5	3
产品性能	0	1	0		0	0	1	1	3	5
产品质量	0	1	0	1		0	1	1	4	4
产品成本	0	1	1	1	1		1	1	6	2
售后服务	0	0	0	0	0	0		0	0	8
资金状况	0	1	0	0	0	0	1		2	6

表 3-1 的比较评分结果所得出的是该企业潜在优势，它与该企业的现实优势（渠道建设与售后服务）不同，表中所示的渠道与服务，在企业中居于领先地位，但潜力排名处于后列，挖掘潜力不大。如果把这些潜力转化为现实的优势，则需要引入新因

素。尽管该企业的管理制度目前不是现实优势,但企业管理者的综合素质较好,仅仅是思想观念跟不上,对一些先进的管理方法不熟悉,所以只要引入新观点,同时进行科学管理方法的培训和企业管理体制的改革,管理的潜力就会发挥出来,就能成为现实的管理优势。

从以上分析可以看出,比较分析法重点不在企业的现实优势上,相反,它认为要促进企业的发展,不能只孤立地看现实优势,还要看到尚未发掘出来的潜在优势,在保持现有优势的同时注意发掘潜在优势。

(三)十字图表分析法(SWOT)

十字图表分析法就是 SWOT 分析法。如表 3-2 所示,"S"表示优势(Strengths),主要了解企业在产品特色、使用范围和质量方面的优势是什么,顾客基础和分销、价格、促销方面的优势又是什么;"W"表示劣势(Weaknesses),主要了解企业的管理基础、产品、顾客基础、价格等方面欠缺的是什么;"O"表示机会(Opportunities),主要分析企业以外存在的产品销售及市场前景,如经济政策对市场增长的影响,竞争对手遭遇突然变故,资金环境促成了占据有利地形的机会等;"T"表示威胁(Threats),主要分析并确认是否存在来自经济、政治、人口统计或法律力量在一定限度内的威胁。所谓 SWOT 分析,即态势分析,就是将与研究对象密切相关的各种主要内外部优势和劣势、外部机会和威胁等,进行综合和概括,并依照十字图形式排列,然后运用系统分析的思想,匹配分析各种因素,得出一系列相应的结论,这些结论一般具有一定的决策性。SWOT 分析可以帮助企业在实力雄厚、机会最大的地方集中资源和行动。

表 3-2 SWOT 分析

机会(O):	威胁(T):
纵向一体化	市场增长较慢
市场增长迅速	竞争压力增长
可以增加互补产品	不利的政府政策
能争取到新的客群	新的竞争者进入行业
有进入新市场的可能	替代品销售正在逐步上升
有能力进入更好的企业	顾客讨价还价能力增强
在同行业中竞争业绩优良	顾客需要与爱好逐步转变
扩展产品线满足顾客需要	通货膨胀递增及其他
优势(S):	劣势(W):
成本优势	设备老化
竞争优势	战略方向不明
特殊能力	竞争地位恶化
产品创新	产品线范围太窄
具有规模经济	技术开发落后
良好的财务资力	营销水平低于同行业其他企业
高素质的管理人员	战略实施的历史记录不佳
公认的行业领先者	不明原因导致的利润下降
买主的良好印象	管理不善
适应力强的经营战略	资金枯竭

SWOT 分析法的步骤:

(1) 罗列企业的优势和劣势，可能的机会与威胁。

(2) 优势、劣势与机会、威胁相组合，形成 SO、WO、ST、WT 策略。SO 策略，即依靠内部优势，利用外部机会。WO 策略，即利用外部机会，弥补内部劣势。ST 策略，即利用内部优势，规避外部威胁。WT 策略，即减少内部劣势，规避外部威胁。

(3) 对 SO、ST、WO、WT 策略进行甄别和选择，确定企业目前应该采取的具体战略与策略。

该公司确立了三项措施，改善薄弱环节：第一，建立科学合理的绩效评价和报酬制度；第二，完善内部训练制度，进行全体员工的素质教育；第三，加强企业文化建设。

【课后思考】

1. 基于人本管理的角度分析，企业管理者怎样才能更好地提升员工的积极性。
2. 从你的理解来看，企业发展还会受到哪些因素的影响。

第四章 大数据时代的管理

【教学目标】

1. 学习了解大数据时代的特征和趋势。
2. 掌握大数据驱动下的管理相关理论。
3. 分析大数据给管理带来的机遇和挑战。

第一节 大数据时代的特征和发展趋势

一、大数据时代的特征

目前,大家普遍认为"大数据"具有四V特征,即数据量大(volume),数据类型多(variety),价值稀疏性(value),速度快(velocity)。大数据开启了一次重大的时代转型,人与自然、人与社会、人与人之间的关系将衍变,而大数据时代也将展现出其独有的特征。

(一)泛互联网化

大数据时代,计算机成为人们生活中必不可少的一部分,计算机也不再局限于桌面,人们可以通过手持设备、可穿戴设备或其他数字设备无障碍地享用计算能力和信息资源。人对人、人对机(物)、机对机有效连接与通信,有线与无线、固定与移动并存并相互连接,各种网络如通信网、计算机网、广播电视网等逐步协同、融合,计算机功能普及、网络连接普及和服务共享普及。

(二)数据化

大数据时代,社会数据化成为必然趋势。人们在信息传播、人际交往和日常生活中,通过沟通、传播与存储,将一切信息处理为数据,进而整个社会成为一个庞大的数据库。数据从知识的保存形式变成社会的组织形式,人与人、人与社会之间的关系由数据所取代。大数据时代的数据不再是一堆简单的编码信息,而是人类社会的数字符号。社会结构呈现出一种基于互联网的以数据为导向的形态,传统的人际关系和信息交流已成为即时快速的数据交流。

(三)多元化

大数据时代,各种数据不断汇集,数据集呈现不同特征,数据类别和格式多样,使得海量数据能够凸显出事物的多种关联性，显示出多种的信息内涵。大数据时代，全媒体趋势、信息媒体化趋势进一步加强，从而体现出百花齐放的多元化和多样性。

（四）可量化

大数据时代，所有数字可以转化为参与计算的变量，信息可以成为进行统计或数学分析的数量单元。文字变成数据、方位变成数据、沟通变成数据、人从身体到心理实现自我量化，接受数学分析，实现潜在价值。从社会化的个体主动运用数据开展认识自我的实践开始，人类认知领域全面数据化。庞大的数据资源使得学术界、商业界、政府等各个领域开始量化进程。

（五）个性化

大数据时代，对海量数据的分析挖掘，可以发现、提取有价值的数据图谱和趋势性信息，为各行业提供预测、趋势分析的前瞻性信息，为各行各业提供决策的依据和制定策略的参考。海量数据是一种共享性、开放性的公共信息资源，大数据时代的文化共享，使得每个人都可以从"云"中海量的共享性数据资源中调用、择取自己所需要的数据进行挖掘、分析，为己所用，从而真正地实现个性化发展、满足个性化需求。

（六）互动性

大数据时代，人与人、人与机器、机器与机器之间将实现全面互动。互联网实现了无距离互动，移动终端实现了时空互动，物联网实现了设备互动。信息和数据在各种互动中实现交流和共享，在不断传播中相互影响和相互作用。而人们则可以根据自己的需求和偏好，随时控制信息、信息量和信息呈现的秩序。

（七）开放性

互联网和云计算等信息技术为大规模数据时代提供了简便的共享方法。移动终端等信息收集工具和其他存储设备将大量数据储存在公共空间，开放性为信息共享提供了基础。大数据领域是开放时代，都置于"第三只眼"之中。分享是共识，社会将以透明、开放、和平和活力为特征。

（八）预测性

在大数据时代，依靠大数据和挖掘工具的深度、广度和精度以及多维、多源和多形式的分析技术，通过对符号和变化的大量交叉验证，发现事件并做出更准确的预测，预测将使人类无限接近控制未来的最终梦想。大数据时代的可预测性将迅速改变商业模式，促进环境可持续性，新的教育模式促进科学研究从假设驱动到数据驱动的新转变。

（九）智能化

在大数据时代，管理属性信息（ID、编码、人体特征等），个人状态信息（体温、血压、位置等),环境信息(温度、湿度、降雨量、压力、加速度、振动等)通过无线传输,被准确地收集到网络终端,并被实时分析和处理,最终处理结果被智能地呈现给人们。各种各样的网络、设备和数据与人相连,随时提供智能服务。

二、大数据时代的发展趋势

(一)数据资源化,将成为最有价值的资产

随着大数据应用的发展,大数据价值得以充分的体现,大数据在企业和社会层面成为重要的战略资源,数据成为新的战略制高点,是大家抢夺的新焦点。《华尔街日报》一篇题为《大数据,大影响》的报告显示,数据已经成为一种新的资产类别,就像货币或黄金一样。谷歌(Google)、亚马逊(Amazon)、腾讯(Tencent)、百度(Baidu)、阿里巴巴(Alibaba)和360等公司正在利用大数据取得更大的商业成功,我们有理由相信,大数据将继续成为机构和企业的资产,成为增强机构和企业竞争力的有力武器。

(二)大数据在更多的传统行业落地

一个新技术在少数行业取得了良好的效果,对其他行业也会具有很强的示范作用。目前,大数据在大型互联网企业中得到了很好的应用。其他行业的大数据,特别是在电信和金融行业,在各种应用场景中逐渐取得了成果。因此,大数据,一种从数据中创造新价值的工具,将会在更多行业中广泛使用,并带来广泛的社会价值。大数据将帮助企业更好地了解和满足客户需求,更好地优化业务、精细化运营、管理客户生命周期、精细化营销、进行战略分析。

(三)大数据和传统商业智能融合,行业定制化解决方案将涌现

传统商业智能领域将大数据视为一种新的数据源,而大数据实践者则认为,传统商业智能只是处理其领域中少量数据的一种方式。大数据用户希望获得一个全面的解决方案,不仅要对企业内部的业务数据进行收集、处理和分析,还要在互联网上引入非结构化数据。此外,大数据用户还希望结合移动设备的位置信息,使企业能够形成一个全面完整的数据价值开发平台。毕竟,大数据和商业智能都是以分析为目标的。数据的全面集成更有利于发现新的业务机会。同时,由于行业差异,很难为各个行业开发大数据商业智能分析系统。因此,在一些大型行业市场中,大数据服务提供商将更倾向定制业务,通过智能解决方案提供大数据服务。将来电信、金融、零售等行业将出现更多的大数据商业业务智能定制解决方案。

(四)数据将越来越开放,数据共享联盟将出现

随着大数据在公用事业和互联网企业方面的数据越来越开放,大数据相关性具有越高价值,它的开放也就具有越高价值。目前,美国、英国、澳大利亚等国家的政府正在研究

政府和公用事业数据。我国一些城市和部门也在逐步开展数据公开工作。对于不同的行业，共享的数据越多，它就越有价值。如果一家医院想要获得更多的疾病特征和诊疗信息，那么就需要在全国甚至世界范围内对数据进行共享，以便通过平台进行分析，从而获得更大的价值。未来数据将被共享，不同领域的数据联盟将出现。

（五）大数据安全越来越受重视，大数据安全市场将愈发重要

随着数据价值的日益重要，大数据的安全性和稳定性逐渐受到重视。互联网和数字生活也使得犯罪分子更容易获取他人的信息，进行犯罪活动，因此在大数据时代，无论是对数据本身的保护，还是对涉及个人隐私等信息的保护，都对大数据企业提出了更高的要求。大数据安全与大数据业务相对应，与传统的信息安全相比，大数据安全的最大区别在于安全服务商在考虑安全问题时首先需要进行业务分析，发现大数据对业务的威胁，并提出有针对性的解决方案。例如，对于数据存储场景，很多企业都使用 Hadoop 等开源软件来解决大数据问题，因为其开源，所以其安全性问题也很突出。因此，市场需要更多专业的安全服务商来解决不同的数据安全问题。

（六）大数据促进智慧城市发展，成为智慧城市的引擎

随着大数据的发展，城市信息化应用水平不断提升，智慧城市应运而生。建设智慧城市在实现城市可持续发展、引领信息技术应用、提升城市综合竞争力等方面具有重要意义。随着城市成为人们生活的引力中心，世界各地的城市领导者正在努力改善其公民的生活质量并增加服务。围绕智慧城市的项目正在中国、美国、日本、韩国、新加坡引起关注。

（七）大数据将催生一批新的工作岗位和相应的专业

新行业的出现必然会导致对工作岗位的新需求，而大数据的出现也会引入新的职位，如大数据分析师、数据管理专家、大数据算法工程师、数据产品经理等。有经验的数据分析师将成为一种稀缺的资源，数据驱动的工作将爆炸性增长。由于市场需求量极高，高校将逐步开设大数据相关专业，培养相应的专业人才。企业还将与高校密切合作，协助高校共同培养大数据人才。

（八）大数据在多方位改善我们的生活

大数据不仅可以用于公司和政府，还可以用于我们的生活。我们可以使用智能手环来跟踪我们的睡眠情况，以了解我们的睡眠质量，我们可以使用智能血压监测仪来监测健康状况。对于城市管理者，还可以利用智能手机的定位功能（如加速度计和 GPS 功能）来掌握人流的位置和移动规律，这些数据可以帮助城市交通做出有益的改变，例如智能交通系统使用传感器来检测交通模式中的拥堵和瓶颈。甚至还可以利用传感器数据检测到城市周边的垃圾收集站的垃圾数量，这样环卫工人就可以最大限度地提高他们的工作效率。

第二节　大数据驱动下的管理

　　最初，人们认为大数据只是一种新技术，只有如谷歌、百度、阿里巴巴等互联网企业会加以利用，但其意义远不止于此。随着大数据产业成为一个快速增长的新兴产业，大数据战略逐步上升成为国家战略。对于企业来说，大数据引发了一场管理革命。

　　管理大师戴明与德鲁克在许多问题上持相反的观点，但是"不会量化就无法管理"的理念却是共识。这一共识足以解释近年来的"信息大爆炸"为何如此重要。有了大数据，管理者可以将一切量化，从而对公司业务尽在掌握，进而提升决策质量和业绩表现。

　　拥有数字基因的公司，比如谷歌和亚马逊，已然是大数据平台。但是，对于传统企业而言，运用大数据获得竞争优势的潜力可能更大。企业可以做精准的量化和管理，做更可靠的预测和更明智的决策，可以在行动时更有目标、更有效率。但随着商业世界的其他一些深刻变化，公司向"大数据驱动"的转变必然面临巨大挑战，需要公司领导层具备良好的数字能力。

一、数据决定业绩

　　企业高管们有时会问："'大数据'不就是进行'数据分析'的另一种方式吗？"

　　这两者确实相关——就像以往的"数据分析"一样，大数据运动也试图从这些数据中收集信息，并将其转化为企业的优势，但两者有三个显著差别：

　　（1）规模性。2015年，全世界每天大约产生25艾字节的数据，而且这个数据量每40个月就翻一番。现在，互联网每秒钟生成的数据，比20年前整个互联网储存的数据都要多。

　　（2）高速性。对于很多应用程序来说，数据生成的速度最为重要。例如，一个团队通过手机定位数据了解超市停车场的车流情况，从而判断超市销售情况。通过这种技术，分析师和传统行业的经理人将获得巨大的竞争优势。

　　（3）多样性。大数据形式多样，如社交网站上发布的信息、图片、传感器上显示的内容、手机上的GPS信号等。在这些杂乱无章的数据中蕴藏着大量的有价值信息，等待被解读。

二、决策文化变革：让数据做主

　　大数据最重要的作用是它能直接影响公司的决策。在当今的商业世界中，人们仍然更多地依赖经验和直觉来做出决策，而不是基于数据。在信息有限的时代，管理人员依靠经验做出判断，这种决策过程被称为直觉主义。

　　那些打算进行大数据转型的公司可以从两个方面着手改进：首先，养成提问的习惯，"数据是怎么说的？""每当作出重大决定时，要进一步追究这个问题，数据来自哪里？""我们可以从这些数据中得出什么分析结果？""我们对结果有多大信心？"员工可以迅速从管理者那里获得有关的信息；其次，要让数据掌控一切。当员工看到一位管理者允许数据推翻他的直觉判断时，这将是改变公司决策文化的最大力量。而且，你不需要在技术上投资就能使用大数据，这与以前的技术创新完全不同。

构建数据功能的步骤分为以下几个方面：①选择一个业务部门作为试点，这个团队配备数据分析师；②在每个核心功能上，基于大数据识别出五个商机，要求团队在五周内找到每个商机的数据原型；③实现这个目标，通常有四个步骤，即实验、评估、共享、复制；④将你的数据集开放给来自世界各地的所有感兴趣的群体，让他们参与分析。

三、五大管理挑战

大数据转型并不是万能的，除非企业能成功应对转型过程中的挑战。以下五个方面在这一过程中尤为重要。

（1）领导才能。在大数据时代取得成功的企业并不只是因为拥有更多或更好的数据，也因为公司的管理者知道如何设计明确的目标。

（2）人才。随着数据越来越热门，大数据相关技术的应用人才需求也越来越高。最紧迫的问题之一是需要数据科学家和相关专业人员来处理大量的信息。传统的统计课程并没有教授如何使用大数据，尤其是清理和系统化海量数据集的能力，因为各种类型的数据很少以常规形式出现。这突显了可视化工具和技术的价值。

（3）技术。近年来，大容量、高速率、多样化的大型数据工具取得了长足进步。这些技术不再昂贵，大多数软件都是开源的。

（4）决策。精明的管理者会创造一种更灵活的组织形式，尽量避免"自主研发综合征"，同时加强跨部门的协作：收集信息的人向那些分析数据和理解问题的人提供准确的数据，同时，他们必须与那些有能力、能有效解决问题的人并肩工作。

（5）文化。大数据驱动的公司要问自己的首要问题，不是"我们怎么想？"而是"我们知道什么？"。

第三节 大数据时代下的管理变革

大数据已成为近几年最热门的词汇，人们用它来描述和定义信息爆炸时代产生的海量的数据，并列举相关的技术发展和创新过程。

许多人对于大数据时代所带来的社会变化仍然茫然不知所措，或者我们已经不知不觉地进入了大数据改变的时代。因此，在讨论完大数据的特征和趋势后，我们结合新时代的情况，具体从风险和掌控两方面分析大数据时代的变革管理。

一、大数据时代的管理风险

大数据的负面影响不是大数据本身的缺陷，而是我们滥用大数据预测的结果。大数据的预测是基于相关性的，它要求人们为未来尚未实施的行动付出代价是导致不利影响的主要原因。因为大数据预测往往是结果导向性,但是人们的思想与行为并非永远按照预定的方向运行。

利益和风险就像一把双刃剑。我们不能指望在不承担收益后的风险的情况下获得所有的收益。当我们在这两者之间做出选择时,我们会选择什么?大数据为我们的生活提供了便利,但同时也削弱了保护隐私的法律效力。随着智能手机和互联网的广泛普及,人们的个人信息如银行卡号、身份证号、手机号码等已经可以通过木马程序被不法分子轻松获得,形成一个庞大的"地下数据库"。很多不法分子也就利用这一数据库实施信息犯罪,获得利益。大数据时代的管理风险是让数据主宰一切,"杜绝对数据的过分依赖"是我们面对大数据安全隐患的措施之一。我们需要做到的是正确地使用,而不是成为数据的奴隶。

二、大数据时代的管理核心

对组织来而言,需要的是信息,而不仅仅是数据。在大数据时代,每天都会获得成百上千的数据。然而数据并不代表信息,只有通过有效分析后,数据才能转化为有用的信息供管理者进行决策。在数据爆炸的时代,有时过量的数据反而会迷惑决策行为。组织需要花费大量的时间把需要的数据筛选出来转化为信息。因此,组织在大数据时代继续保持竞争力的关键在于学会如何正确地把数据这个原材料加工成信息。组织需要根据任务来组织数据,针对一项具体的运作,将数据转化后的信息运用于决策之中。

三、新时代中国企业的变革趋势

全球企业从未面临过比今天更复杂的经济和竞争环境,全球经济从近 20 年的持续增长阶段转向不确定的螺旋式下降。由于信息技术、网络技术、生物工程技术和智能机械技术的发展,人力资源成本持续上升,资金和人才跨境流动,人才选拔机会不断增加。随着人力资源就业观念的深刻变化和全球范围内前所未有的复杂竞争环境,全球企业的传统竞争优势正在逐渐丧失。在这样的环境下,重塑企业的核心竞争优势,成为未来的全球企业亟须解决的问题。中国企业正面临着更加严峻的挑战,中国企业正处于产业转型、技术升级和管理升级的关键阶段。全球经济低迷,竞争环境复杂,深刻考验着中国企业在后续发展中的竞争力,包括资源组织管理能力和技术竞争力。危机总是在无法察觉的状态下发生,这就要求中国企业领导者在领导企业前进的过程中,必须具有战略管理和控制能力的前瞻性,引导企业创造适应未来的竞争能力,重建企业未来的竞争模式和管理模式。

第四节　大数据时代下管理的挑战和机遇

一、挑战

大数据时代,挑战与机遇并存。未来几年大数据的发展将从前期的预期扩张阶段、投机阶段转变为理性发展阶段。目前，大数据的发展还面临着许多挑战，主要包括七个方面：业务部门缺乏明确的大数据需求，导致数据资产逐渐流失；企业内部出现严重的数据孤岛，导致数据价值挖掘不足；数据可用性低，数据质量差；数据使用不足，而落后的数据相关管理技术和体系结构导致了大数据的缺乏；数据处理能力差，数据安全得不到保障，防范意识差，导致数据泄露；大数据人才不足，大数据工作难以开展；大数据相关政策法规的缺失，导致数据开放和隐私之间难以平衡，数据也难以得到更好的开放。

（一）业务部门没有明确的大数据需求

许多业务部门不了解大数据，也不了解大数据的应用方案和价值，因此很难准确地提出使用大数据的需要。由于大数据部门是一个非营利部门，企业决策者担心投入成本过高，业务部门的需求不明确，因此很多企业都处于观望状态，这将从根本上影响大数据企业的发展，也会阻碍他们自己的数据资产的积累和利用，有的甚至是数据没有应用到场景中，大量有价值的数据被删除，导致企业数据资产的流失。因此，需要大数据专家来推广和共享大数据应用场景，以便更多的商务人士能够理解大数据的价值。

（二）企业内部数据孤岛严重

企业启动大数据最大的困难即数据的碎片化。在许多公司，特别是大公司，数据往往分散在不同的部门，而且这些数据存储于不同的数据库中。不同部门的数据存储格式也可能不尽相同，这导致公司内部的数据纷杂混乱。但不对这些数据进行整理，又很难挖掘大数据的价值。

（三）数据可用性低，数据质量差

企业对数据的预处理不够重视，导致数据处理不规范。在大数据预处理阶段，需要提取数据并将其转换成易于处理的数据类型，并对数据进行清理和去噪，以便提取有效数据和进行其他操作。因为许多企业在预处理阶段的操作不规范，所以导致数据质量差和数据不准确。

（四）数据相关管理技术和架构

技术架构的挑战包含以下几方面。

（1）传统的数据库部署无法处理 TB 级的数据，数据量的迅猛增长超越了传统数据库的处理能力。如何构建分布式数据库，并能方便地扩展大量的服务器，已成为许多传统企业的挑战。

（2）许多公司仍然使用传统的数据库技术，并没有在最初设计时考虑数据类别的多样性，特别是结构化数据、半结构化数据和非结构化数据的兼容性。

（3）传统企业数据库的数据处理时间过长，这些数据的统计结果往往落后一天或两天。但是大数据需要实时处理数据，传统的数据库架构师对实时数据处理的能力不足。

（4）大量的数据需要良好的网络架构和强大的数据中心来支持，数据中心的运行和维护也将是一个挑战。如何在保证数据稳定性和支持高并发性的同时，降低服务器的负载，已成为海量数据中心运行和维护的一项关键工作。

（五）数据安全

在大数据时代，如何保证用户的信息安全已成为一个非常重要的问题。个人敏感信息的泄漏导致用户数据被盗，这提醒我们加强大规模数据网络安全建设。此外，随着数据量的增加，对数据存储的物理安全要求也越来越高，对数据的安全拷贝和数据恢复机制提出了越来越高的要求。许多传统企业的数据安全令人担忧。

（六）大数据人才缺乏

大数据建设的每一个环节都需要专业人员来完成，因此，有必要培养一支掌握大数据技术、有大数据应用经验的专业建设队伍。目前，与大数据相关的人才紧缺，将阻碍大数据市场的发展。大数据的相关职位需要掌握数学、统计学、数据分析、机器学习和自然语言处理的复合型人才。未来，大数据人才缺口包括数据开发工程师、大数据分析师、数据架构师、大数据后台开发工程师和算法工程师。目前最大的问题是高校缺乏大数据相关专业的教师。因此，拥有大量数据的公司应与学校共同培养人才。

（七）数据开放与隐私的权衡

随着大数据应用的日益重要，数据资源的开放共享已成为数据竞争中保持优势的关键。商业数据和个人数据的共享应用不仅可以促进相关产业的发展，也可以为我们的生活带来极大的便利。由于政府、企业、行业信息系统建设缺乏统一的规划和标准，形成了许多"信息孤岛"。数据共享同时也受到行政垄断及商业利益的制约，导致数据开放程度较低，给数据利用带来了很大障碍。我国数据资源开放和共享的另一个制约因素是政策法规不完善，大规模数据挖掘缺乏相应的立法，无法保证数据资源的共享和防止数据资源的滥用。因此，建立一个良性发展的数据共享生态系统，是今后我国大数据发展的主要方向。同时，如何平衡开放与隐私，也是实现大数据发展开放过程中将面临的最大问题。如何在促进数据全面开放、应用和共享的同时，有效保护公民和企业的隐私，不削弱其法律效力，将是大数据时代会面临的重大挑战。

二、机遇

在进入大数据时代后，大数据的迅猛发展，不仅给我们带来了严峻的挑战，也为我们调整产业结构、提高生产效率、实现管理现代化提供了极好的机遇。但是，我们必须重新思考并且充分认识到，在大数据时代，宏观和微观管理都将发生变化，发展战略和实施举措应该尽早地制订。

（一）大数据时代，数据成为国家和企业最为强大的竞争力

大数据与企业的固定资产和人力资源一样，将成为企业生产过程中的基本要素和不竭的创新源泉。

信息时代的竞争不是劳动生产率的竞争,而是知识生产力的竞争。数据通过分析成为信息,信息经过提炼,找出变化规律,就成为创新知识,应用新知识指导实践,就可创造出新的价值、效用和利润。所以,基于知识的竞争,最终表现为数据的竞争,这种数据竞争,将最终决定国家和企业的命运。

(二)大数据时代,一切皆可量化,一切皆可预测

大数据的核心就是预测,人们不再只是依靠随机抽样的样本,而是通过对大规模的数据"总体"进行分析、预测,这样就会得到许多惊人的结果。例如:谷歌公司只用对其搜索词条相关数据的分析,就成功地实现了对 2009 年 H1N1 流感的预测,它能分辨流感在哪里传播,比美国疾病控制中心的预测提前了一至两周。再如,亚马逊根据用户在其网站上的查询,预测用户可能喜欢的商品,并向用户推荐。从这些事例可以看到,只要发现不同类数据的相互关系,加以综合,就可把原来似乎难以"量化"的事物进行定量分析,预测其未来的发展趋势,所有预测结果都是从对已有数据再次加以挖掘获得的。数据与其他生产要素不同之处就在于没有折旧,可以多次应用,应用愈多价值愈大。并且数据存储的时间段愈长,愈能发现规律,其价值也愈大。

(三)大数据时代,开放的网状组织将取代自上而下的金字塔形层级组织

自上而下的金字塔形层级组织是人类社会自古以来的管理模式,一切数据和信息的要求都是自上而下地层层传达,而自下而上地层层上报、汇总、综合分析。处于金字塔上层的管理者,就能获得全面和完整的信息,处于金字塔下层的人员,只能得到零碎和片面的信息,上下级之间信息不对称就成为维持层级组织上级权威的基础。大数据时代,每个人都可以公开透明地从网络中获取相同的信息,经过自己的综合、分析,得出自己的结论。就信息系统而言,是无中心的开放的网状组织,这种组织不仅可以让每个人参与管理,并且可以更好地发挥每个人的积极性和创造性。

(四)大数据时代,虚拟管理模式,将逐步取代各自独立的集中生产的实体模式

在生产领域,互联网发展初期就已开始建立虚拟的全球制造系统,例如耐克等公司,除了保留研发设计部门外,加工生产都外包给全世界其他低成本的企业去做。虚拟模式和业务外包已经成为大多数企业的典型管理模式;iPhone 手机的供应链由全球 748 家制造商组成,其中 600 多家位于亚洲,包括中国、日本、韩国、马来西亚、菲律宾、新加坡和泰国。其中中国内地有 331 家,并且产品总装在中国完成,有些人开玩笑地称 iPhone 为"中国制造"。随着信息、技术、物流网络和电子商务的发展,零售业中虚拟化更普遍。近几年,许多行业的实体店已逐渐转向互联网上的虚拟店,如今通过互联网几乎可以在全球范围内购买到你想要的任何商品。

(五)集中的大规模"减成法"生产将向分散的"叠加式"定制生产转变

在工业化时代,所有工业产品,如金属制品,都要经过铸造、冲压、锻造、金属切削、磨削等许多复杂的工序,原材料随着加工逐步减少,即所谓的"减成法"生产。这种生产

方式不仅使许多原材料变成了废料，并且加工过程中需要昂贵的设备、熟练的技工、高大的厂房，所以只能进行集中的大规模生产，并且很难满足客户个性化定制需求。在大数据时代，借助计算机、互联网和3D打印技术，你可以用3D打印机打印产品，就像你可以打印文件和图片一样。人们可以按自己的需要从互联网上把有关产品的三维立体图纸及应用程序下载到计算机中，在与计算机联结的打印机"墨盒"中，加入制造该产品各种零部件所需的材料粉末，然后按电脑屏幕上的打印按钮，打印机就会根据应用程序下达的命令，按图纸上的零部件要求，用"墨盒"中的材料打印，一层层地叠加起来，最后完成该零部件的制造。

大数据已在应用层面解决了许多实际问题，展示了未来极其光辉灿烂的广阔前景。它将重塑我们的生活、我们的工作、我们的思维方式，也将更新我们的管理理念。大数据释放出无限的价值。但是，大数据与其他新事物一样，也有其缺陷和瑕疵。最先进的科技也不可能将世界上的全部数据悉数搜集、存储和加工，大数据处理的不是事物的终极整体性，而是大规模的样本。应当承认，今天的技术收集和处理的数据仅占世界数据总量的很小一部分，这些信息只是对现实的预测。因此，基于不完全数据的大数据预测不可能是完美的最终答案，只能供人们参考。

【课后思考】

1. 大数据时代下，管理的外部环境发生了什么改变。
2. 大数据时代下，传统的组织管理方式会发生怎样的变革。

第五章　决策与决策方法

【教学目标】

1. 理解并掌握决策的基本含义、特点和影响因素。
2. 掌握决策的类型和过程。
3. 掌握并应用集中定性、定量决策方法。

第一节　决策概述

一、决策的含义

决策是管理的核心。著名管理学家埃尔伍德·斯潘塞·伯法认为管理的首要任务是能够做出决定企业今后命运的决策。管理学家赫伯特·西蒙认为管理的本质是决策，整个管理过程是围绕着制定决策和组织实施开展的，管理的四个基本职能：计划、组织、领导和控制都与决策息息相关。

目前理论界关于决策的概念还没有一个统一的说法，但是大多数学者都强调"决策是一个选择方案的过程"。本书将决策定义为在一定环境下，个人或组织为达到某一特定目标，遵循决策的原理，在分析调研的基础上，借助恰当的科学方法，在多个可供选择的方案中选出一个满意方案来执行实施的全过程。

二、决策的特点

决策是一项重要的管理活动，其特点主要表现如下。

（一）目标性

任何决策都包含着明确目标，决策的目的是解决管理过程中的问题，达成一定的目标，决策中的一切行为都是为了实现这个目标。所以目标是贯穿决策过程的主线，任何决策活动都围绕着这个目标进行。目标应该简单明了没有歧义，而且要有可行性，经过努力可以实现。

（二）选择性

选择是决策的关键。在选择中往往都追求最佳方案，实际上却难以确定出最佳方案，其一可能最佳方案被人们遗漏没能制订出来，其二，最佳是相对而言的，每个方案都有各自的长处和不足，有多方面也无法定量比较。所以决策中有时只能以"满意"作为标准来选择。

（三）优化性

决策总是在一定的条件下寻找优化的目标和优化达到目标的途径。优化有两层含义：其一是在同样的约束条件下寻找用最短的时间、最低的代价、最优的效果实现目标，其二是将决策执行后可能会产生的负面影响降低到最低限度。

（四）时效性

决策具有时效性。决策受到时间的约束，因为决策是在当前情况下为解决问题做出的管理活动。如果过了有效的时间期限，事情有了新的变化，那么就算决策再好，目标也难以实现。

（五）内部性和外部性

任何决策都会受环境的影响，任何决策者也都不是自己一个人做决策的，当他们做决策时，组织内部和外部的其他人也在做决策，而且这些决策会互相影响。所以决策者在进行决策前，必须确定其他人的决策对自己的决策可能会造成的影响。

三、决策的影响因素

（一）环境因素

（1）市场结构。如果面对的市场有较高的竞争性，组织应该以市场为导向来经营；如果市场有较高的垄断性，组织则应该密切关注竞争对手的动向。

（2）环境的稳定性。当环境较稳定时，组织曾经面对同一类问题所做过的决策，会对现在做决策有较高的参考价值。

（3）买方、卖方在市场的地位。在买方市场下，组织靠市场的需求情况，生产市场和用户需要的产品。在卖方市场下，组织通常以生产条件和生产能力作为出发点来做决策。

（二）组织文化

当组织文化是保守型时，如果该行动方案会为组织带来变化，而且被预测到该方案实施起来有较大难度，很可能会遭遇失败，那么这是组织不能容忍的。所以决策者最后会选出并执行能够维持现状的行动方案，同时这也进一步地强化了组织文化的保守性。

（三）决策问题的性质

（1）问题的紧迫性。如果问题紧迫，那么做决策的速度比决策的质量更重要。如果问题对组织来说有足够的时间来解决，那么决策的质量比做决策的速度更重要。

(2) 问题的重要性。重要的问题会引起高层管理者的重视，决策能得到更多力量的支持。

（四）个人对待风险的态度

人们对待风险的态度有三种：冒险型、中立型和保守型。不同的态度都会影响最终的决策。因此，决策者要有胆识，敢于冒风险，承担责任，能对决策时机是否成熟进行准确的判断。这样能使方案的风险降至最低。

四、决策的类型

（一）按照决策的重复程度分类

1. 程序化决策

程序化决策是指经常重复的决策，可以根据原始的规定程序、处理方法和标准进行，例如签订购销合同、工厂选址、产品质量检测、员工工资等。在程序化决策中，可以通过计量和统计调查获取决策需要的信息，量化约束条件。对于这种决策，通过计算机技术建立模拟程序，来构建决策模型可以获得良好的效果。

2. 非程序化决策

非程序化决策是指没有规律可循，对不易确定、错综复杂的业务工作和管理工作所做的决策，例如研发新产品等，因为新产品的研发涉及技术条件、市场环境、顾客需求的变化、政策法规等因素，并且新产品研发一般是一次性的、复杂的决策。这种决策不经常发生，缺乏准确可靠的统计数据和资料，难以用数学模型来为决策者提供优化方案，而且也没有类似经验。决策者无法运用数理基础做出逻辑选择，而是依赖他们的知识、经验和洞察力。

从管理的层次来看，基层管理者主要处理日常重复发生的问题，可以依据一些标准、规则来安排工作，所做的决策是程序化的。高层管理者需要处理的问题更具有突发性，通常无规律可循，做的工作也基本不重复，经常做出一些非程序化决策。

（二）按照决策的重要性分类

1. 战略决策

战略决策对组织最重要，它是指为了组织的长远目标、长期发展方向做出的决策。其主要是为了适应外部环境的变化采取的对策，具有全局性、长期性与战略性。例如确定企业使命，经营方针决策，企业发展战略和竞争战略，组织结构改革等。

2. 管理决策

管理决策是指为实现战略决策的目标而制定的局部性的决策，组织的行动计划由中层管理人员在未来短时间内制定。战术决策与合理调动和利用战略决策所需的有限资源直接相关，例如营销计划、财务决策、产品开发方案、更新设备等。

3. 日常管理决策

日常管理决策是指为了提高工作效率、生产业务进行的决策，这只会对组织产生部分影响。日常管理决策通常是结合作业控制，分析当前条件和短期目标做出的决策，例如日常任务分配、工作安排、库存控制、材料采购等。

在不同企业的决策活动中，不同的管理者面临着不同的问题，具有不同的工作权利，因此他们也负责着不同的决策任务。基层管理者主要负责业务决策，中层管理人员负责战术决策，而高级管理人员负责战略决策。在民主型企业中，基层管理者经常参与战略决策和战术决策。中层管理者在做出战术决策时需要深刻理解战略决策，他们还需要帮助基层管理者做业务决策，让决策结果能被全体员工所接受。企业高层管理者除了制定战略决策，还要通过战略决策来示范并指导战术决策和业务决策，来贯彻实施战略决策。

（三）按照决策的主体划分

1. 个人决策

个人决策是一个人做出决策，可以用于一些不是很重要的问题，或者是在紧急情况下的重要决策。

2. 集体决策

集体决策指多个人共同做出决策。一般遇到重大的问题，组织会让多个人一起做出决策，例如董事会做出企业战略决策，还有一些与员工自身的利益相关的决策，员工也会参与其中。

（四）按照决策问题所处条件划分

1. 确定型决策

确定型决策的每个备选方案都只有一种明确的结果，而且每个备选方案实施的各种必然后果都可预见，通过比较各种方案的结果，就能做出决策。例如盈亏平衡分析、采购库存决策等。但是在现代企业管理中，这种决策并不多，这些仅仅是一种理想化的决策。

2. 风险型决策

风险型决策是指决策者对决策对象的自然状态和客观条件较为了解，能估计其发生的客观概率的决策。例如企业对利润和效益等问题的决策。

3. 不确定型决策

不确定型决策是指在决策中有很多决策者不可控制的因素，对决策问题所处的条件知之甚少,各备选方案中存在着两种以上的可能出现的后果,而这些后果发生的概率不可知。企业的战略决策就是不确定型决策。

(五) 按照决策的目标和方法划分

1. 定量决策

定量决策又称为计量决策,是指决策目标有明确的数量标准,能够应用数学方法和模型用计算机处理进行的决策。定量决策给人以直观印象和说服力,例如采购量决策、库存决策等。

2. 定性决策

定性决策也称为非定量决策,是指目标难以量化,主要依赖于决策者的智慧、经验和能力,调查分析,根据掌握的信息做出判断的决策。

在实际情况中,通常把定性决策与定量决策相结合。

第二节 决策过程

决策要解决的问题复杂多样,决策是一个发现问题、分析问题和解决问题的分析判断过程,一般由五个步骤组成。

一、界定问题

决策是为了解决问题而选择行动方案的过程。决策过程的第一步是界定面临的问题,首先得找准问题及问题发生的原因,然后才能根据它确定决策目标,提出解决的备选方案。

二、明确目标

在界定问题之后,必须弄清楚该问题能否被解决,以及解决结果需要达到什么标准。明确目标是做决策的前提,也是实施决策的基础。决策者必须将问题的性质和问题发生的原因弄清楚,才能清晰明确地确定目标。决策目标一般分为两种:希望达到的和必须达到的。对于必须达到的目标,决策者要设置资源的最高限度和解决结果需要达到的最低限度,也称为边界条件。对希望达到的目标,则只需表示相对的需要。有效地区别出必须达到的和希望达到的目标,可以一开始就去除掉那些完不成目标的备选方案。边界条件越具体,做出的决策也越有效。

三、拟订方案

目标确定之后,则要拟订若干解决问题的备选方案。根据收集的信息数据,管理人员尽可能多地制订备选方案,备选方案越多,可供选择的余地就越大,解决办法就越科学、完善。备选方案的质量也在很大程度上影响着决策的质量。因此，备选方案应该具有概括性和代表性。

四、评价与选择方案

决策者需要建立一套检验判断正确性的决策准则来评价备选方案。决策准则一般包括可行性、目标完成度、方案敏感度、方案成本及风险度等。有效评价的关键就在于明确机会和威胁，要仔细考察全部事实，确定是否可以获得足够的信息，考虑组织可以利用的资源。首先，决策者要深入地分析备选方案的可行性和可能的结果，然后在此基础上，评价每个备选方案。选择方案时应当注意。

（1）任何方案都有风险。
（2）在选择最佳方案时，将过去的经验作为一个重要参考。
（3）不要一味追求最佳方案，一般遵循"满意原则"。
（4）决策者必须从同级、上级和下级那里寻求帮助和指导。

五、执行方案并回馈

选择好方案后，就要贯彻实施决策方案。首先决策者在执行过程中要制订一个实施方案，然后对决策过程进行有效的控制和监督，并且及时有效地回馈结果，如有与原来目标偏离的情况，应进行适当调整，并从中获得经验教训。这样才能发现决策中存在的问题，及时地纠正错误，进行新一轮决策。这样决策活动便会形成一个循环过程。

第三节 决策方法

一、定性决策

（一）定性决策方法含义

定性决策方法又称主观决策方法，是指基于所获得的信息做出决策的方法，主要依赖于决策者或相关专家的智慧。根据社会科学的原则，管理决策者在个人判断的基础上，采取一些有效的组织形式，充分利用自身丰富的经验、知识和能力，从决策对象的本质出发，分析其运动规律，把握事物的内在本质，对企业管理和决策目、决策方案的提出以及方案的选择和执行做出判断。

以前，人们习惯用自己的经验判断来解决问题，即定性决策法，也指采用定性与定量相结合，但以定性决策为主的决策方法。在当今信息时代，在计算机和运筹学广泛应用于企业经营管理决策领域后，采用定性决策的时机主要如下。

（1）面对信息不完全的决策问题或者一些突发性的事件和新问题，决策者难以使用对数据依赖程度较高的决策方法。
（2）当决策问题与决策者主观意愿关系密切，难以用数学模型来解决，或者根本无法获得到数据时,则必须采用定性决策或定性和定量相结合,但以定性决策为主的决策方法。

(3)当问题本身过于复杂,决策者难以用现行的定量分析方法和计算机工具决策,也不得不进行粗略的估计和采用定性分析法。

(二)定性决策方法的类型

定性决策的方法有很多,如经理人员决策法、专家会议法、头脑风暴法和德尔菲法,其中德尔菲法是最具代表性的方法。特别是在长期战略决策中,由于许多条件的不确定性,德尔菲法特别适用。

定性决策包括程序化决策方法、经验型决策方法、创造性决策方法等。

1. 程序化决策方法

程序化决策方法就是按照现有的政策、组织规则和程序进行决策。程序化决策可以让管理者更快地处理日常事务,这样决策者可以省下时间和精力来处理其他事务,缺点是不会再去谋求更好的处理方法。

2. 经验型决策方法

经验型决策就是完全凭决策者的经验来做决策,因此有时会出现重大的失误。在信息数据不完整、问题复杂,或有大量不可预知的因素的情况下,决策者可以采用近渐式决策方法。这是在多种方法中选择一种来慢慢迈向目标的方法,它可以通过根据每个步骤的结果定义下一个动作来避免犯严重错误并造成重大损失。这种方法适用于重大决策。

3. 创造性决策方法

创造性决策方法是指发现创新的、富有想象力的解决问题的方法,比如头脑风暴法、名义小组法、德尔菲法等。

(1)头脑风暴法。头脑风暴的创始人是英国心理学家乔治·奥斯本。头脑风暴法也称为思维共振法,即通过与专家交流信息,可以实现思维共振,产生组合效果,从而产生创造性思维。一个小组由10~20名专家组成,会议一般持续20~60分钟。

(2)名义小组法。如果决策者们对问题的意见分歧很大,那么直接开会讨论是不合适的。他们可能无法讨论出一个满意的结果,或者他们会附和他人的意见。这时名义小组法不失为一个好方法。首先管理人员选一些有研究经验的人组成小组,告诉他们决策问题相关的信息。小组成员独立思考后依次提出决策建议,尽可能详细地写入书面材料。然后召集会议并让小组成员提出他们的方案,成员对所有备选方案进行投票,以制订最合适的方案,并提出决策意见,提交给经理以供决策参考。

(3)德尔菲法。德尔菲法又称征询法,是美国兰德公司的专家们在1964年提出的一种群体决策法。根据问题的特点,选择和邀请做过相关研究或有相关经验的专家,在互不接触、互不影响的条件下,让他们分别写下问题或问题的答案。管理者汇总专家们的意见后,又将综合意见反馈给各位专家,让他们再次发表意见。如果分歧依旧很大,可以开会讨论,否则管理者分别与专家联络。几轮反复之后,专家意见逐渐趋于一致,最后形成代表专家组意见的方案。

二、定量决策法

在决策问题所涉及的变量能够量化并且能够取得一定统计数据时,可选择定量决策法。定量决策法的核心是用数学模型表示决策的变量与变量、目标之间的关系,然后根据决策的条件计算得到答案。

1. 确定型决策法

确定型决策依据的原则是最优值原则,如利润最大,时间、物质等消耗最小。常用的方法有很多,如技术经济分析法中的各种方法、运筹学方法、计算机管理信息系统等。最常见的一种方法是盈亏平衡分析法。

盈亏平衡分析的模型是研究生产、经营一种产品达到不盈不亏时的产量或收入的一种分析模型。盈亏平衡点就是这个不盈不亏的平衡点。当生产量低于这个产量时,企业则发生亏损;当超过这个产量时,企业则获得盈利。

如图 5-1 所示,随着产量的增加,总成本与销售额随之增加,当达到平衡点时,总成本等于销售额,此时不盈利也不亏损,正对应此点的产量为平衡点产量。盈亏平衡分析法分为两种:盈利亏损平衡点产量法和盈亏平衡点销售额法。

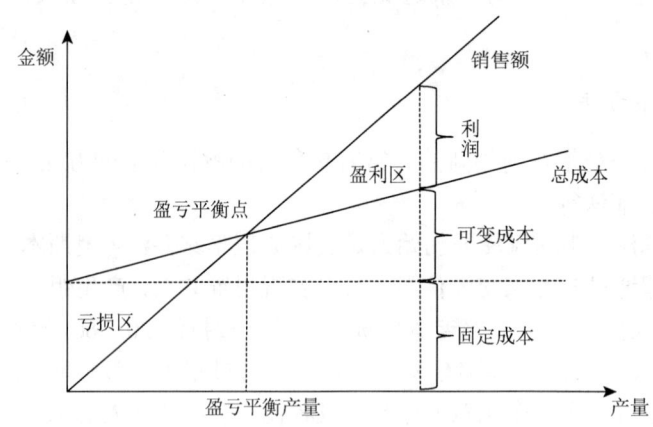

图 5-1 盈亏平衡分析的基本模型

1)盈亏平衡产量(销量)法

盈亏平衡点产量(销量)法是以盈亏平衡点产量或销量作为依据进行分析的方法。

盈亏平衡点产量(销量)法基本公式为:

$$Q = \frac{C}{P-V}$$

式中：Q 为盈亏平衡点产量（销量）；C 为总固定成本；P 为产品价格；V 为单位变动成本。

要获得一定的目标利润时，其公式为：

$$Q = \frac{C+B}{P-V}$$

式中：B 为预期目标利润；Q 为实现目标 B 的产量或销售量；C 为总固定成本；P 为产品价格；V 为单位变动成本。

【例1】某工厂生产一种产品，它的固定成本是 400000 元，产品单位变动成本是 25 元，产品销售价是 30 元。问：

（1）该厂的盈亏平衡点产量；

（2）实现利润 40000 元的产量。

解：① $Q = \dfrac{C}{P-V} = \dfrac{400000}{30-25} = 80000$（件）

当生产量为 80000 件时，处于盈亏平衡点上。

② $Q = \dfrac{C+B}{P-V} = \dfrac{400000+40000}{30-25} = 88000$（件）

当生产量为 88000 件时，企业可获利 40000 元。

2）盈亏平衡点销售法

盈亏平衡点销售额法即以盈亏平衡点销售额作为依据进行分析的方法，其基本公式为：

$$R = \frac{C}{1-\dfrac{V}{P}}$$

式中：R 为盈亏平衡点销售额；C 为总固定成本；P 为产品价格；V 为单位变动成本。

要获得一定的目标利润时，其公式为：

$$R = \frac{C+B}{1-\dfrac{V}{P}}$$

式中：B 为预期目标利润；R 为实现目标 B 的销售额；C 为总固定成本；P 为产品价格；V 为单位变动成本。

3）线性规划法

线性规划是运筹学的重要分支，其研究始于 20 世纪 30 年代后期，许多人将线性规划的发展列为 20 世纪中期最重要的科学进步之一。线性规划法是一种求解多变量最优决策的方法，即在各种相互关联的多变量约束条件下求解或规划一个目标线性目标函数的最优问题，目标函数是决策者实现目标的数学表达式，由最大值或最小值表示。约束指的是实现目标的能力资源和内部条件的约束，它们由一组方程或不等式表示。线性规划作为企业管理决策的数学手段，被广泛应用于现代决策中。线性规划可以用来解决科研、程序设计、生产安排、经济规划、企业管理等方面的大量问题。线性编程一般有三个步骤：首先，建立目标函数；第二步，在目标函数的基础上，添加约束条件；第三步是解决各种未确定参数的具体值。在目标最大的前提下，可以根据各种未确定参数的具体约束条件找到最优组合。

【例 2】某工厂生产 A、B 两种产品，需消耗甲、乙、丙三种材料。每生产单位产品 A，可得收益 5 万元；每生产单位产品 B，可得收益 4 万元。生产单位产品 A、B 对材料甲、乙、丙的消耗及材料的供应量如表 5-1 所示。问如何安排生产才能使总收益最大？

表 5-1 材料消耗及供应量

材料	A	B	资源量
甲	1	1	50
乙	1	2	75
丙	3	1	95
收益/万元	5	4	

解：设在计划期内 A、B 两种产品的产量分别为 x_1、x_2，按给定的条件，材料甲在计划期间的供应量是 45 单位，这对产品产量是一个限制条件。因此，在安排生产时，要保证 A、B 产品所消耗的材料甲不超过该材料供应量，可用不等式表示为：

$$x_1 + x_2 \leqslant 50$$

同理，对材料乙、丙也有下述不等式：

$$x_1 + 2x_2 \leqslant 75$$

$$3x_1 + x_2 \leqslant 95$$

该厂的目标是使总收益最大，如以 Z 代表总收益，则有：

$$Z = 5x_1 + 4x_2$$

该函数是问题的目标函数，此外，产品产量一定是正的，故有 $x_1 \geqslant 0$、$x_2 \geqslant 0$。

综上所述，此问题的数学模型为：求一组变量 x_1、x_2 满足下列约束条件：

$$x_1 + x_2 \leqslant 50$$

$$x_1 + 2x_2 \leqslant 75$$

$$3x_1 + x_2 \leqslant 95$$

$$x_1, x_2 \geqslant 0$$

使目标函数 $Z = 5x_1 + 4x_2$ 为最大。

求解线性规划常见的方法有单纯形法、改进单纯形法、对偶单纯形法等，可以直接求解，也可以借助计算机求解。

4）比率分析法

比率分析是一种会计方法，是通过比较同一期财务报表若干关键项的相关数据，求出比率，来分析和评估公司的业务活动以及当前、历史状况的方法。它是财务决策分析最基本的工具。

2. 风险型决策的方法

【例 3】一家公司计划生产某种产品，需要确定产品的批量。产品市场销售状况的概率是：畅销为 0.2，滞销为 0.3，一般为 0.5。请在三种批量的生产方案选出期望收益值最大的决策方案。有关数据如表 5-2 所示。

表 5-2 损益值表

方案	畅销（0.2）	一般（0.5）	滞销（0.3）
大批量	45	25	−15
中批量	35	15	5
小批量	25	13	10

（1）决策损益表法。计算每个方案在不同情况下的损益值，然后按概率加权计算得到每个方案的期望收益值，最终选出满意方案。

解：首先计算各方案每年期望收益值如下：

大批量生产期望值：

$[45 \times 0.2 + 25 \times 0.5 + (-15) \times 0.3] \times 3 = 51$

中批量生产期望值：

$[35 \times 0.2 + 15 \times 0.5 + 5 \times 0.3] \times 3 = 48$

小批量生产期望值：

$[25 \times 0.2 + 13 \times 0.5 + 10 \times 0.3] \times 3 = 43.5$

通过比较各方案期望收益值的大小，小批量生产期望值＜中批量生产期望值＜大批量生产期望值，按最优值原则，应选择大批量的生产方案。

（2）决策树。决策树是通过计算和比较各个方案的损益值，用树枝图形和修剪树枝的方法选择出最佳方案，它适用于分析较为复杂的多级决策。

决策树步骤如下。

①绘制决策树草图（左→右）。

　　□ 表示决策点

　　□— 表示方案枝

　　○ 表示状态结点

　　○— 表示概率枝

　　△ 表示状态枝末端结果

②计算各种状态下的方案期望值（右→左）。

③"//"表示剪枝，选择最优方案。

如图 5-2 所示，运用决策树法解决例 3 中的问题。

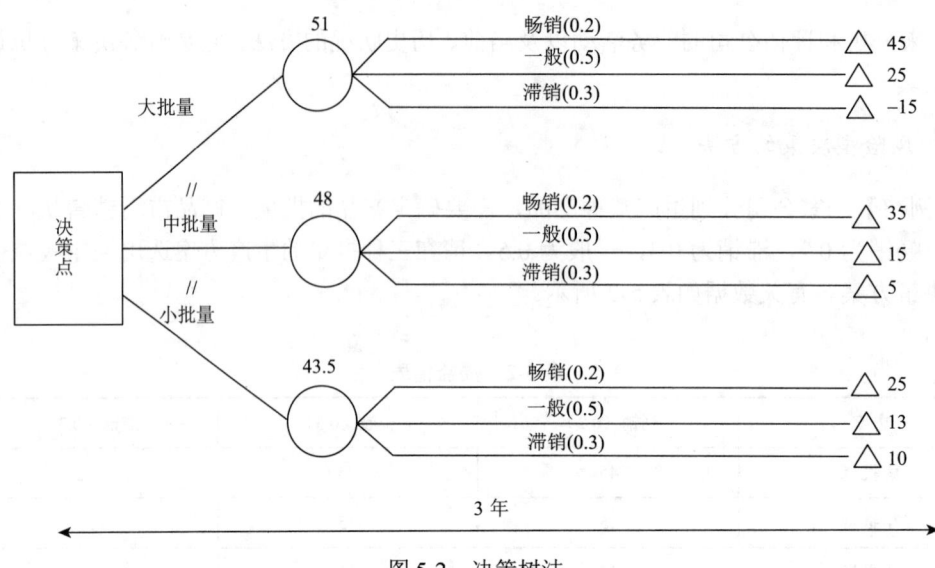

图 5-2 决策树法

3. 不确定型决策方法

不确定型决策是指决策问题涉及一些未知条件,甚至连随机变量的概率分布也未知。常用的不确定型决策方法有三种。

(1) 小中取大法:决策者对未来持悲观态度,认为未来会出现最差的情况。决策时,对各种方案都按它带来的最低收益考虑,然后比较哪种方案的最低收益最高,简称小中取大法。

(2) 大中取大法:决策者对未来持乐观态度,认为未来会出现最好的情况。决策时,对各种方案都按它带来的最高收益考虑,然后比较哪种方案的最高收益最高,简称大中取大法。

(3) 最小最大后悔值法:决策者在选择了某方案后,若事后发现客观情况并未按自己预想的发生,会为自己事前的决策而后悔。最小最大后悔值法又称为后悔值大中取小法,计算每个方案在不同情况下的后悔值,接着列出后悔值表,找到每一种方案在不同情况下后悔值的最大值,其中的最小值对应的方案则是最佳方案。

后悔值 = 该自然状态下最大损益值 − 该自然状态下相应损益值

【例 4】某企业拟成批生产、成批销售一种产品,现有四种批量生产方案:100 件/批,200 件/批,300 件/批,400 件/批。企业最大生产能力是 400 件/批,产品价格为 10 元/件,成本为 5 元/件。如果产品未销出,则给企业带来的损失为 2 元/件。问企业应选择哪一种生产方案?

解:列出各方案的损益值,如表 5-3 所示。

表 5-3 损益值表

方案	状态				
	0	100	200	300	400
0	0	0	0	0	0
100	−200	500	500	500	500

续表

方案	状态				
	0	100	200	300	400
200	−400	300	1000	1000	1000
300	−600	100	800	1500	1500
400	−800	−100	600	1300	2000

如果决策者对未来比较乐观，则可能采取大中取大法（乐观准则）。决策者会在各方案的最大收益值中，选取收益值最大的方案。在本例中，他会选择生产 400 件/批的方案，如表 5-4 所示。

表 5-4　乐观准则

方案	状态					
	0	100	200	300	400	最大收益值
0	0	0	0	0	0	0
100	−200	500	500	500	500	500
200	−400	300	1000	1000	1000	1000
300	−600	100	800	1500	1500	1500
400	−800	−100	600	1300	2000	2000

如果决策者对未来比较悲观、保守，则可能采取小中取大法（悲观准则）。他会假设未来出现的都是最糟糕的情况，在这些糟糕的情况中，再选择最好的方案。在本例中，他会选择一件也不生产的方案，如表 5-5 所示。

表 5-5　悲观准则

方案	状态					
	0	100	200	300	400	最小收益值
0	0	0	0	0	0	0
100	−200	500	500	500	500	−200
200	−400	300	1000	1000	1000	−400
300	−600	100	800	1500	1500	−600
400	−800	−100	600	1300	2000	−800

如果决策者追求选择此方案而放弃其他方案的损失最小，则会采用最小最大后悔值准则。后悔值是决策者因为选择了一种方案而放弃其他方案所带来的损失，等于两种方案收益值之间的差额。运用最小最大后悔值准则时，首先确定一种自然状态下最大的收益值，然后用最大收益值减去每个方案的收益值，得到每个方案的后悔值，选择其中最小的最大后悔值所对应的方案即最佳方案。在本例中，生产 300 件/批为最佳，如表 5-6 所示。

表 5-6 最小最大后悔值准则

方案	状态					最大后悔值
	0	100	200	300	400	
0	0	500	1000	1500	2000	2000
100	200	0	500	1000	1500	1500
200	400	200	0	500	1000	1000
300	600	400	200	0	500	600
400	800	600	400	200	0	800

【课后思考】

1. 什么是决策?
2. 举例说明决策在组织管理中的重要作用。
3. 决策有哪些步骤?各步骤的工作重点是什么?
4. 管理与决策之间是什么关系?你赞同"管理就是决策"这种说法吗?

第六章　计划与计划工作

【教学目标】

1. 熟悉计划的类型。
2. 掌握计划的编制环节。
3. 掌握目标管理的内涵。
4. 理解战略管理的含义。

第一节　计 划 概 述

计划是所有管理职能中最基本的职能，与其他职能紧密相关。管理者围绕计划中制定的目标开展组织、领导和控制工作，来实现预期目标。为了使组织活动有条不紊地进行，完善的计划是必需的。

一、计划的含义

管理学家罗宾斯认为，计划是确定目标和评估实现目标的最佳方案的过程。计划包括目标的定义、制定总体战略任务以及实现目标、任务的行动方案，是组织要做什么和怎么做的行为指南。设定目标并确定为实现目标所需的行动就是计划。

计划分为正式计划和非正式计划。所有的管理者都要制订计划，其中很多计划都是非正式计划。非正式计划往往较粗略，只存在于管理者的头脑中，没有连续性。计划内容包括"5W1H"，主要包括以下几个方面。

What——做什么？确定要进行的活动内容和它的要求。例如，企业生产计划是确定产品的种类、数量、进度，在保证按时、按质、按量交货的前提下，尽可能充分利用生产能力。

Why——为什么做？确定计划工作的原因和目的。要将"要我做"转变为"我要做"，充分发挥员工的主动性和创造性，从而实现预期目标。

When——什么时候做？确定计划中各项工作的起始和截止时间，有效地控制能力和资源。

Where——什么地方做？确定实施计划的地点和环境条件，合理地安排实施计划的空间。

Who——谁来做？确定由哪些部门和人员来实施计划。例如，开发新产品要经过产品设计、小批试制和正式投产等阶段。在计划中要确定哪个部门负主要责任，哪个阶段、哪些部门和哪些人员参加鉴定、审核阶段交接等。

How——怎么做？编制计划的措施和相关规则，合理分配和使用资源，平衡生产能力以及各种派生计划。

二、计划的目的

管理者制订计划是因为它是一个协调的过程，它为管理者和非管理者指明了方向，最大限度地减少了变化所带来的影响，减少了浪费和冗余，并设定了控制标准。缺乏计划会导致管理者走许多弯路，降低了效率。通过鼓励管理者预见变化、展望未来并制订相应的对策，计划可以减少未来的不确定性，使管理者能够预见行动的结果。

三、计划和决策

计划包括目标确定、环境分析、方案选择，而决策只是这一过程中某一阶段的工作内容。西斯克认为，计划工作在管理职能中处于首要位置，计划是评价有关信息资料、预估未来可能的发展方向、拟订行动方案的过程，而决策是在两个或两个以上备选方案中做选择。

决策是选择组织活动方向、内容和方式，计划是对组织内部不同部门和成员的行动任务的具体安排，详细规定了不同部门和成员在该段时期内从事的活动的具体内容和要求。但计划与决策又是相互联系的，表现在以下两方面。

（1）计划是决策的逻辑延续，决策是计划的前提。决策给计划的任务安排提供依据，计划为决策所选择的目标活动的实施提供了组织保证。

（2）在实际工作中，决策和计划相互渗透，甚至不可分割。

四、计划的特点

（一）首要性

因为计划是在组织、领导和控制管理活动之前，所以计划被称为管理的首要职能。控制的目的是更好地实现计划的目标，所以没有计划就没有控制。组织结构的设计和划分是为了实现组织目标。当各级管理人员行使领导职能时，通过指导、激励员工，来实现计划中的组织目标。

（二）目的性

计划职能的目的是确定组织目标，并为实现组织目标制订行动方案。任何组织和个人制订计划都是为了促进组织的总目标和各段时期目标的实现。在计划工作的初始阶段，管理者的首要任务是制定明确、清晰的目标，之后的所有工作都是围绕着该目标进行。

计划的目的性体现在以下两方面。

(1) 计划帮助管理者应对不确定因素的冲击，预测未来，制订突发问题的相应对策，避免为组织带来损失。

(2) 通过计划设定目标，在管理过程中可以随时与目标进行比较，及时发现偏差问题，进行校正和调整。

（三）效率性

计划效率性主要体现在两个方面：经济性和及时性。经济性意味着组织计划以最少的资源投入获得尽可能多的产出。计划效率可用制订、实施以及其他连带费用来衡量。衡量成本的标准不仅是时间、金钱或生产，还有个人和集体满意度。计划的及时性体现在两个方面：第一，计划必须在计划开始之前就制订好；其次，任何计划都必须仔细选择计划的开始和结束时间。

（四）普遍性

计划的特征和范围在不同的管理层次各不相同，但所有管理者都要制订计划。高级管理层一般只为组织活动制订结构性计划，即负责制订战略计划，下属负责完成这些具体计划。由于个人能力有限，实际的计划工作需要每个管理者和组织或企业的成员共同努力完成。企业管理者向下级授予制订计划的部分权力，有助于激发他们的主动性和潜能，这无疑将有助于计划的实施和组织目标的高效完成。

五、计划的类型

（一）按计划的层次分类

按照计划的层次分类，计划可分为作业计划、战术计划和战略计划。

(1) 作业计划。作业计划是企业基层管理部门制订的关于如何分配、利用资源的计划，比战术计划更详细具体，便于实施。作业计划的对象是例行的重复性工作。

(2) 战术计划。战术计划是企业中层管理部门制订的计划，涉及企业分配和利用生产经营资源。战术计划将战略计划转化为能够实施的具体行动计划。例如各种支出的预算方案等就是战术计划。

(3) 战略计划。战略计划是企业高层管理部门制订的计划，涉及企业的长期发展目标。它包括管理目的、管理方向和目标。战略是实现这一目标的指导思想或基本方法。战略计划反映了企业组织今后一段时间的总体发展目标。战略计划是一个长期的、全面的、指导性的计划，它将在相当长的时间内起到指导作用。该行动计划是一项具体计划，以确保战略目标的执行和实现，并在战略计划规定的方向和政策框架内获得有效利用资源。它主要描述了如何实现组织的总体目标，是战略计划的体现。

（二）按计划内容的明确程度分类

(1) 指令性计划。指令性计划是由上级主管向下级发布的计划，一般具有严格的约束力。指令性计划一旦发布，行政机关必须按照计划进行，尽一切努力完成计划。它主要依靠行政手段来实现，不能讨价还价。

（2）指导性计划。指导性计划是由上级主管下达或者同级部门编制的，执行单位不一定要完全遵照执行，是一种参考性的指导原则，具体如何执行具有较大的灵活性。例如政府为了促使企业按指导性计划工作，通常采用价格、信贷、税收等方面的优惠政策来进行调节。

（三）按时间跨度分类

按时间跨度，计划分为长期计划、中期计划和短期计划。长期计划一般在五年及以上，中期计划的时间跨度在一年以上、五年以内，时间跨度在一年及以内的计划称为短期计划。企业通常制订长期计划和短期计划，两者相互联系、相辅相成。

（1）长期计划。长期计划的时间跨度一般在五年及以上，是组织通过对未来市场需求情况进行科学分析和预测，规定企业生产方向和任务的纲领性规划。长期计划的预测性较强，具有战略性和预见性。它主要围绕两方面的问题制订：一是组织的长远目标和发展方向；二是如何来达到组织的长远目标。

长期规划从整个企业大局出发，确定长期要实现的目标和实现这一目标的具体措施。不仅要考虑企业的切身利益，还要考虑长远的经济效应。企业有了长期计划，所有员工的愿景就不会受到第一步的限制，将更好地鼓励员工提高企业的生产水平、技术水平。但是长期规划时间跨度大，企业内外环境一般会发生较大变化，管理者难以作出准确的判断。因此，长期计划往往不太全面。

（2）中期计划。中期计划比长期计划更详细、具体，主要负责协调长期计划与短期计划之间的关系。长期计划的重点是问题和目标，而中期计划的重点是时间，具体说明每年要实现的目标和工作。中期计划主要说明计划期间必须实现的目标以及需要指导执行计划的具体要求。

（3）短期计划。短期计划具体规定了企业组织每个部门在目前这个阶段应从事哪些活动，以及组织部门应满足哪些要求，为组织成员在现阶段采取的行动提供了基础。

（四）按计划的灵活性分类

（1）应变计划。应变计划是发生意外事件时的计划。应变计划可以帮助企业组织中的人员了解发生这些突发状况时应该怎么做才能保持组织平稳运转。如果能够在发生意外前就制订好这样的计划，企业可以更好地应对各种可能的突发情况。

（2）弹性计划。弹性计划是指能适应变化的组织根据内外环境以及在执行中可能发生变化的因素而制订的有一定弹性的计划。

六、计划的影响因素

（一）组织层次

图6-1反映了组织的管理层次与计划类型之间的关系。一般来说，大型组织的高层管

理者如总经理,他们的计划任务基本上是战略计划。而具体的运营计划则是由基层管理者来制订的。当管理者在组织中的层级越来越高,他的计划角色会更具战略导向性。

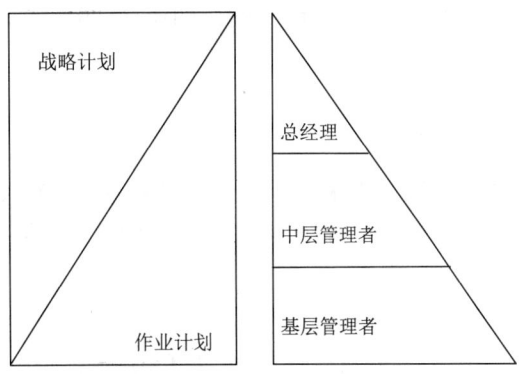

图 6-1 计划与组织的层次的关系

(二)组织的生命周期

每个组织都要经历一个生命周期,由最初的形成阶段开始,接着是成长、成熟阶段,最后是衰退阶段。在生命周期的不同阶段里,计划的类型也有着不尽相同的性质。如图 6-2 所示,在不同的生命周期阶段,计划的时间长度与明确性应该相应做出调整,因为企业的内外部环境时刻都在发生变化。

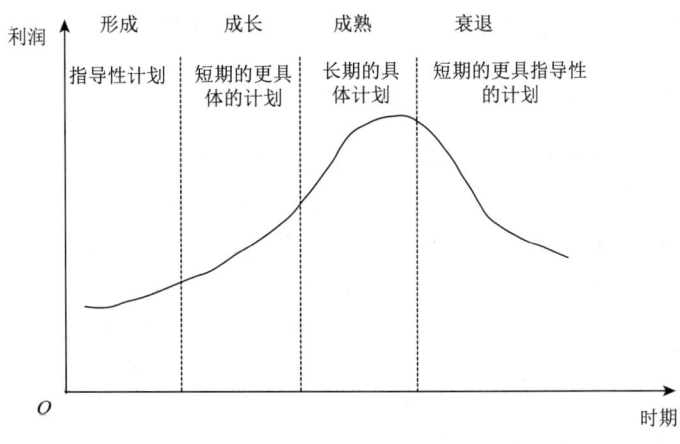

图 6-2 组织的生命周期

组织在成熟期时,预见性最大,在这个阶段比较适用具体计划。相比之下,在组织的幼年期时,管理者更多地会依靠指导性计划,因为幼年期的组织非常灵活,计划目标是试探性的,获取资源的方式也不确定,指导性计划则能帮助管理者随时补充调整。在成长阶段,目标越来越明确,客户忠诚度也越来越高,计划逐渐变得具体。当组织进入衰退期,计划也从具体性转为指导性,这时组织需要重新制定目标。

(三)环境的不确定性

环境越不确定,计划越具有指导性,计划期限也更短。社会、经济、技术等都在飞速发展,执行计划的路线如果太精细,反而会成为组织取得绩效的阻碍。而且,环境变化越大,管理就越具有灵活性。

(四)未来许诺的期限

管理者应当计划现在的决策对未来会产生什么影响。许诺的大小与许诺期有关,现在的决策是对未来行动和支出的许诺。另外,计划也会受到管理者的态度、价值观和经验等因素的影响。

第二节 计划工作程序

虽然计划的类型多种多样,但只要科学地编制计划,其步骤就具有一定的普遍性。一般来说,管理者在编制计划时可以遵循下面几个步骤:确立目标、确立前提条件、确立备选方案、备选方案评价、方案选择、制订有关的派生计划。

一、确定目标

就如同在旅游前得确定自己要往哪儿去一样,计划工作第一步也是要给整个工作定下目标,即整个计划所要达到的预想成果。确立目标的时候要注意以下的三个问题。

(一)确立目标的内容与顺序

一个组织首先要确立这一段时间里要达成什么样的目标成果。其次,这些目标也有轻重缓急之分,也许这个阶段这个目标是最首要的,而下一阶段另一个目标变成了最急迫的。所以对于不同的目标内容与顺序,将会导致组织使用不同的行动与策略,因而对于资源的分配顺序也会不尽相同。如何正确确定目标内容与顺序,与许多因素有关:组织的性质、社会的制度、面临的首要问题、管理人员的价值观(特别是个别高级管理人员)。

(二)给目标确立适当的时间

这是指要用多长时间来完成目标。一般来说,人们倾向用日历的相等间隔并以此来确定计划的时间,因此也就确定了目标的时间,但是这样的做法并不总是和实际工作时所需的时间一致。最好的方法是根据承诺原则来设定目标时间。我们做了某些选择,其实可以看作是对未来的一些行动做出了"承诺",因此一般合理的目标时间设定应该和承诺所需要的时间相差不大。比如说,目标时间应该等于使用某一方案的投资被充分回收的时间。

(三)目标得有明确的科学指标与价值

目标不可以模糊不清,应该数量化,以达到度量与控制的目的。同时应该在反映出事物本质的时候准确地反映目标。目标要有以下几个指标:绝对指标、相对指标、数量指标以及质量指标。例如单位总投资产生的利润、企业评价的得分和排名、利润以及利润率、单位流动资金产生的利润等。

二、确立前提条件

确定一些前提条件是规划工作的重要部分。确立目标就是确立了计划想要的成果,而确立前提条件则是对整个计划活动将来的环境进行确立。计划说白了就是一种"情景模拟",一种对未来的模拟,因而计划总体工作步骤其实就要来确定这"情景"所处的环境与状态。下面这几个方面的关于环境因素的预测一般来说是不可缺少的:①社会经济环境;②组织面临的市场环境;③政府政策,如价格、能源、技术、进出口、教育政策等;④组织的竞争者,不仅有国内外的竞争者还有潜在的竞争者等;⑤组织资源,如原料、资金、设备、管理、技术资源等。

三、确立备选方案

计划工作的第三个步骤是确立备选方案,也就是探讨和制定可供替代选择方案的过程。对于任何事情来说,一般都不会只有一个可行计划,并且总有很多方法可以来把任务完成。很多行动一般都会有各种不同的方式,而有些方式并不是直接的,是隐藏的,只有将各种解决方案尽可能多地找出来时,选择出的方案才可能是最佳的解决方案。

四、备选方案评价

一般来说,评价备选方案有两个相应的标准:一个是评价的标准;另一个是权重,也就是各个标准的相对重要性。

五、方案选择

选择合适的方案是做出决策的关键。为了保证其灵活性,一般可以选择两个不同的方案并决定一开始选用哪个方案,同时把另一个方案作为后备方案进行细化与改进。

六、制订有关的派生计划

选择完成后,计划工作尚未结束。还有必要帮助参与计划的各个下属部门制订一些派生计划以支持总体规划。基本计划需要一些其他的派生计划来支持,因为派生计划是主要计划的基础。只有在派生计划完成后，才能够保证主计划的顺利实行。

第三节 目标与目标管理

所有社会活动都有目标，目标是活动的最终结果。只有当组织的工作围绕其目标展开时，它才能达到预期的结果。长期以来，人们一直在实践中探索目标管理的方法。

一、目标管理的概念与特点

目标管理是一种综合的管理方法，它以人为本，并且以工作为中心。在一个组织中，所有等级的管理人员，以及相同等级的员工将会一起参与制订组织的目标。这些目标确定了每个人的责任范围，与每一个人绩效息息相关，并且会用于评估每个人对组织的贡献，以此来奖惩。

以下是目标管理的四个特点。

1. 提倡民主参与管理

目标管理提倡民主、平等、共同参与，反对管理者的随意决策。因为目标的实施者就是目标的制订者，所以主张目标由上下级一起讨论确定。目标的具体步骤：先确认总体目标，随后根据具体情况，通过逐级向上咨询，确立并制订每个部门及员工的目标，逐步把总体目标展开。让子目标支持大的总体目标，并用一般目标对子目标进行指导。

2. 不主张怀疑和压制并强调对自我的控制

倡导目标管理需要具备新的人性观，管理者要相信人都是"社会人"，也就是人并不是生下来就是懒惰的，而要求工作其实是人的一种本能；在某些合适的状况下，人们不仅愿意承担责任而且是主动的；个人与组织两者的目标能够统一；对于自己参与的工作目标，能够有自我指挥和自我控制的意识。其实大部分人都有解决组织的一些问题的想象力与创造力，而一个企业目标的员工参与程度与获得成就的效用是直接关联的。目标管理不主张怀疑和压制，它的主旨更多在于用"自我控制的管理"来替代"压制性的管理"，因此那些被管理的人的成绩也就更能被自我把控。而这种对自我的控制推动着他们自己，不再是单纯的过得去，而是尽己所能，是一种强烈的动力。

3. 主张授权与下放权力

组织的基本矛盾之一就是集权与分权的矛盾，很多管理者害怕失去对员工和组织的控制。而授权其实是管理者对员工以及对自己领导力有信心的体现。所以只有那些自信并且宽容的管理者才敢于授权，不怕失去对组织的领导力，对员工的能力和才华充满信任。因此推行目标管理后，使得权力下放，在保持有效控制的基本前提下，更有利于员工发挥其创造力与想象力，让其主观能动性发挥到最大，促进组织发展，使组织变得更加有生气。

4. 注重实际贡献

目标管理看重实际贡献，把成果放在第一。如果使用传统管理方法来对员工的表现进行评价，非常容易根据管理者的印象、主观思想以及态度等定性因素来评价。结果自然不够客观公正，非常容易造成束缚员工手脚的情况，使其难以发挥想象力与创造力，主观能动性极低。而组织如果采用目标管理，就能根据这套完善的目标考核体系，从员工的实际贡献出发，对其如实地评价。目标管理为了员工能够在工作中增强满足感，将组织的目标和个人的目标更加紧密结合。对于调动员工的积极性以及增强组织的凝聚力而言，起到非常好的效果。

二、目标的作用

目标是以组织的目的而提出的，是组织在一个周期内要完成的预期成果，目标其实就是宗旨的具体化。目标的作用主要包含在以下的几个方面。

（一）给组织指明方向

目标是指期望达到的成果，是一个将要在未来某一段时间里要完成的成果。成果是整个组织包括了个人以及小组一起努力才能完成的结果，组织的可获得的资源以及所有的活动都将用于成果的实现，它就是一段时间里管理的方向。

（二）使决策更加合理

管理者往往会遇到各种管理问题，在解决这些问题的过程中，管理者通过对组织目标进行分析，才能明确组织应该要完成的任务，明确组织获得合理结果应该选择用哪种方案来达到。

（三）凝聚组织中的成员并激励他们

组织一个周期内的目的是组织目标，组织成员希望达到的目的是组织成员的个人目标，管理者如果能结合组织目标与个人目标，则组织成员会自发努力去完成组织分配的任务，而不是靠管理者不断地督促，这样一来，组织目标成为能够激励组织成员的因素。

组织目标为什么会有凝聚组织成员的作用呢？是因为组织成员的工作一般都存在相互协调和配合的基础，而这些工作是以组织目标为基础，而共同的目的能使组织成员之间互相协作。

（四）对组织绩效进行衡量

组织绩效的好坏以及组织里成员绩效的高低可以根据以下两点来衡量：一是其行为是不是符合组织目标；二是其对目标实现程度的高低。因此往往可以把组织目标当作一个标准来对实际的绩效进行衡量。

三、组织目标制订的原则

制订组织目标除了要满足目标的基本条件外,还要确保目标对组织有效,应当遵循制订组织目标的基本原则。

(一)满足市场需求是前提条件

组织为了生存,必须满足市场的需求。在这个大前提条件下,才可能进一步考虑组织发展的需要和实现可持续发展的可能性。要在理性分析并满足市场需求的基础上制订组织目标,组织才能得到市场的认可并长远发展。

(二)提高组织的绩效是出发点

组织拥有的资源有限,所以组织要保持取得最大绩效的原则来选择目标方案,要合理利用有限的资源来发挥最大的效益。这就要求组织全面、系统地分析对组织效益有影响的一切因素,通过科学的比较从多个目标方案中选择出最优方案。

(三)组织的社会责任

每个组织都承担着一定的社会责任和义务。组织在制订组织目标时,不仅要对股东和员工承担法律责任,还要承担对消费者、社区和环境的责任。

四、目标管理的执行

(一)目标管理的本质

目标管理强调明确的目标是有效管理的首要前提。明确的目标使组织能够制定协调行动的标准,用最经济、最有效的方式实现组织的目标。在目标管理中,每个子目标都必须以总体目标为基础,目标管理以目标为导向,不像传统管理只注重工作而忽视目标。组织各层次的目标之间是协调一致而不是互相冲突、矛盾的,这样才能保证组织总目标的实现。

目标管理是一种民主式的管理体系,它合理地将个人需要和组织目标结合起来。目标管理强调以人为本,强调管理者应和下属共同确定目标,建立目标体系。基层员工也参与到计划制订过程中,不仅使组织目标更加可行,还激发了他们实现目标的积极性,使他们能够找到工作的兴趣和价值,享受工作带来的成就感。高层与基层人员之间是平等的、相互尊重的、信任的、支持的关系。

(二)目标管理的执行过程

1. 建立目标体系

执行目标管理,首先要建立一套目标体系。这项工作总是从组织的顶部开始,自上而下地设定目标。在建立目标体系过程中，要注意以下几点。

第一，目标管理必须得到全体员工的理解，以及上级的全力支持。高层领导需要在一开始向下级解释目标管理的含义，以及它在评估绩效方面发挥什么作用，有利于形成良好的组织氛围。

第二，高层和基层员工共同参与组织目标的制订，并达成一致，体现了目标管理的本质，帮助调动员工实现目标的积极性和创造性。

第三，目标制定是一个迭代过程。高层人员先制订一个大概的目标，在基层人员参与制订过程中，目标逐渐被修订、改变。目标的制定不仅是一个持续的过程，也是一个循环和互动的过程。

2. 执行目标

各级授权使每个人在实现总体目标的过程中能够明确自己的任务，并在其范围内进行独立管理、自我监督和自我调整责任，以确保目标绩效目标的全面实现。如果某人员要执行一个任务，那么他必须拥有能完成该任务的必要权力。当组织的总体目标落实到个人时，管理者应该实施全面授权，并为个人自由实现目标创造必要条件。在管理者授权后，员工应当按照所承担的目标责任，对目标实施进行自我管理，感到工作是发自内心的，这样他们才能发挥最大的热情。一般来说，目标的实现取决于员工的自我管理或自我控制，但管理者必须定期检查各项任务的进度。基层人员也需要定期向上级汇报目标进度，然后上级将业绩反馈给基层人员，以便他们能及时发现问题，根据组织的整体情况采取相应的措施来调整自己的行动。

3. 目标评定与考核

综合评价成绩＝目标完成程度×复杂困难程度×努力程度±修正值

目标评定要注意以下几点：①首先要进行自我评定；②上级评定要全面、公正；③目标评定与人事管理相结合；④及时反馈信息是提高目标管理水平的重要保证。目标管理有许多优点，如暴露机构缺陷，改善上下级关系，促进信息沟通，改进计划工作，发挥管理者的才能，提高管理水平等。但也存在一些问题，如费时、适当的目标难以制定，特别是在不确定和不利条件下，实施目标管理的困难大。当环境和市场有利时，目标管理非常奏效；当环境不利时，目标管理不但不能调动积极性，反而会成为主要冲突的源泉。

五、对目标管理的评价

（一）目标管理的优点

1. 目标能成为组织成员们的内在激励，能激发管理人员和员工的积极性、主动性和创造性。通过目标和奖励，将员工的个人利益和组织的利益紧紧系在一起，这时员工不再只是等待上级命令和指示的打工仔，而是能够自己掌控命运、施展自己才华的积极工作者。

当组织目标实现时，如果组织还会给相关人员分发相应的报酬，目标的激励效用更大，目标管理显著地提高了管理成效。

2. 目标管理使组织各级主管及成员都明确了组织的总目标、结构体系、分工、合作及他们各自的任务。在建立完整的目标体系时，组织每个部门都有明确的目标，每个目标都有人员来负责。许多执行目标管理的企业组织，通常在执行目标管理的过程中会发现组织体系存在的缺陷，从而帮助组织对自己的体系进行改造，从这个意义上说，目标管理还具有帮助企业理清组织机构和职责分工的作用。

3. 目标管理本身也是一种控制的方式，通过分解目标保证实现组织总目标的过程就是一种结果控制的方式，也是比较科学和有效的管理方法。这种管理方式往往会带来良好的绩效，如销售额增长、利润扩大、成本降低等。目标管理是一种达成目标的科学周密的方法。目标管理是由于对目标进行了分解，而目标分解是为了目标相互支持。如此环环紧扣，把各方面的力量、积极性和可能采取的措施都汇集起来了，从而使目标切实可行易见成效。

（二）目标管理的局限性

（1）目标期限短。在目标管理中，管理人员一般都是确定的短期目标。相对来说，短期目标比较具体，容易分解，见效快，长期目标则比较抽象，难以分解，见效慢。因此，在执行目标管理的过程中，组织通常注重实现短期目标而不关心长期目标。这种不正确的观念一旦深入组织的各个方面、成员的脑海和行为中，对组织发展只有坏处，没有益处。

（2）设定目标困难。德鲁克认为，真正的困难不是确定我们需要哪些目标，而是决定如何设立这些目标。一个组织的目标有时只能定性地描述，定量是困难的，许多任务工作也很难使目标定量化。另一方面，过度强调定量化目标，会导致组织忽略定量性不明显的目标。

（3）缺乏组织内最高级领导人的支持。最高管理层做出了总目标、总战略，但是他们因为事务繁忙，经常将任务交给下级的管理人员来执行，因此高层领导并没有承担起自己真正的责任，没有发挥出他们的积极性，这样必然影响到目标管理的效果。

（4）建立目标需要消耗大量时间。目标的建立及确定需要上级和下级一同努力完成。然而有些采用目标管理的企业组织过分强调数量目标，过于强调报表和总结，有些管理人员忙于写总结、做报表，对下级只是简单的分派任务或说些官话，没有时间、精力静下心下来和下级员工共同讨论存在的问题。这种问题处理不好，可能会导致目标管理流于形式，无法达到应有的效果。

第四节　计划的方法

采用哪种计划方法在很大程度上决定着计划工作的效率和质量。从计划质量上看，现代计划方法不仅可以在多种方案中选择最佳方案，还能进行因果分析和科学预测。从效率上看，现代数学工具和计算机技术大大加快了计划速度，使管理人员摆脱了复杂的计划工作，这样他们就有更多的精力来处理更重要的事务。现代计划方法优点众多，越来越多的计划工作也开始在采用。下面是一些主要方法。

一、甘特图法

甘特图是一种线状图,横轴表示时间,纵轴表示计划活动,横条表示整个期间计划目标和实际活动的完成情况。甘特图直观地显示任务计划时间以及实际进度与计划目标要求的比较情况,它能够帮助管理者轻松找出还没完成的任务或活动,并评估活动进度是提前、落后还是按计划在进行。甘特图易于理解,有专业软件支持,无须复杂分析和计算,中小型项目一般不超过30项活动。

图6-3是产品生产的甘特图,图的左边是产品生产的主要流程活动,图的上方是时间,单位是月。计划需要确定产品生产流程由哪些活动组成以及这些活动按什么顺序进行。白色横条代表活动的实际进度,灰色横条代表目标进度。甘特图的特点是可以帮管理者发现实际进度偏离计划的情况。在图6-3中,生产校样的实际进度落后,而其他活动都是按计划目标完成。根据这些进度信息,管理者便可以采取相应的措施来进行修正调整。

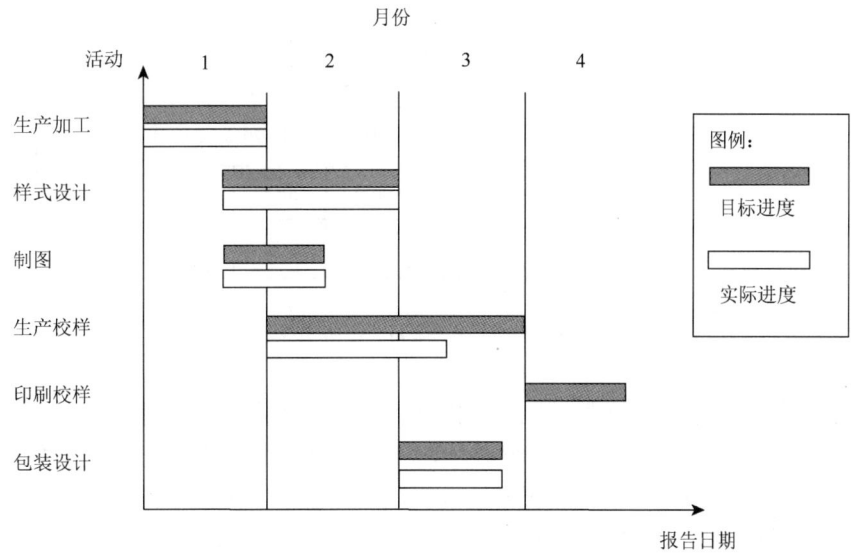

图6-3 产品生产的甘特图

二、滚动计划法

滚动计划法也称滑动计划法,是一种动态编制未来计划的方法。未来计划会根据计划的实施和环境变化定期修订,并逐一推进,将短期计划、中期计划和长期计划有机地结合起来,而不是像静态分析那样,要完整执行完一项计划之后,再开始编制下一项计划。未来的发展变化莫测,计划工作难以预测,如果计划期过长,可能会给组织重大损失。为避免这种损失,管理者可采用滚动规划法。在滚动计划法中,短期计划尽可能详细,长期计划内容较为粗糙。当计划期第一阶段结束时,根据本阶段计划实施情况和内外环境变化,对原计划进行修订,整体计划向前推进一个计划期,按照制订的项目计划进行施工。如图 6-4 所示,这是一个五年的滚动计划制订方法。

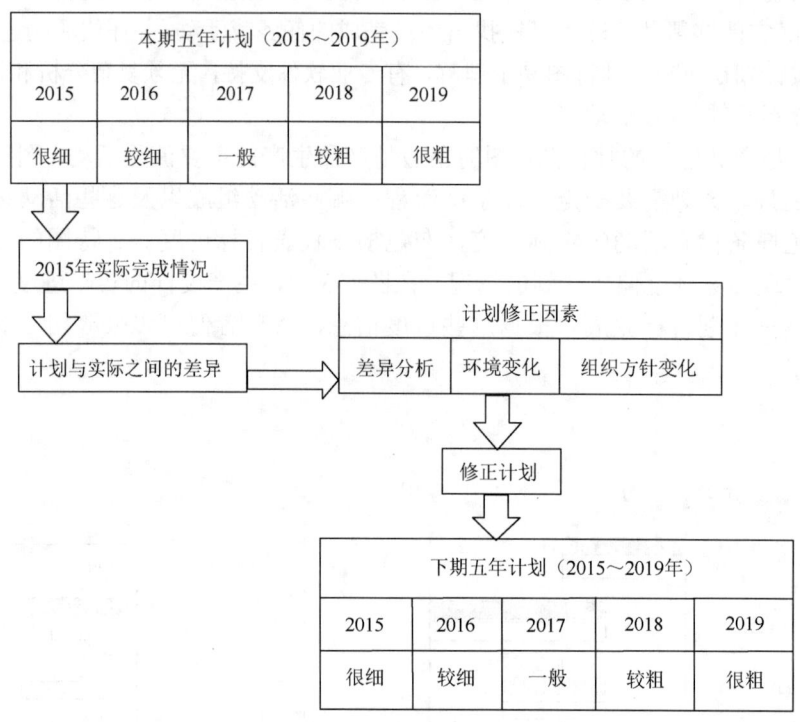

图 6-4　五年滚动计划制定法

滚动计划法虽然加大了计划编制工作的任务量,但优点也十分明显。

(1) 使计划更加符合实际,由于滚动计划相对缩短了计划时间,加大了预测未来的精确性,提高了计划的质量,使计划更好地发挥其指导生产实际的作用。

(2) 计划的弹性大大增加,组织的应变能力变强,使组织的生产活动能够灵活地适应市场需求。

(3) 将长期计划、中期计划和短期计划有机地衔接起来,能根据环境的变化及时地进行调整补充,并且保持各期计划基本一致。

三、网络计划法

网络计划法是指用于工程项目的计划与控制的一项管理技术。它将开发规划和控制过程作为一个系统来进行处理,又称为网络规划技术。网络计划法包括关键路径法、计划审查技术、组合网络法等,管理者开始在组织活动中广泛应用。

(一) 基本步骤

首先，确定目标，提出对工程项目和有关技术指标的具体要求，利用网络计划法为实现工程项目，寻求最合适的方案。在绘制网络图前要将工程项目分解成各项作业，并且明确哪些作业必须前期完成，哪些作业必须后期完成，哪些作业可以同时进行。然后绘制网络图表示计划的进度安排，并反映组成计划的各项作业之间的相互关系。接着计算网络时间，确定计划中的关键活动和关键线路，再不断优化网络计划，求得工期、资源和成本的最优方案。最后，贯彻执行计划安排，并利用计算机进行监督、控制和调整，以保证计划任务的完成。

(二) 基本内容

网络图形状与网络相似，是反映整个计划的进度安排、各项活动之间的关系的图解模型。网络图主要由活动、事项和路线3个部分构成。

（1）活动，用箭头线表示活动，箭尾代表活动的开始，箭头代表活动前进的方向，箭头线上部注明活动的名称，箭头线下部标明活动所需时间。箭头线的长度一般和时间没有关系，但是在时标网络图中，箭头线的长度是与时间成正比的。

活动包括虚活动，指不存在的虚设活动，用来反映活动与活动之间的相互依存、相互制约的逻辑关系，并不消耗资源和时间。如图6-5所示，虚活动用虚箭头线表示。

图6-5 活动和虚活动的表示方法

（2）事项，用标有号码的圆圈表示。在网络图中，事项代表一项活动的开始和结束，是两条或两条以上箭头线的交点，称为结点。

网络图中只有一个始点事项和一个终点事项，始点事项代表一项工程的最初活动开始，终点事项代表最终活动结束，其他事项代表前项活动结束和后项活动开始。事项只是代表某项活动开始或结束的一个符号，与活动不同，不占用时间、资源。

（3）路线，用粗箭头线或双箭头线表示。在网络图中，路线是指从始点开始，顺着箭头所指的方向，连续不断地到达终点的路径，网络图中一般有不止一条路径。线路上各项活动加起来的和叫路长，关键路线是路长值最大的线路，非关键线路是关键线路以外的线路。

(三) 时间参数

确定图上各活动和事项的时间参数，给执行和优化网络计划提供明确的时间概念。反映人、事、物运动状态的时间参数包括：各结点的开始、结束时间、各项活动的开工、完工时间、工作之间的衔接时间及关键线路的时间周期等。

1. 结点时间参数的计算

（1）结点的最早开始时间是指从结点开始的各项活动最早可能开始的时间，用 $T_{E(j)}$ 来表示。在网络图中，将结点最早开始时间填入"□"内，写在结点的上方或下方。计算结点的最早开始时间，从网络的始点开始，始点的最早开始时间记为 0，其余结点的最早开始时间按结点编号从小到大的顺序，用加法依次推算，一直到网络终点。如果结点前有多条箭头线，则选取这些箭头线的箭尾结点的最早结束时间与其活动时间之和的最大值，计算公式为：

$$T_{E(j)} = \max\{T_{E(i)} + T_{(i,j)}\}$$

（2）结点的最迟结束时间是以该结点为结束的各项活动最迟必须结束的时间，用 $T_{F(j)}$ 来表示。在网络图中，将结点的最迟结束时间填入△内，写在结点的上方或下方。计算结点的最迟结束时间，从网络的终点开始，终点的最迟结束时间等于最早开始时间。其余结点的最迟结束时间按结点编号由大到小的顺序，用减法依次推算，一直到网络始点。如果结点后面有多条箭头线，则选取这些箭头线的箭头结点的最迟结束时间与其活动时间之差的最小值，计算公式为：

$$T_{F(j)} = \min\{T_{F(j)} - T_{(i,j)}\}$$

2. 活动的时间参数计算

（1）活动的最早开始时间，用 $T_{ES(i,j)}$ 表示。在网络图中，在"□"内填入活动的最早开始时间，写在箭头线尾端的上部。可用它的箭尾结点的最早结束时间来表示该时间值，计算公式为：

$$T_{ES(i,j)} = T_{E(i)}$$

（2）活动的最早结束时间，用 $T_{EF(i,j)}$ 表示。在网络图中，在"□"内填入活动的最早结束时间，写在箭头线头端的上部，计算公式为：

$$T_{EF(i,j)} = T_{ES(i,j)} + T_{(i,j)}$$

（3）活动的最迟结束时间，用 $T_{LF(i,j)}$ 表示。在网络图中，在"△"内填入活动的最迟结束时间，写在箭头线头端的下部。计算公式为：

$$T_{LF(i,j)} = T_{L(j)}$$

（4）活动的最迟开始时间。它是指在不影响紧后活动按期开工的情况下，本活动最迟必须开始的时间，用 $T_{LS(i,j)}$ 表示。在网络图中，将活动的最迟开始时间填入△内，记在箭头线尾端的下方。一项活动的最迟开始时间等于其最迟结束时间减去活动的时间，计算公式为：

$$T_{LS(i,j)} = T_{LF(i,j)} - T_{(i,j)}$$

3. 时差和关键线路

计算各项活动的最早开始和结束时间、最迟开始和结束时间，分析各项活动在时间配合上是否合理、衔接是否紧凑。在一项计划中，总是有一些活动在时间上是紧挨着的。如果其中任何一个环节延长了时间，整个计划能否如期完成都会受影响。但也有一些活动具有一定的时间机动性，可以在允许的时间范围内提前开始或推迟结束，这段时间就叫时差。

（1）活动总时差，指一项活动在不影响整个项目完工期限的条件下，可以推迟的机动时间，用 $R_{(i,j)}$ 表示，其计算公式为：

$$R_{(i,j)} = T_{LS(i,j)} - T_{ES(i,j)} = T_{LF(i,j)} - T_{EF(i,j)}$$

根据结点时间参数与活动时间参数的关系，活动的总时差还可以表示为：

$$R_{(i,j)} = T_{L(j)} - T_{E(i)} - T_{(i,j)}$$

在一条线路上可能有多个活动都有总时差，但线路的总时差是取其最大值，而不是它们总时差的和。其中，总时差为零的活动是关键活动，将每个关键活动连起来就形成了关键线路。

（2）单时差，指该活动在不影响后一个活动的最早开始时间的条件下，存在的机动时间，用 $r_{(i,j)}$ 表示，计算公式为：

$$r_{(i,j)} = T_{E(j)} - T_{E(i)} - T_{(i,j)}$$

活动的单时差只能为本活动所用，单时差为零的活动，不一定是关键线路。

（3）关键线路，由最长线路法和时差法两个方法确定。最长线路法用于查找所有线路中最长的线路作为关键线路。这种方法的局限性是当图形比较复杂时，计算过程容易出错。此外，可以根据结点的最早开始时间查找出最长线路。时差法也是一种确定关键线路的好方法，首先计算每个活动的总时差，然后连接每个总时差为零的活动，形成关键线路。在网络图中，关键线路用双箭头线或粗箭头线表示，这样比较醒目，以便在计划实施过程中严格管理和控制，确保计划能够如期完成。

【例1】某项工程的作业程序及所需时间，见表6-1。

表6-1 某工程的服务业程序及所需时间

项目	作业名称代号								
	B	C	D	E	F	G	H	I	L
紧前作业	A	A	B	B	C	C	E、F	D、E、F	G
作业时间/天	8	2	6	5	6	8	15	4	6

（1）根据信息画出网络图；
（2）计算各个作业最早开始时间和最迟结束时间，计算活动时差；
（3）确定关键线路与总工期。

解：（1）画网络图，如图6-6所示。

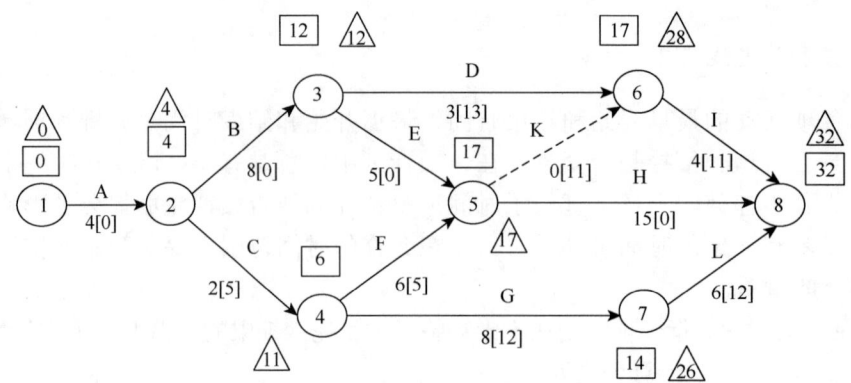

图 6-6　某工程作业计划网络图

（2）活动时间参数计算。按公式计算出各结点最早开始时间，再计算出结点最迟结束时间，并标在图中的"□""△"内。活动总时差计算。用每一活动上最迟结束时间减去最早开始时间，即用该活动箭头所指结点"△"中的数减去该活动箭尾结点"□"的数，再减去活动时间，即为该活动总时差，将时差值记在图中 [ ] 内。如：

A 活动总时差 $R_{(1,2)} = T_{L(1,4)} - T_{E(1,4)} - T_{(i,j)} = 4-0-4 = 0$ 天

B 活动总时差 $R_{(2,3)} = 12-4-8 = 0$ 天

C 活动总时差 $R_{(2,4)} = 11-4-2 = 5$ 天

D 活动总时差 $R_{(3,6)} = 28-12-3 = 13$ 天

E 活动总时差 $R_{(3,5)} = 17-12-5 = 0$ 天

F 活动总时差 $R_{(4,5)} = 17-6-6 = 5$ 天

G 活动总时差 $R_{(4,7)} = 26-6-8 = 12$ 天

H 活动总时差 $R_{(5,8)} = 32-17-15 = 0$ 天

K 活动总时差 $R_{(5,6)} = 28-17-0 = 11$ 天

I 活动总时差 $R_{(6,8)} = 32-17-4 = 11$ 天

L 活动总时差 $R_{(7,8)} = 32-14-6 = 12$ 天

（3）关键线路的确定。通过计算可知总工期为 32 天，关键线路为总时差为 0 的所有活动组成的线路，即 A、B、E、H 活动。

（四）网络计划法的评价

网络计划技术虽然需要大量而烦琐的计算，但都可以运用计算机程序计算获得，网络计划技术具有以下优点。

（1）清晰地显示整个项目中每个项目的时间顺序和相互关系，指出完成任务的关键环节和路线。

（2）网络计划法指出了计划实施过程中可能出现的障碍，这使管理者可以据此做出相应对策，降低无法按期完成任务的风险。

（3）优化项目进度和资源利用率。管理者在非关键路线上调动人力、物力和财力，参

与关键业务,实现全面平衡,这样不仅可以节省资源还能加快项目进度。

(4)便于组织、控制。管理者可以将复杂的大项目分解成多个子项目来组织、控制,实现局部和整体的协调一致。

第五节 战略性计划

一、战略的含义

企业战略规划是一项重大的总体规划,根据外部环境和内部资源状况,涉及企业管理的各个方面,包括生产管理、财务管理、营销管理等。这种规划通常需要确定五至十年甚至更长时间的发展方向,但完成后不会固定下来。它强调企业组织的完整规划,而不限于营销这一个方面。然而,营销工作在公司战略规划中起着重要的作用。

二、战略特征

战略是关于一个组织的长期总体目标,以及组织在不同阶段为实现这一目标而实施的不同政策和对策。人们为了在一定时期内促进一个组织的发展而制订组织战略,战略对其各种基本趋势和这些基本趋势的因果关系具有决定性的影响,是指导人们实现某种基本趋势的指导方针和目标。战略一般具有以下四个特点。

(一)长远性

从时间角度来看,战略是组织在很长一段时间内为求长远发展的行动指南,从长远利益出发,在科学的基础上确定未来发展的方向。

(二)全局性

战略是组织在一定时期内发展的总体指导思想,战略问题的核心是研究组织发展的整体问题。我们经常谈到的战略意识、战略思想和战略愿景就是关注整体情况,掌握整体平衡发展。

(三)竞争性

市场经济一定会带来竞争,竞争则需要战略。适者生存是竞争的必然结果,战略决策未来,因此战略具有对抗性和风险型。

(四)层次性

组织系统是分层的,包括大型系统和小型系统。对应不同层次的系统,有不同的战略。战略是组织的总体愿景和总体规划,具有行动纲领的指导意义。

三、战略计划制订的因素

企业战略规划的核心思想之一是匹配企业目标和市场机遇，协调企业营销活动。因此，企业战略的制订必须从实际出发，研究影响企业利润和企业营销活动等因素。

（一）限制或影响企业利润的因素

企业的盈利能力是由进入其行业的困难、竞争对手的状况、产品的供求、是否存在替代产品以及原材料和劳动力资源的供应决定的。因投资量大、原材料短缺等原因难以进入的其他企业，或无竞争对手或弱竞争对手的行业，经营产品供不应求或者无替代产品的企业，原材料和劳动力供给充足，能够保持产品合理成本的企业，一般都具有较大的利润潜力。相反的企业，利润潜力则会相对较小，甚至难以赢利。但是企业的利润潜力大并不代表实际利润也大，实际利润的大小还由企业自身的资源条件和工作水平决定，包括资金供应量、材料技术和设备的质量和数量、技术实力、管理人员素质高低、企业组织结构优化与否，企业在公众中的形象，以及职工的价值观、精神面貌和工作态度等。

从影响企业利润的角度考虑主观和客观因素，是企业在制订发展战略时必须首先考虑的一个根本性问题。

（二）影响企业营销活动的因素

从企业控制的角度，影响因素还可以分为两类。

一个是企业可控因素。它是指企业本身可以控制和运用的多种营销手段，包括研发产品、设备生产、产品后续服务、品牌商标、成本价格、付款时间、配送渠道、仓储运输设施、广告、人员营销、公共关系、业务推广等，这些因素总是对企业的营销活动产生全面的影响。在很大程度上，企业管理的成败由是否能够适应市场环境的变化和实现营销组合的优化决定。

另一个是企业无法控制的因素。它是指影响企业营销活动的各种外部环境因素，但不受企业控制。它主要包括法律法规、经济发展、技术进步、人口情况、国家政策、市场竞争、风俗习惯、社会文化等。对于企业营销而言，这些外部因素或环境因素的变化不仅会给企业带来市场机会，还会对环境造成威胁。显然，一个企业能否取得经营上的成功，不仅取决于是否能够有效地运用各种营销手段，还取决于企业能否成功地适应由这些无法控制的因素构成的外部环境。

四、战略的类型

战略的类型有许多，包括基本战略、成长战略，防御战略等，具体分类见表6-2。

表 6-2 战略类型表

分类	战略		定义
基本战略	成本领先战略		企业强调以低单位成本价格为用户提供标准化产品,其目标是要成为其产业中的低成本生产厂商
	特色优势战略		企业力求根据顾客较为关注的方面在产业内独树一帜
	目标聚焦战略		企业选择产业内一种或一组细分市场,并量身定做使其战略为这一细分市场服务
	一体化战略	前向一体化	企业获得分销商、零售商的所有权或加强对他们的控制
		后向一体化	企业获得供应商的所有权或加强对他们的控制
		横向一体化	企业获得与自身生产同类产品的竞争对手的所有权或加强对他们的控制
	多元化战略	同心多元化	企业增加新的,但与原有业务相关的产品与服务
		混合多元化	企业增加新的,与原有业务不相关的产品或服务
	加强型战略	市场渗透	企业加强市场营销来提高现有产品、服务的市场份额
		市场开发	企业把现有产品、服务打入新市场
		产品开发	企业改进、改变产品、服务来提高销售
成长战略	战略联盟		企业同其他企业在产品开发、生产运作、市场销售等活动中合作,互相利用对方拥有的资源
	虚拟运作		企业通过合同、参少数股权、信贷帮助、技术支持等方式同其他企业建立稳定关系,将企业价值活动集中于自己的优势方面,将非优势方面外包给其他公司
	出售核心产品		企业将价值活动集中于自己优势方面,产出产品、服务,将产品、服务通过市场交易给其他生产者做进一步的生产加工
防御战略	收缩战略		减少成本、资产来重组企业,加强企业独特的竞争能力
	剥离战略		企业出售分部、分公司任一部分,使企业摆脱那些不盈利又需过多资金运转的业务
	清算战略		企业为实现有形资产的价值而将公司资产全部或分块出售

下面重点介绍三种基本战略,也称为竞争战略。

(一)成本领先战略

成本领先战略的主导思想是以低成本在行业中占据领先地位,并根据这一基本目标采取有效措施,要求建立大规模、高效的生产设施,尽可能降低生产成本,并将管理成本降至最低。成本领先的优势有利于建立行业壁垒,使企业能够采取灵活的定价策略,将竞争对于挤出市场。为了成功实施成本领先战略,所选市场必须对某类产品有稳定和较大的需求,以便组织大规模生产,并广泛实施标准化、通用化。

(二)特色优势战略

特色优势战略是指企业提供与同行业其他企业不同的产品或服务,具有鲜明的企业特色,建立竞争优势来巩固企业在同行中的地位,其他竞争者难以模仿,最终使企业收获更大的利润。

(三)目标聚焦战略

目标聚焦战略是指企业主攻特定客户群或特定细分市场。这一战略的前提是:企业业务的专一化能够服务于一个高效率、更好的战略目标,从而在更广泛的范围内超越竞争对手。虽然目标聚焦战略不能取得与像成本领先战略、特色优势战略那样的全市场优势,但它实现了其狭窄市场目标的一两个优势。消费者在不同的地点和不同的时间,需求是不一样的,所以有几个目标聚焦战略的候选市场。目标聚焦战略成功的基础是企业选择的目标市场与其他部分市场之间的差异性。

【课后思考】

1. 简述计划的概念及其性质,理解计划的类型及其作用。
2. 计划编制包括哪几个阶段的工作?
3. 解释各种战略类型的内涵。
4. 阐述目标管理的特点。怎么利用目标管理来实施组织计划?
5. 滚动方式计划有何基本特点?
6. 战略的基本类型有哪些?各具有什么特点?

第七章　组织与组织设计

【教学目标】
1. 理解组织、组织结构的含义。
2. 掌握组织设计的原则,影响组织设计的权变因素。
3. 掌握不同组织结构形式的特点。
4. 掌握组织变革的主要内容。

第一节　组织概述

一、组织与组织结构

(一) 组织

通常从静态和动态两个角度去理解组织的含义。

从静态的角度定义,组织是两个或两个人以上的群体为实现某个共同目标而协同合作的集合体。一般具有三个特征:共同的目标,即所有的组织成员都有相同的目标,并为之努力;合理的分工,即为了实现组织目标,需要将任务分解并分派给各个机构或个人;明确的秩序,即组织的规则、上下级之间的权力关系以及各个职务的权责等。

从动态的角度定义,组织是一个过程,又称为组织工作,是指根据管理的目标与任务的要求,配置和协调各个要素及管理活动中的各个环节,使组织结构发挥作用的过程。其主要内容包括以下几个方面。

(1) 组织机构的设计。为了实现组织目标,管理者首先要根据活动的性质和联系程度对组织的各项活动内容进行区分和归类,成立相应的职能部门进行专业化管理,即设置横向的管理部门。其次,必须选择适度的管理幅度来确定组织的管理层次,即划分纵向的管理层次。

(2) 适度和正确的授权。授权是组织运作的关键,是指上级管理者向下级机构或员工委派权力的过程。授权有利于组织高效运作,也有利于提高组织人员的满意度,在授权时必须保证适度性和正确性,并对各个部门进行协调以实现组织目标。

(3) 人员配备。人是组织的重要资源,合理的人员配备是组织成功的关键。人员配备包括人员的选聘、培训、绩效考核,以及薪酬福利等。

(4) 组织文化建设。组织文化是否良好对于一个组织能否发挥有效作用是至关重要的,因此,组织必须重视团体精神的培育和组织文化的建设。

实际生活中存在着各种各样的组织,按不同的划分标准可以将组织进行分类。组织按性质划分可以分为经济组织、政治组织、文化组织、群众组织和宗教组织等;按规模划分可以分为小型组织、中型组织和大型组织；按形成方式可以分为正式组织和非正式组织。

（二）组织结构

为了实现组织的目标与计划，管理者必须通过合理的组织结构进行资源配置，将各类员工在不同时空的工作进行整合，并有机协调各个部门使其相互配合为组织做出贡献。组织结构全面系统地反映了组织内的各个要素以及相互关系，它关系到各个职务之间的分工协作，直接影响管理者的工作，必须根据组织战略的调整而调整。

组织结构具有集权性、规范性和复杂性。

集权性是指决策权在组织中的分布与集中程度。组织的集权性较高意味着组织的决策权力主要集中在管理层级中的上层，有利于管理者统筹全局，但组织缺乏弹性与灵活性。组织的集权性较低意味着组织把更多的管理决策权分给下属组织，组织高层只集中战略性问题和全局性问题的决策权，这种方式也称为分权管理，有利于调动下层管理者及员工积极性与创造性，但也容易发生标准不一致、分散主义等问题。

规范性是指组织中员工的行为具有一定的标准和程序。规范的形式包括明文规定的规章制度，如福利待遇、劳动合同管理等，也包括约定俗成的行为准则，如职业道德、管理伦理等。规范性是组织管理的基本工作之一，规范性越高，组织结构正式化程度就越高。对于不同的组织成员其规范方式也有所不同，对于从事简单而重复工作的人员，一般多采用"外在"的行为规范标准，组织通过制定规则、程序和制度来规范他们的工作和行为，并进行监督；对于技术人员等则采用不同方式，因为这些人员往往受过良好的培训和教育，有较强的"内在"行为标准规范，因此组织应减少对他们的"外在"规范。

复杂性是指组织结构中组织层级的数量、专业化分工的程度以及地域的分散性等。组织层级越多，信息传递的速度越慢且容易失真，组织的复杂性也越高；专业化分工程度越细，组织中的部门及职务越多，管理幅度越大，组织的复杂性越高；地域越分散，沟通协调难度也越大，相应部门的数量增加，组织的复杂性越高。

二、组织设计的必要性

组织设计是一个动态的过程，是根据组织目标，结合组织的内外部环境，对组织的结构和活动进行创建、变革和再设计的过程。

组织的设计与组织的规模密切相关，当组织规模较小时，不需要进行组织设计，例如个体劳动者、作坊式的手工业等。因为对于小规模的社会组织，管理者可以对每一个成员进行直接管理并安排每一项具体的活动。然而对于大中型组织，拥有成百上千乃至上万名员工，受到时间与精力的限制，管理者无法对所有员工和活动进行直接管理，因此为了保证组织的高效运作，就必须按照一定的标准对组织活动进行细分，设计有效的组织机构，并确定管理工作的类型、组合方法以及相互关系。

随着组织规模的不断扩大和组织活动复杂性的不断增加，组织设计的必要性和重要性也随之体现。组织是一个开放的系统，当进行组织结构设计时，不仅要考虑组织自身的目标与任务，还需要考虑外部环境的变化。当组织战略或组织外部环境发生重大改变时，一成不变的组织结构往往会导致组织的僵化，这时需要对组织结构进行相应的调整或再设计，从而保证组织的适应性与灵活性。

由此可见，合理的组织结构保证了组织活动及管理工作高效的运行，将各项工作任务按照目标的要求进行分解，再委托给相应的管理人员，明确各个部门的职务范围并协调各项工作活动，使得工作任务得以顺利完成。

三、组织设计的原则

随着经济社会的发展，组织结构设计的理论也在不断发展，组织结构的形式多种多样，但不论是何种结构，设计者在进行组织设计时，都需要遵循一些基本原则以保证组织设计的合理性与有效性。这些原则是在大量实践的基础上总结出来的，凝聚着前人在组织结构设计方面成功的经验与失败的教训。

1. 战略导向原则

战略导向原则是指对战略目标已有清晰深刻的认识，通过设计合理的组织结构引导组织行为实现目标。组织结构设计的最终目的是更好地实现组织的战略目标，即组织设计应服务于战略目标，在设计组织结构时，应充分考虑什么样的组织结构更有利于当前目标的实现。

2. 专业分工与协作原则

对于现代化企业，其组织的活动具有多阶段性和复杂性，然而，一个人只能掌握有限的专业知识和技能。为了使管理者和员工有效率地从事工作，需要对组织的任务进行分工，分工越细，专业化水平越高。专业化分工首先要明确每个部门和职位具体的工作范围与职责，其次要根据任务的特点，结合员工的专业知识技能，将其安排在适当的职位上。专业化分工也带来了组织机构的增多，此时需要加强各职能部门之间和员工之间的互相沟通与协作。协作原则是指要明确各部门之间、部门内员工与员工之间的协调关系，找到相互之间的配合方法，使组织中的各项活动逐步规范化和程序化。

专业分工原则保证了组织各部分效能的提高，协作原则保证了组织整体效能的提高，两者相辅相成才能保证组织目标的完成。

3. 统一指挥原则

统一指挥原则是指每位下属应当有且仅有一个上级向其直接下达工作指令，在上下级之间形成一条清晰的指挥链。指挥链是组织内部一条连续的职权线，它明确了"谁向谁下达工作指令，谁向谁汇报工作"的问题，指令和汇报都必须沿着这条线路逐级传递。统一指挥原则避免了多头领导现象的发生，也表明了每个员工的职责和职权，保证了上下级之间良好的沟通。如果不遵守统一指挥原则，多个上级可能会下达相互冲突的指令或发出优先处理的要求，使得下属无所适从。在传统组织中，统一指挥原则会导致信息传递迟钝，但是在现代企业中，随着信息技术的发展，下属获取信息的渠道更加丰富，获取信息的速度也更快，因此管理者在设计组织结构时需要结合实际情况。

4. 控制幅度原则

管理幅度也称为管理跨度，是指每一个上级能够直接指挥和监督的下属人员的数量。在组织规模一定时，管理幅度很大程度上决定了管理层级的数量，管理幅度越大，管理层级越少，通常认为管理幅度较大的组织更有效率。

假设有两个组织，基层作业人数都为4096人，若一个组织的管理跨度为4，则管理层级的数量为7；另一个组织的管理跨度为8，其管理层级的数量则为5。因此，管理幅度不同会使得每一层级员工数目不同以致最终的组织层级数相差2个，如图7-1所示。

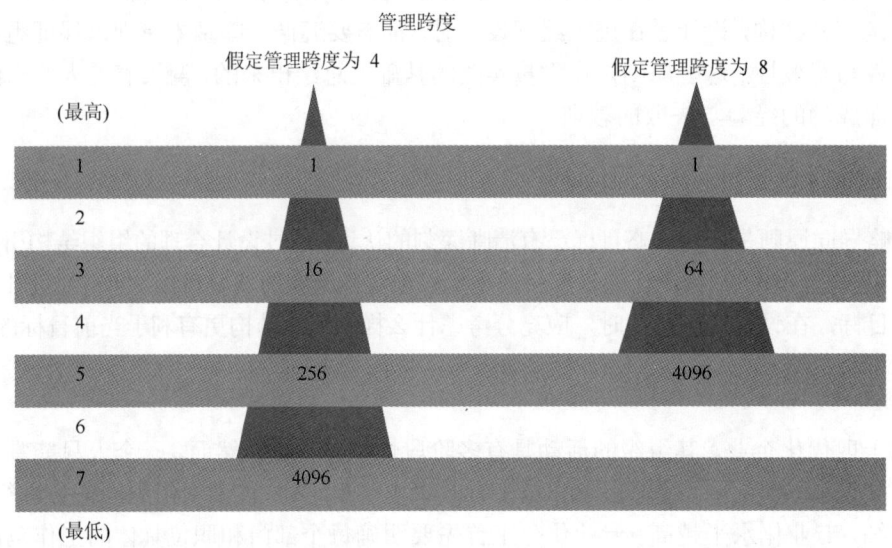

图 7-1 管理跨度对比

加宽管理幅度可以降低组织的管理成本，加快组织的决策速度，增强组织的灵活性，但是在上级直接领导和指挥的人数增加的同时上级需要协调的人际关系数也会呈几何级数增长，由于每个人的知识水平和能力水平有限，所以管理幅度应保持在一个合适的数量。控制幅度原则要求管理幅度的数量既要保证合理性，又要保证组织管理的高效性。由于影响管理幅度的因素很多，如员工的经验、工作的特性等，所以并未形成一个可被普遍接受的有效管理幅度标准，但是随着计算机技术的发展和管理者能力的提高，管理幅度逐步增加的趋势是毋庸置疑的。

5. 权责对等原则

权责对等原则是指组织中的每个部门和职位的职权和职责必须对等，既不能权大于责，也不能责大于权，给予一定权利的同时必须赋予同等的责任。若权大于责，权利人可能会不负责任的滥用权利；若责大于权，责任方可能会缺乏积极性而导致工作难以完成。权责对等原则能够鼓励管理者和员工积极主动且保质保量地完成工作任务，促使整个组织健康运行。

6. 稳定性与适应性相结合的原则

为保证组织工作正常运行，它的组织结构应保持相对的稳定性。因为组织结构的调整往往会涉及人事任命、组织分工、岗位职责、部门协调等多个方面的变动，也会对人员的情绪、工作方法和习惯产生影响。但是，组织的战略目标是随着内、外部环境变化而调整的，组织结构又必须服务于战略目标，因此组织设计必须遵循适应性原则。保持企业管理组织的稳定性并不意味着组织结构一成不变，因为一成不变的僵化组织无法在变化的市场中灵敏反应，使企业失去发展的机会，甚至导致失败。因此，组织设计必须在组织稳定运行的基础上进一步提高组织结构的适应性。

四、组织设计的影响因素

组织设计是一个开放的、系统的、动态的过程，不仅要结合组织自身的特点，还需要考虑外部环境的影响。影响组织设计的因素有许多，主要归纳为以下 5 个方面。

（一）外部环境的影响

组织与外部环境有着密切的联系，其中外部环境的不确定性对组织设计产生重要的影响。环境的不确定性是由环境的复杂性和变动性决定的。当组织处在简单、稳定的环境中时，机械式设计会更加有效，当组织处于复杂、动态的环境中时，有机式设计会使得组织的适应性更强。由于决策者无法获取全部的外部环境信息，不能准确的预测未来的变化，所以在进行组织设计时应从以下几个方面提高组织的应变性。

（1）增设必要的职位和缓冲部门。面对竞争日趋激烈的市场，信息成为组织的重要资源，组织设计者可以增设必要的情报部门专门收集情报信息，及时捕捉市场的变化。另一方面，可以增设缓冲部门应对市场需求的不确定性。

（2）加强组织间的合作减少对外部环境的过度依赖。组织需要从外部环境获取资源、劳动力、资金等要素，若外部环境发生变化，则会在一定程度上影响组织的运营和生产。所以组织应该加强与提供要素的外部组织之间的合作，也可以通过并购等方式增强组织的相对独立性，从而减轻外部环境变化给组织带来的负面影响。

（3）组织内部结构差异化。在组织中，不同的部门可能面对不同的组织环境，如市场开发部门面对的是相对动荡的市场环境，设备制造部门面对相对稳定的市场环境，因此可以采取部门差异化设计，根据部门面临的环境设计相应的结构。

（4）加强计划和对环境的预测。加强计划使组织在面对环境变化时能冷静沉着的应对，按照轻重缓急有层次地安排工作，将目标量化，明确工作任务。其次，加强对环境的预测能够使组织提前准备应对策略，防范环境变化带来的风险。

（二）战略的影响

组织战略具有先导性，当组织意识到由于环境变化产生新的需求时，首先在战略上做出调整，其次决定实现总目标的方法，在一定程度上规范组织结构的形式。若组织结构与组织战略不匹配，将会限制、阻碍战略的实现。因此，当管理者对战略目标做出重大调整时，应及时调整组织结构与其适应。

麦尔斯和斯诺在《组织战略、结构和方法》一书中总结了以下四种战略类型以及相关的组织结构类型。

（1）防御者型。采用防御者型战略的组织一般是行业中较为成熟的企业，具有标准化的技术流程和规范化的程序，它处在相对稳定的环境下且保持着良好高效的运作模式，通过有限的产品开发、有竞争力的产品价格或高质量的产品使自己得到稳定发展。在此战略下的组织结构具有高度集权化和专业化分工的特点，决策者不会轻易做出较大程度的调整。

（2）探险者型。采用探险者型战略的组织通常是行业中的标杆，其市场能力和技术能力较强，致力于探寻新的市场机会和研发新的产品，追求创新性。他们希望在动荡的环境中开拓机会，因此灵活性对此类组织至关重要，没有灵活性就不能快速地更新产品，捕捉进入新市场的机会。在此战略下的组织结构具有柔性、低规范性和较高的适应性，管理层级较少，偏向扁平化管理，鼓励部门之间的合作。

（3）分析者型。采用分析者型战略的组织既可能处于比较稳定的环境，也可能处于较为动荡的环境，通常是防御者型战略与探险者型战略之间的平衡，试图取得两者的优点，在规避风险的同时追求利益最大化。当环境稳定时，强调作业的标准化、规范化、程序化；当环境变化时，强调能够迅速做出调整，保持市场竞争力。在此战略下组织拥有两种组织结构，一些部门实行高度标准化、规范化和机械化，以获得高效益，另一些部门则具有柔性和分权化的特点，实行分权和低规范化，能够及时响应环境的变化。

（4）反应者型。采用反应者型战略的组织既缺乏对外部环境的预测力，也缺乏对组织内部的控制力，当处于动荡的环境中时无法做出积极的应变，只能被动地应对环境中的不确定性。在此战略下的组织结构不具备稳定性，往往面临较大的变革压力。

（三）技术的影响

组织需要利用技术将投入转换为产出，从而获得经济效益。尤其对于制造业，技术是影响组织生产运作的重要因素，组织设计应当满足技术的要求，并且随着技术的不断发展和革新，组织结构也要做出相应的改变和调整。

伍德沃德等人根据制造业技术的复杂程度把技术划分为三类：单件小批量生产技术、大批量生产技术和流程生产技术，并且发现技术类型与组织结构有着密切的联系，如表7-1所示。

表7-1 组织结构与技术类型的关系

生产类型	单件小批量生产技术	大批量生产技术	流程生产技术
结构特征	低度的纵向分化	中度的纵向分化	高度的纵向分化
	低度的横向分化	高度的横向分化	低度的横向分化
	低度的正规化	高度的正规化	低度的正规化
有效结构	有机式	机械式	有机式

值得注意的是，随着计算机革命和信息技术的发展，制造业技术有了巨大的进步，能够使得生产部门以较低的成本在短时间内大批量生产高质量产品，改变了伍德沃德所描述的大批量生产技术无法实现定制生产的传统格局。例如，机器人、计算机数控（computer numerical control，CNC）、计算机辅助制造（computer-aided manufacturing，CAM）、计算机辅助设计（Computer-aided design，CAD）、管理自动化等技术在内的计算机集成制造系统（computer-integrate manufacturing system，CIMS）或柔性制造系统（flexible manufacturing system，FMS）都很大程度上提高了制造业的生产效率和管理效率，打破了原有了组织结构，使组织更容易实现理想的规模经济和范围经济。

（四）组织规模的影响

组织规模是影响组织设计的重要因素，应根据不同规模的组织设计与其适应的组织结构。一般而言，组织规模对组织设计的影响主要体现在组织结构的规范化程度、集权化程度、复杂化程度、专业化程度等方面，如表 7-2 所示。但这种影响并非是线性增长的，当组织规模超过一定程度时，其增长对结构的影响会逐渐减弱。

表 7-2　组织规模和组织结构特征之间的关系

组织规模	结构特征			
	规范化程度	集权化程度	复杂化程度	专业化程度
大型组织	高	低	高	高
小型组织	低	高	低	低

（五）生命周期的影响

如同生物的成长要经历诞生、成长和衰退几个过程，组织的演化成长过程也表现出生命周期的特征。许多学者对组织的成长做了深入研究，如斯坦梅茨将企业的成长过程划分为 4 个阶段：直接控制阶段、指挥管理阶段、间接控制阶段和部门化组织阶段。葛瑞纳最早提出组织生命周期理论，将组织的生命周期划分为创业阶段、集成阶段、规范化与控制阶段、结构精细化阶段和衰亡阶段。虽然之后的研究在阶段划分上不尽相同，但基本都以葛瑞纳的五阶段理论为基础，其中最为全面和系统的是伊查克·爱迪思在《企业生命周期》一书中提出的"两大阶段十个时期"模型。其中，第一阶段为成长阶段，包括孕育期、婴儿期、学步期、青春期、壮年期、稳定期，第二阶段为老化阶段，包括贵族期、官僚早期、官僚期、死亡。

在组织成长和衰亡的各个阶段，组织规模、组织目标以及外部环境都不断发生变化，因此组织结构也需要进行及时的调整，否则就会阻碍组织的发展。

第二节　组织横向设计

组织的横向设计也称是部门设计，是指为完成某种特定的工作任务，按照一定的标准将组织中的专业技能人员组成部门，再把所有的部门聚合成整个组织的基础。每一个部门都有明确的工作目标和任务，并配以专职的管理人员进行统一指挥，实现组织内部的合理化分工。

一、基本原则

（一）分工与协作相结合的原则

分工与协作是组织横向设计的基本原则。根据组织的目标和任务进行合理的分工是部门化的首要任务，把专业技能相似的员工组成部门处理相关的业务活动，这样有利于提高组织的运作效率。但是，如果过分强调专业化分工会造成部门机构过多，部门之间难以协调，不利于培养全能型人才等问题，因此，应当在专业化分工有效的条件下力求维持最少的部门。但对于大型组织来说，部门数量多的情况难以避免，这时就要加强部门之间的沟通与协作，可以按照业务流程管理的逻辑顺序来集合业务活动，建立稳定的协调机制，保证整体效率的提高。

（二）精简高效的设计原则

部门精简高效是组织设计的理想效果，也是每一个部门设计者的目标，它要求在确保高质量完成目标和任务的前提下，人员配置和部门设置是最合理和最精简的。根据这一原则，部门设计应当体现局部利益服从组织整体利益的思想，并将各部门效率目标与组织整体效率目标有机地结合起来。精简高效的组织结构要求工作任务充裕饱满，部门活动紧密有序，使得"人人有事做"，另一方面也有效避免官僚主义、人浮于事等现象的发生。

（三）因人设职和因事设职相结合原则

因人设职是根据员工的综合能力为其设置相应的职位，并给予一定的权利，一般在组织建立初期采用这种方式能够使组织得以快速发展。因事设职是根据工作任务设置职位，将组织活动落实到具体的部门和岗位上去。这两种方式各有利弊，应当根据实际情况，将二者灵活结合，使组织内的人力资源能够得到有效的整合和优化，既能"人适其事，量才而用"，又能"事得其人"。

二、基本形式

根据不同的划分标准，部门化的形式也有所区别，下面的内容将详细说明几种常见的部门化形式。

（一）职能部门化

1. 定义

职能部门化是依据业务活动的相似性或专业技术的相似性，设立相应的管理部门，如财务部、销售部、人事部、技术部等。每一个职能部门都负责组织的某类业务活动，如财务部负责组织中所有的财务问题,销售部负责产品的推广与销售。职能部门化是传统的直线设计方式,信息在组织中纵向流动,指挥链集中在组织高层。这种组织结构比较适用于中小型组织。

2. 优缺点

职能部门化形成高度的专业化分工模式,将技能相似的员工集中在同一部门有利于专业技能的发展,能够调动员工的积极性,充分利用人力资源;能够突出业务活动的重点,有利于形成规模经济;有利于高层管理者的控制和领导,便于统一指挥。

但是,各职能部门可能会过分强调自己部门的重要性,从而助长部门主义风气,部门利益高于组织整体利益的思想会阻碍总目标的实现;高度的专业化分工可能导致部门机构臃肿,部门之间难以协调,对环境变化的反应迟钝;高层领导的职权过分集中,且职责过重,可能会造成工作任务的拖延,另一方面不利于培养高级管理人才和"多面手"式人才。

图7-2是一个典型的按职能划分的组织结构图。

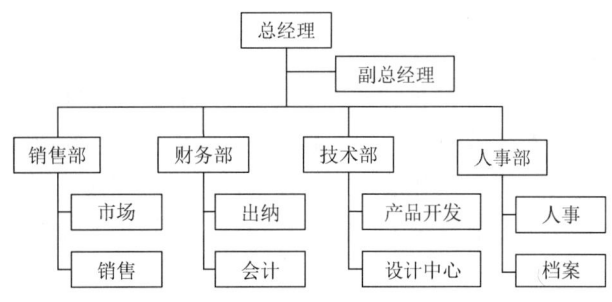

图 7-2 职能部门化结构图

(二)产品部门化

1. 定义

产品部门化是指组织按照产品种类来设置横向部门,每一个部门都是一个独立运作的单位,拥有自己的职能部门,是典型的结果划分法。随着组织的发展,组织规模不断扩大,职能制的组织结构不再适应大规模的组织,此时改变组织结构的划分标准非常必要。产品部门化将决策权下放,各职能的指挥链集中在各产品部门。

2. 优缺点

产品部门化使得每个部门的单位较小,具有较高的灵活性,能够快速响应外部环境的变化;部门专注于产品的经营,有助于促进组织内部竞争,提高总体产品质量;部门可以形成以利润为目标的责任中心,不仅承担了总公司的一部分责任,其本身也具有高度的完整性;部门内部不同职能之间的协作更加高效;为高级管理人才的培养提供条件。

与此同时,企业也需要更多的全能型人才以保证各产品分部的有效经营;部门和总部中的某些机构重复设立会导致管理费用增加;部门具有较大的权利,不利于统一指挥,需要增加对部门的监督成本;若分权或控制不当,很可能使得组织的整体性受到破坏。

图 7-3 是一个典型的按产品划分的组织结构图。

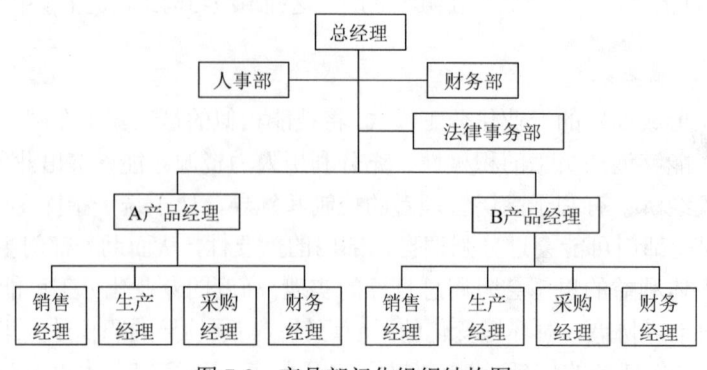

图 7-3 产品部门化组织结构图

（三）地域部门化

1. 定义

地域部门化是依据业务活动的地理位置分设部门，部门负责管理各地域或地区内的业务活动。当组织的地理分布范围很广时，管理人员很难及时获取各地区的信息并做出准确的决策，这时就需要设计地域部门化的组织。并且，不同地域拥有不同的文化背景，人们的价值观、消费偏好都不同，造成跨文化管理的困难，尤其对于跨国经营的企业，地域部门化是十分必要的。

2. 优缺点

对于跨国经营的企业，地域部门化可以结合地方特点更有针对性地管理组织活动，根据本地需求进行灵活决策；能够节省交通费用和时间成本，使得管理工作更加高效；能够缓解当地的就业压力，充分利用当地资源，便于继续开拓市场；有助于培养全能型人才。

由于地区分散并且每一个地区都是一个相对独立的部门，加上时间、空间上的限制，会对高层管理者的管理控制工作造成困难；随着市场的不断开拓，对高级管理人才的需求也更加迫切；各地区存在机构的重复设立导致管理费用较高。

图 7-4 是一个典型的按地域划分的组织结构图。

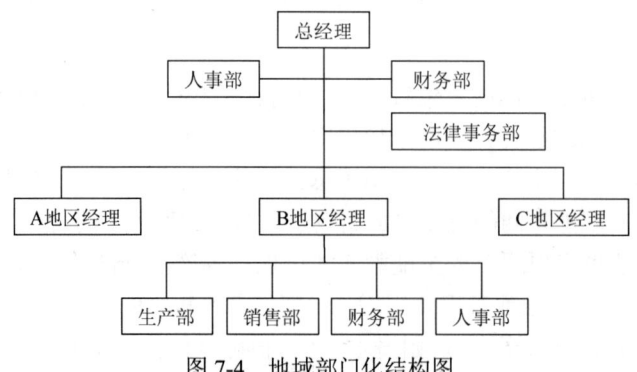

图 7-4 地域部门化结构图

(四)顾客部门化

1. 定义

顾客部门化依据顾客的消费偏好等特性将顾客分类,并根据每一类顾客的需求设立相应的部门为其目标顾客服务。顾客部门化一般是某一类部门的细化,如销售部、研发部等,以顾客的需求为导向,对市场的变化做出快速反应,在满足顾客需求的同时,努力创造顾客的未来需求。

2. 优缺点

依据每一类顾客的需求有针对性地提供服务有助于提高顾客的满意度,同时能准确地获得顾客的意见反馈,及时改进产品或服务;另外,企业通过不断创造顾客需求可以有效地减少顾客流失,从而在这一领域内建立持久性的竞争优势。

顾客部门化的前提是顾客对于某种需求存在明显的差异性且顾客数目达到一定的规模,否则会浪费组织的资源;顾客的需求存在不明确性和多变性,企业在对需求的分类上存在一定的困难;需要更多能妥善协调和处理与顾客之间关系的员工,管理费用较高;专业人员和设备可能得不到充分利用。

图 7-5 是一个典型的按顾客划分的组织结构图。

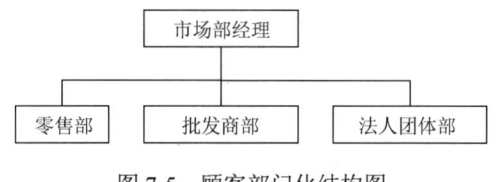

图 7-5 顾客部门化结构图

(五)矩阵制

1. 定义

矩阵制是在纵向的职能管理系统的基础上,增加横向项目系统,形成纵横交叉的矩阵式组织结构。矩阵制组织的特点是具有二元指挥链,权利在职能层纵向流动,在项目部层级横向流动。由于二元指挥链的运作机制,组织中一些员工会同时受两名管理者的领导,这类员工称为双头员工。矩阵制组织结构有悖于统一指挥原则,因此需要最高领导者对矩阵双边的权利进行平衡,更对双头员工处理人际关系和业务冲突的能力提出更高的要求。

2. 优缺点

矩阵制具有较强的灵活性和机动性,当处于动荡的外部环境中时,组织能够快速应对技术和产品双重要求;加强了部门间的沟通与配合,使组织资源得到充分利用,既能获得专业化分工的好处,又避免了职能部门之间相互脱节;不同技能、不同背景的人员共同工作,相互协作,有利于知识的交流和分享,促进组织成长。

双头领导的运行机制对最高领导的协调能力要求较高,若处理不当势必会引发职能经理与项目经理之间的冲突和矛盾,此时会浪费更多精力和时间用于解决此类问题;对双头员工的要求较高,需要具备较强的人际沟通能力和平衡协调矛盾的能力;由于组织关系复杂,可能会出现任务职责不明确、互相推诿的问题,导致工作效率降低;有时,项目部门具有临时性,随着项目的结束项目小组也随之解散,员工回到原来的岗位,因此员工可能会产生临时观念,不能高质量完成工作任务。

图 7-6 是一个典型的矩阵制结构图。

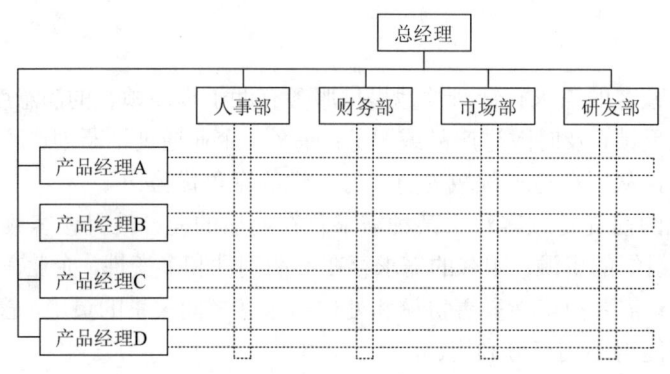

图 7-6 矩阵制结构图

(六)网络制

1. 定义

网络制是为应对动荡的外部环境,利用现代信息技术发展起来的一种新型组织结构,通过缩小组织内部的经营活动范围,相应地扩大与其他组织的业务合作网,有效发挥核心业务专长。网络制组织结构是一种基于契约关系的临时性组织,只有精干的中心机构,其余职能如研发、生产制造、营销等外包给独立机构,形成一种相互协作、互惠互利的关系,可视为组织结构扁平化趋势的一个极端例子。

2. 优缺点

面对激烈的市场竞争,网络制组织具有高度的敏捷性和灵活性,结合市场需求快速地整合各项资源以迎合新产品或新机遇的需求;管理费用较低,容易操作,组织内部不需要大量的职能专家,可以利用社会上现有的资源迅速地发展壮大;管理层级较少,结构简单、精炼,组织的整体效率高。

网络制的缺点也显而易见,由于各部门不隶属于同一个企业,而是通过契约关系保持组织运作,故可控性差,对管理者的要求更高。网络制中的每个部门追求个人利益,一旦组织所依存的外部资源出现问题,如提价问题、质量问题、及时交货问题等,组织就将陷入非常被动的境地,如果网络中的某一合作单位因故退出且不可替代,组织将面临解体的危险。由于项目是临时的,员工的流动性高,组织很难建立有凝聚力的组织文化，员工对组织的忠诚度也很低。

图 7-7 是一个典型的网络制结构图。

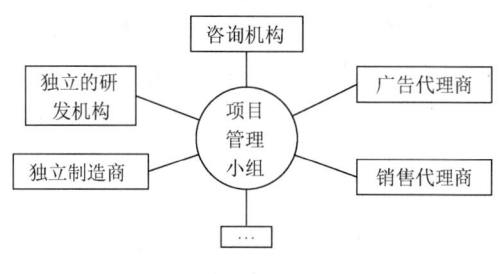

图 7-7 网络制结构图

第三节 组织纵向设计

组织的纵向设计也称组织层级化设计，主要内容包括确定组织的层级数目和管理幅度，根据组织集权化的程度进行职权配置，最终形成一个能够对内外环境要求做出动态反应的有效组织结构形式。

一、管理幅度

（一）组织层级与管理幅度

组织横向设计的核心任务是确定合理的管理层级和有效的管理幅度。组织层级是指组织中从最高管理人员到基层作业人员之间所设置的管理职位层级的数目。管理幅度也称管理跨度，是指组织上级管理者能够直接有效地指挥和领导下属的数量。

在组织规模一定的情况下，组织的管理幅度与组织层级成反比，当管理者能够有效领导的人数越多时，组织层级就越少，反之则越多。在有效的管理幅度下，组织层级与组织规模成正比，组织规模越大，员工数量越多，由于每个管理者能够领导指挥的人数有限，所以相应的组织层级也越多。

组织的平均管理幅度决定了组织结构是高耸型结构还是扁平型结构。高耸型结构总体上管理幅度较小，组织层级数相对较多；扁平型结构的管理幅度较大，相对而言组织层级较少。一个组织应当结合自身特点选择适合组织发展的结构，下面具体分析两种结构的优缺点。

高耸型结构的优点是组织具有高度的权威性和统一性，当组织层级较多时，员工升职的机会也较多，有利于调动员工的积极性，并且组织结构严谨，稳定性较高。但是，管理层级多将带来信息沟通渠道的延长，使得信息容易失真且具有滞后性。另外，高耸型结构的组织缺乏灵活性，较难适应环境的变化。

扁平型结构组织内部沟通更加准确和迅速，有利于高层管理者做决策。扁平型结构的组织管理人员较少，富有弹性，适应性强。其缺点是不利于有效地监督和控制下级，管理人员的工作负担重，精力分散。

(二)管理幅度设计的影响因素

关于最优的管理幅度许多学者都做过深入的探讨,但并未发现一个适用于所有组织的统一标准。现代管理理论认为,管理幅度是权变的,受到诸多因素的影响,如工作的内容和性质、管理者和下属的工作能力等。因此,在设计管理幅度时,要结合组织自身特点以及所面临的具体环境确定适当的管理幅度。组织管理幅度设计的影响因素有以下几个方面。

1. 工作能力

从管理者的角度,如果管理者具有较强的综合能力,能够高效地协调分配下属的工作,并掌握先进的管理方法,能够迅速地把握问题的关键,给予下属恰当的指导建议,则可以适当增加管理幅度。从被管理者的角度,如果下属的工作能力较强且具有责任心,受过良好的系统培训,能够胜任上级指派的工作且能独立地解决问题,此时,也可以适当增加管理幅度。

2. 工作的内容和性质

若管理者的工作内容侧重于对组织活动进行决策,那么其管理幅度应适当减少,且组织层级越高,决策的工作量越大,管理幅度也越小。另外,如果下属之间的工作内容相似度较低,则上级在指导工作时面临较大的差异性,这类情况下,也应该减小管理幅度。从计划完善程度方面来看,如果计划制订得清晰明确,能够详细地规范下属工作,那么会减轻上级管理的工作量;相反,如果计划不够完善,那么就要在一定程度上减小上级的管理幅度。

3. 工作条件

工作条件包括助手的配备情况、信息手段的先进程度等。如果有助手帮助管理者处理与下级的联络工作、文件整理工作等烦琐且简单的事务,则可以减少管理者的工作量。另外,如果拥有先进的信息技术,可以帮助管理者更加全面、快速地获取信息,辅助管理者进行决策,另一方面也有助于下属了解与自己工作有关的信息,从而更能独立自如地处理分内的事务,有利于扩大上级的管理幅度。

4. 工作环境

工作的内外部环境一定程度上也会影响管理幅度。如果工作的环境相对稳定,则员工的工作内容也相对稳定,可以适当增加管理幅度;相反,如果环境相对比较动荡,且变化的程度较大,员工在工作中经常面临全新的挑战,则需要管理者花费大量的时间进行指导与协调,更要花费精力关注外部环境的变化。因此,环境越不稳定,各层主管人员的管理幅度越受到限制。

二、组织结构职权设计

传统观念认为,职权是指组织授予的在职务范围内下达命令的权利,并且职权来源自组织的顶层，由上至下发展形成。而巴纳德的接受理论认为，职权不但源于组织顶层，还来自下属的接受程度，并且职权的发展是由下至上的。职权设计必须明确每个职位及部门的权力与责任，以及上下级和同级之间的职权关系，建立统一且协调的职权结构。

（一）职权的形式

1. 直线职权

直线职权是指处于管理职位的人员直接领导和控制下属的正式职权，这种上下级的职权关系由上至下贯穿于整个组织，形成较为直观的指挥链。直线职权是组织中最基础的职权形式，拥有直线职权的管理者直接指挥下级工作，同时也接受上一级领导的指挥，形成严谨的职权组织结构。

2. 参谋职权

参谋职权是一种辅助性职权，其权力范围较窄，主要包括建议权、咨询权和推荐权等。拥有参谋职权的人员需要向管理者提供专业的建议，辅助决策者更加高效地进行决策，类似于智囊团般的存在。例如，在历史上谋士、军事参谋等职务都可以视为是参谋职权的体现，在组织中，财务部也拥有参谋职权，如建议管理者使用哪种财务报表能够更加准确地反映企业财务状况。随着组织规模的扩大，管理者的工作更加复杂，设置参谋职权非常必要。

3. 职能职权

职能职权是指原直线管理者将属于自己的一部分权力授予给辖属以外的个人或部门，由他人在一定职能范围内行使该部分权力。职能职权的设立有利于发挥专家的核心作用，赋予专家一定的权力以使他们更快捷地完成任务，另一方面，在很大程度上也缓解了管理者的工作压力，提高管理效率和决策质量。

（二）集权与分权

1. 集权与分权的含义

集权是指决策指挥权主要集中在组织层级系统中的较高层次，下级部门和机构的大部分活动都要严格依据上级的指示，服从上级的指挥。集权保证了目标的一致性和行动的统一性，便于高层管理者统筹全局，但高度集权一定程度上会降低决策的质量，不利于调动员工的积极性。

分权是指决策指挥权被下放到了组织层级系统中较低管理层级，组织高层只掌握重大事件的决策权，授予底层管理者充分的指挥权和决策权，允许他们在工作职责范围内独立自主地解决问题。分权能够减轻高层管理者的负担，也有利于调动员工的积极性，使其更好地发挥专业和技能，使得组织能够快速应对环境的变化，但高度的分权容易造成分散主义，组织的整体利益容易被忽视。

集权和分权是两个相对的概念。在现代社会经济组织中，不存在绝对的集权和绝对的分权，因为绝对的集权意味着组织中的全部权力集中在一个主管手中，并且直接指挥全部的组织活动；绝对的分权意味着全部的权利都下放至各个部门，主管没有任何权利，这两种情况都是难以实现的。因此，在进行组织的纵向设计时需要将集权和分权有效地结合起来，使得组织既能保持目标统一性又具有柔性和灵活性。

2. 影响集权与分权的因素

一个组织采取何种程度的集权、何种程度的分权，并没有一个统一的标准，但组织在进行权利分配时，需要考虑以下几种因素。

（1）组织规模。若组织规模较小，高层管理者更倾向集权以保证工作效率更高；若组织规模较大，高层管理更倾向分权以缓解工作压力，加快决策速度，避免信息的延误和失真。

（2）外部环境。当组织面临的环境相对稳定时，可以采用集权化的管理方式；当组织所面临的环境复杂多变时，需要不断做出调整，为了灵活应对这种局面，组织往往会采取分权的管理方式。

（3）员工数量和基本素质。若员工的数量较多，且都经过良好的专业培训，具备高度的责任感，则可以采用分权的管理方式；若员工数量较少，且缺乏相关的工作经验，其基本素质不能符合分权式管理的基本要求，则组织更倾向集权化。

（4）工作内容与性质。对于规范性较高，工作内容变化较小的部门，如财务部、人事部等，可以相对地集权；对于需要经常调整工作内容，且需要较高创新性的部门，如研发部、市场营销部等，则可以适当地放权。由于组织中各个部门的工作性质大多不同，组织可以对各部门采取不同的权力分配方式。

（5）组织所处的成长阶段。在组织成长的不同阶段，组织的规模、管理工作的复杂性和组织的目标也不同，因此集权的程度也应该进行相应的调整。例如，在组织发展的初始阶段，为了保证有效管理和控制，管理者更偏好集权的管理方式；随着组织的成长，管理的复杂性逐渐增强，分权的程度也逐渐增大。

（三）有效授权

随着信息时代的到来，沟通技术手段不断得到丰富，管理技巧也更加多样化。组织为了动态地响应环境的变化，需要设计更加灵活和柔性的组织，高层管理者也迫切需要从繁重的管理工作中解放出来。因此，在组织纵向设计中，向下授权成为一种重要的趋势，授权可以促进组织成员自由、高效地完成组织的各项工作。

1. 授权的含义

授权是指上级把属于自己的一部分职权授予下属，使其拥有一定的自主权和行动权，能够自由决断，灵活处理问题。上级保留对下级的指挥权和监督权，被授权者需要按要求完成任务并定期向上级汇报工作。授权的含义包括以下三点。

（1）分派任务。明确地告知被托付人需要完成何种工作任务，以及工作任务的内容与具体要求。

（2）授予权力或职权。授予被托付人相应的权力，使其能够在职权范围内顺利地完成任务。

（3）明确责任。被授权者拥有权力后，必须承担相应的责任，不仅需要完成的指定任务，也要向上级汇报任务完成的具体情况和成果。

2. 授权的原则

授权是管理者工作中的一项重要任务，有效授权是管理者必须掌握的一项管理技巧。为了保证授权的有效性，必须掌握以下原则。

（1）重要性原则。组织授权必须建立在相互信任的基础上，为了调动下级的积极性，所分配的工作应当是所在层级中相对重要的事务，并且要敢于把一些重要的权力下放，使下级充分认识到上级的信任和管理工作的重要性，增强下级的责任感与使命感。

（2）适度原则。组织授权还必须建立在效率的基础上，授权的范围应当遵循适度原则。若授权范围过小会造成主管工作量过大，使得授权没有成效；若授权过多会使得可控性太差，主管无法统筹全局。

（3）权责一致原则。组织在授权的同时，必须向被托付人明确工作目标、责任及权利范围，保证权责一致。若权大于责，被托付人可能会滥用权力导致形式主义；若责大于权，被托付人会对任务无所适从而造成工作失误。

（4）级差授权原则。上级只能向相邻层级的下级进行授权，即向直属下级进行授权，避免越级授权。因为越级授权可能会使中间层级员工非常被动，甚至会导致管理机构的失衡，破坏管理秩序。

第四节 组 织 变 革

组织的内外部环境是不断变化的，因此组织需要及时调整、改进和革新组织中的各个要素，如组织结构、人员配备、管理理念及技术等，以适应组织发展的要求，这个过程就称为组织变革。企业的发展离不开组织变革，哈默和钱皮曾在《公司再造》一书中将顾客、竞争和变革称为影响市场竞争的三种重要力量，即三"C"力量，其中变革尤为重要。因此，管理者必须学习和掌握组织变革的相关内容以及管理组织变革的方法。

一、组织变革的原因

推动组织变革的因素可以从两个方面进行分析，即外部环境因素和内部环境因素。

1. 外部环境因素

组织可以看作是社会大环境系统中的一个子系统，它无法控制外部环境，只能主动适应外部环境以谋求发展。影响组织变革的外部环境因素主要有以下几种。

(1) 科学技术的进步。科技的发展不仅会改变人们的工作方式，也会促进新产品的研发。科技的发展对组织固有的运行机制和技术构成了强有力的挑战，组织需要不断更新技术，调整组织结构，以提高市场竞争力。因此，新技术的运用必然会推动组织变革。

(2) 宏观政策的变化。诸如有关法律法规的颁布与修订、产业政策的调整与产业结构的变化、国家政治形势及制度的变化等，都会对组织的发展产生影响，引起组织内部深层次的调整与变革。

(3) 市场的变化。随着市场竞争激烈程度的加剧以及市场需求的不断变化，企业的竞争方式和竞争观念也不断改变，组织不能固守传统的观念，需要不断创新、及时调整，才能赢得市场。

(4) 环境资源的影响。组织发展所依赖的环境资源，如原材料、资金、能源、专利使用权、人力资源等，对组织具有重要的支持作用。组织必须克服对环境资源的过度依赖，同时要及时根据环境的变化顺势变革组织。

2. 内部环境因素

(1) 管理水平的提高。当管理者的管理水平提高后，管理幅度也随之相应地增加，此时需要精简组织机构和管理人员，因此组织结构的再设计是十分必要的。

(2) 组织目标的改变。当组织确立新的战略目标时，可能会与原有的运行机制、组织结构等产生冲突，因此，为了更好地支持新目标的实现，必然要进行组织变革。

(3) 组织规模的扩张与业务技术的发展。首先，组织规模的扩大一定会带来组织结构的调整；其次，当业务技术变得复杂时，它的专业要求也会更高，组织可能会增设职能部门，提高对人员的要求。

(4) 组织成员的需求。成员的需求如果不能得到组织的重视，一方面会影响成员个人的发展与成长，另一方面也会使得组织的凝聚力下降，影响组织的发展。因此，必须明确组织成员的需求，及时进行相应地调整。

二、组织变革的内容

（一）人员变革

人员变革是指员工在价值观、态度、技能、信念、认知和行为上的改变。所有成功的变革都会涉及人员变革，因为人是变革过程中最主要的因素，既可能成为推动变革的动力，也可能成为变革的阻力。培训是人员变革最常用的方法之一，目的在于提升员工的个人综合能力。组织也会通过团队建设等活动倡导集体感，改善成员之间的人际关系，提高员工的参与感，建立和谐的文化氛围。

（二）结构变革

结构变革是指对组织的职能部门、集权程度、授权方式、协调机制等结构参数进行再设计或调整。一成不变的组织结构会阻碍组织的发展，并且无法适应环境的变化，因此管理者需要结合实际情况灵活改变组织结构中的某些要素,以提高组织的适应性。结构变革的内容包括如何选择组织模式、如何制订工作计划、如何授予权力以及授权程度等一系列活动。

(三) 技术与任务变革

技术变革是指对组织作业流程与方法的重新设计、修正和组合,包括更换机器设备,采用新材料、新技术和新方法等。技术变革是组织适应市场竞争的首要方式,目的是让产品或服务的生产更有效率。在复杂的组织系统中,每个部门都有亚层次任务,即部门的具体工作任务和目标,他们服务于总任务。任务变革是指调整组织的运行目标和方向,对各亚层次任务进行重新分配和组合。

三、组织变革的阻力及管理

(一) 组织变革的阻力

让人们放弃原有的习惯去适应新的环境是一件困难的事情,人们会因为各种担忧而产生抗拒。传统的观点认为,人们反对变革的主要原因可能是担心技术的进步导致他们失业。劳伦斯认为,人性与社会的因素才是最重要的原因,人们担心变革会威胁他们的安全,在组织中的相对权力和利益会发生变化,影响他们在原来环境中的地位。只有准确分析阻力的来源,才能进行有效管理,成功推行变革。组织变革的阻力可以归纳为以下几个方面。

1. 个人利益

在变革中,权力的重新分配会威胁到已有的权力关系,一些有特权和地位的人员的处境将会发生变化,可能面临个人收入或利益的减少。当组织成员认为变革可能会使得他们的利益遭受损失时,便会抵制组织变革。并且,机构的撤并、管理层级的扁平化、新技术的引进等都会给组织成员带来一定的压力。一些组织成员往往只关注短期内的利益,而不愿意以短期内的损失换取长期的利益。因此,组织成员对个人利益的担心会成为组织变革的障碍。

2. 心理因素

变革意味着原有的平衡系统被打破,成员必须调整原来的工作方式,改变原来的工作环境以及建立新的工作目标。这些改变都会对组织成员的心理产生影响,这些心理因素可能会成为变革的阻力,主要表现为:缺乏信任,不相信变革背后的动机,对组织变革的结果持怀疑态度;懒惰心理,多一事不如少一事,不愿意适应新的环境、学习新的事物;保守心理,习惯于旧的制度和习惯,过度担心改革带来的风险。

3. 不确定性

当组织成员不了解组织变革将会带来什么样的变化时,对未来不确定性的担忧和对失败风险的恐惧便会成为变革的阻力。尤其对于承受能力差、惧怕风险的员工,不确定性更加具有威慑力,他们不知道变革会对自己和组织产生什么影响,担心自己能否适应新环境和新技术,以及变革能否成功。人们一旦从熟悉、稳定和具有安全感的工作状态,进入到不确定性较高的变革之中,其"职业认同感"将会受到一定程度的冲击,从而产生抵制变革的情绪与行为。

4. 忽视组织文化的重塑

组织文化是企业在长期发展过程中逐渐形成的所有员工共同的价值观,它能指导员工的行为,对员工的观念和行为都会产生深远影响。合适的组织文化会成为组织变革的助力,相反,与组织不匹配的组织文化会阻碍组织变革。因此,组织在变革过程中必须充分发挥组织文化的作用,注重组织文化的重塑,建立一种支持变革的组织文化。只有将新的变革深入组织文化的根源中,变革才能顺利推行。

(二)消除组织变革阻力的措施

为了组织的顺利变革,管理者不能忽视抵触情绪,而要分析原因并设计策略以得到组织成员的认可和采纳。可以采取以下几种策略来克服组织变革的阻力。

1. 加强教育与沟通

管理者需要加强与员工之间的沟通,使员工了解组织目前的运行环境,所面临的困难与机遇以及变革将会带来的改变。增加变革透明度,保证变革的公开性,可以使组织上下达成共识并彼此信任。另外,通过小组讨论、报告会等形式对员工进行培训教育,可以帮助员工接受新观念,增强员工对组织变革的适应能力,使他们自觉地成为变革的主力军。

2. 提高参与度

员工对组织变革的参与程度越大,就越勇于承担工作责任,支持变革的开展。管理者要大胆地起用富有开拓精神的杰出人才,把他们安排在重要的领导岗位,为变革提供保障。另外,还要吸收反对者参与变革,将阻力化为动力。员工只要投身其中,参与了变革的决策,就很难成为变革的阻力。提高员工在决策时的参与度,还能使他们为决策提出宝贵意见,做出有益贡献,提高变革决策的质量。

3. 谈判与妥协

通过运用谈判的方式来赢得员工对预期变革方案的认可和同意,特别是对于重大的、全局性的变革方案,需要通过反复的谈判和协商以确定一个最适合的方案。同时,也要通过适当的妥协以换取更多的支持。当阻力来自有影响力的成员或部门时,谈判是非常必要的措施,其优点是能够避免产生激烈的对抗,但也存在着高成本的风险。

4. 掌握好变革的力度

组织变革的过程通常有解冻、变革、再冻结三个阶段,需要一定的时间来完成。并且,员工需要时间去适应新的制度,学习新的技术。因此,管理者必须有耐心,适时适度地推行变革，否则容易引起员工的抵触情绪。管理者需要把握好变革的力度，结合组织的实际情况，制订周密可行的变革方案，并从小范围逐渐延伸扩大，循序渐进，配套进行。组织必须辩证地处理好变革速度和阶段性成果之间的关系，成功的变革不仅在于提高组织的效率，同时也在于提高组织成员的士气，满足成员的合理需求。

5. 强制

强制是指管理者凭借正式权力命令员工必须按照指示进行变革，抵制变革的员工可能面临一定的惩罚，如降低薪酬、不给予提升机会，甚至开除等。在大多数情况下，都不应该使用这种方法，因为强制性的手段会打击员工的积极性和主动性，降低员工的忠诚度。但是，在危急时刻，或迫切需要采取紧急措施时，强制性的手段是非常必要和高效的。

【课后思考】

1. 组织设计的任务是什么？组织设计受到哪些因素的影响？
2. 如何确定合理的管理幅度？
3. 为什么要分权？如何进行有效的分权？
4. 组织层次设计中影响分权的因素有哪些？
5. 组织变革过程中，可能遇到哪些阻力？如何克服这些阻力？

第八章 人力资源管理

【教学目标】
1. 理解人力资源管理的概念。
2. 理解确定人力资源需求应考虑的因素。
3. 掌握员工招聘、培训和绩效管理方法在实际问题解决中的应用。

第一节 人力资源管理概述

一、人力资源管理的必要性

人力资源管理是指为实现组织的战略目标,通过招聘、甄选、培训等一系列活动对组织的人力资源进行合理配置,发挥员工的主观能动性,为组织创造价值。人力资源管理不仅要处理人与人之间的关系,更要对员工和任务进行合理分配,人力资源管理对组织成功起着重要的作用。即使设立了专门的人力资源管理部门,管理者在日常工作中也需要处理人力资源管理的相关事务,如评估员工的工作绩效、引导新员工上岗等。

人力资源管理作为组织一项重要的战略工具,能够帮助组织建立长期的竞争优势。人力资源是现代企业的核心资源之一,它具有价值性、稀缺性和难以模仿性。价值性体现在组织可以利用人力资源提高收益,例如,对员工进行技术培训以提高工作效率和产品质量,与员工建立良好的合作关系以促进组织的创新和变革等。人力资源的稀缺性是指一定时期内劳动市场上对具有某一特性的人才出现需求大于供给的情况,这也加剧了企业之间对人才的竞争。组织的人力资源具有难以模仿性,这是因为人力资源是由多种因素共同作用的,如员工的个人素质、组织的培训与开发以及组织文化氛围等。

在知识经济时代,企业的竞争实际上是人才的竞争。在激烈的市场竞争中,受欢迎的产品和服务很快就会被模仿和替代,往往只能给组织带来短期的优势。而人力资源不同,它是在特殊的企业文化和教育培训下形成的一种稀缺的、难以替代的持久性资源,能够不断地为组织带来创新,从而形成长期的竞争优势。因此,对于现代企业,是否拥有创造性的员工和完善的管理机制是组织能否取得成功的关键。

二、人力资源管理的功能

(一)获取

人力资源管理的首要任务是获取人力资源,它主要包括人力资源规划、招聘与录用。

首先人力资源部门必须根据组织任务制订人力资源战略，包括人力资源需求与供给计划等，然后开展一系列的招募、选拔、录用与配置工作。

（二）整合

整合是建立和维持员工之间、员工与组织之间的和睦关系，协调组织中各项活动的过程。现代人力资源管理的理念强调个人在组织中的发展，为了避免个人发展与组织发展之间的冲突，需要保证员工的个人价值趋同于组织理念，不仅使员工的个人行为服从于组织规范，也要提升员工对组织的归属感和忠诚度，营造一个和谐的氛围。

（三）奖酬

奖酬是人力资源管理工作的核心，它是指依据员工对组织做出的贡献给予其一定的物质奖励或精神奖励，从而提高员工积极性和忠诚度的过程。它主要包括：制订公平合理的工资方案，提供福利等。设置奖酬的目的在于提高员工的满意度，提高员工的劳动积极性与工作效率，增加组织的绩效。

（四）调控

调控是对员工实施合理、公平的动态管理的过程，包括对员工进行合理的绩效考核与素质考核，并以考绩与评估结果为依据对员工进行动态管理，如晋升、调动、奖惩、离退、解雇等。

（五）开发

人力资源开发是指对员工进行培训，丰富员工的知识，增强员工的工作能力和综合素质，使其能够实现个人价值，为组织创造绩效。开发工作主要包括制订员工开发计划、开展新员工的工作引导与业务培训、帮助员工规划职业生涯以及实施员工的继续教育等。

第二节 人力资源计划

一、人力资源计划的任务

人力资源计划的目的是根据组织的战略目标，以及组织的人力资源的现状和需求，对未来人力资源工作的方向和重点进行规划，并制订具体的工作计划和实施方案。人力资源计划的任务主要包括以下几个部分。

（一）确定人员需求量

管理者在开展人力资源计划工作时，首先要对现有的人力资源的状况进行考察，包括员工的姓名、教育背景、专业技能、现任职务等信息，并录入企业的人才数据库，便于组织在需要某一特定人才时能够快速地查找和筛选。其次，管理者需要根据组织中职务类型和职务数量来确定组织在一定时期内的人员需求量。职务类型指出了组织需要具备什么技能的员工,职务数量指出了每种类型的职务需要多少员工。最后,把组织现有的人力资源状况和组织的人员需求量进行比对,以确定人员调整方案或招聘方案。

(二)制订职务说明书

职务说明书是记录职务分析结果的文件,它主要包括两部分内容:一是详细界定了每一个职务从事的工作内容和需要承担的工作职责,并说明工作环境、隶属关系等;二是明确了每个职务的任职资格。职务分析也称工作分析,是人力资源计划的基础工作,详细的职务分析为后续的招聘工作提供了标准,为人员培训提供依据,也为科学的绩效考核提供参考。清晰详细的职务说明书不仅可以帮助管理者进行人员选聘和管理,也对员工起到激励作用。

(三)制订人员培训计划

培训不论是对组织的发展,还是组织成员的个人发展都具有十分重要的作用,因此制订合理的人员培训计划是非常必要的。培训计划首先需要考虑预算问题,在预算不确定的情况下制订计划是没有意义的,不同行业的培训预算差异可能很大,管理者必须在预算范围内制订合理的计划。其次,管理在评估员工的能力水平后,根据职务需求和公司发展需求制订培训课程,包括培训内容和培训时间等。最后,管理人员需要确定评估方法,对接受培训的人员进行全面的评估以反馈培训效果。

二、编制人力资源计划的原则

人力资源计划的编制关系到组织的每一个部门,也对组织员工的个人职业生涯的发展有着重要影响。因此,在编制人力资源计划时必须遵循一些基本原则,以保证计划的完善性和合理性,使得组织能够高效地进行人力资源管理。

(一)确保人力资源需求

人力资源的需求问题是人力资源计划的核心问题,也是组织发展的基本问题。在编制人力资源计划时,首先要充分考虑到组织现存的需求,确保组织能够获得必要的人力资源。只有保证了人力资源的充沛,才能更深层次地开展人力资源管理和开发工作。同时,组织必须对未来的需求进行预测,为组织的未来发展准备人才力量。未来的人力资源需求是由组织的战略目标决定的,也是对未来的产品或服务需求的一种反映,因此,提前对未来人力资源需求进行预测也有助于组织目标的实现。

(二)结合内外部环境

人力资源计划的编制必须充分考虑到组织内部的变化,以保证对管理人才的补充和人员的开发。同时,还要结合组织文化,充分调动员工的积极性和创造性。另外,市场环境、国家政策、人才市场的变化也会影响组织的人力资源管理,因此,编制计划时还要考虑到外部环境带来的风险和机遇。只有充分考虑组织内外部环境的变化,才能及时做出调整以更好地适应环境,真正为战略目标服务。

(三)保障双方长期利益

人力资源计划是涉及双方利益的计划,不仅要考虑组织的发展,也要考虑到员工的发展,两者是相互依托、相互促进的。员工是人力资源的基本构成要素,组织是员工实现个人价值的平台,如果只重视组织的发展需要,而忽视了员工的个人发展,那么组织长期的战略目标将难以实现。人力资源计划不仅要使组织现有的人力资源的价值得到充分实现,而且要为组织未来的发展创造条件。因此,在编制人力资源计划时,注重为员工提供充分发展的机会,一方面提高了员工的专业技能,另一方面也维持了员工的忠诚度,能够使组织和员工都得到长期利益。

(四)保持适度的流动性

员工的适度流动不仅有利于组织的健康发展,更有利于员工的个人技能提升,使员工在不断的尝试中找到最适合自己且能带来最大利益的工作。虽然员工的流动可以为组织注入新鲜的能量,激发组织的活力,但是如果流动性过高,则会导致组织人员结构不稳定,给组织带来严重的危害。尤其是人才的外流,会造成组织培训成本、管理成本的浪费,甚至会破坏组织的人事发展计划。因此,在编制和组织实施人力资源计划时,既要保证人员适度的流动性,又要使每个员工都能实现自身价值,从而留住杰出人才,保持组织活力和竞争力。

第三节 员工的选聘

一、招聘的程序与方法

员工招聘是组织为满足自身发展要求,吸引并选拔人才到组织中工作的过程。员工招聘是人力资源管理中的重要环节,是落实人力资源计划的重要步骤,它为组织增添了新的活力,有助于组织在管理思想和技术上的进步和革新,并且能够优化组织的人员结构。因此,招聘工作应得到管理者的高度重视。

为了保证员工招聘的高效性和合理性,必须按照一定的程序来组织选聘工作,主要包括制订招聘计划、初选、能力考核、选定员工、评价和反馈招聘效果几个步骤。

(一)制订招聘计划

当组织设置新的职位或出现职位空缺时,首先应当依据职位的类型、数量、任职要求等制订相应的招聘计划,同时成立选聘工作委员会或小组。招聘计划应该明确招聘信息发布的渠道和时间,并确定考核的方式以及招聘预算,避免招聘工作中的盲目性和随意性。

选聘工作小组可以由组织内专门的人事部门担任,也可以由各方利益代表组成专门或临时性机构。选聘工作小组利用适当的媒介,向组织内外部公布待聘职务的相关信息以及对应聘者的具体要求,鼓励符合条件的候选人积极应聘。

(二) 初选

当应聘者的数量较多时,招聘工作小组如果对每一个应聘者进行详细的了解将会产生非常高的成本,因此需要对所有的应聘者进行初步筛选。若应聘者是组织内部的员工,那么可以根据以往的人事考评记录来进行初选工作,对于组织外部的应聘者则需要通过简历筛选、电话交谈等方式,了解应聘者的真实情况,例如他们的技能、观点、工作经验等,淘汰那些明显不符合职位基本要求的应聘者。另外,管理者通过初选可以大致掌握应聘者的整体情况,做到心中有数,及时做出一些调整。

(三) 能力考核

对于初选合格的应聘者需要对其进行详细的材料审查和背景调查工作,并在确认后再对其进行细致的测试和评估,其内容主要包括以下几个方面。

(1) 智力与知识测评。该测试是通过考试的形式帮助招聘人员快速了解应聘者的能力水平和基本素质,包括智力测试和知识测试两项内容。其中,智力测试用于测评应聘者的观察分析能力、思维能力和应变能力等;知识测试用于测评应聘者是否具备所申请的职务所要求的基本技术知识和管理知识等,如果缺乏这些基本知识,候选人将无法胜任这份工作。

(2) 竞聘演讲与答辩。只依靠智力与知识测试不足以反映应聘者的素质全貌,因此,需要通过演讲和答辩全面地考察应聘者运用知识和智力的综合能力。竞聘演讲要求应聘者介绍自己任职后的规划和远景,并根据招聘人员的提问进行答辩。这种测评方式不仅可以为应聘者提供充分展示才华、自我表现的机会,也有助于选聘人员更加深入地了解应聘者的能力。

(3) 实际能力考核。为了考察应聘者在实际生活中的分析问题和解决问题的能力,还需要通过案例分析、情景模拟等方法对应聘者进行考核,将应聘者置身于一个更加真实的工作情景中并设置相应的问题,运用各种评价技术来观测和考察他对事物的应变能力以及工作能力,以判断他是否符合职务的要求。

(四) 选定员工

在完成所有的能力考核后,将各项成绩加权计算出每个应聘者的综合得分,并依据待聘职务具体要求选择最符合的人员。对于决定录用的人员,应当由部门主管再一次进行亲自面试,根据部门的实际情况,双方再做一次双向选择,最后决定录用与否。

(五) 评价和反馈招聘效果

对招聘效果的评价和反馈是招聘工作中一项重要的内容,首先需要对整个选聘工作的程序进行全面的检查,并且要对录用的员工进行追踪分析,根据部门主管、同事的评价以及工作绩效来检验原有招聘工作的成效,最后总结招聘工作中的不足,以便及时进行改进和修正。

二、员工招聘的渠道

如今,随着互联网的普及,员工招聘的渠道更加丰富,如媒体广告、猎头公司、招聘网站等。根据员工的来源不同,可以将招聘渠道分为外部选聘和内部招聘。

(一)外部选聘

外部选聘是根据组织制订的标准和程序从组织外部选拔符合职位要求的员工。员工的选择具有动态性,特别是对于一些高级管理人员岗位和对专业性要求较高的岗位,组织常常需要将选择的范围扩展到全国甚至全球的劳动力市场。

从组织外部选聘员工,会在一定程度上缓和组织内部竞争者之间的紧张关系,还可以为组织输送新鲜血液。从组织外部选聘的员工能够为组织带来新的管理方法与理念,他们不会受到组织固有程序的束缚,也不存在历史上的个人恩怨,因而在工作中不会受到人情网络的影响,工作起来更能放开手脚。但是,外聘者一般很难快速掌握组织内部复杂的情况,人事基础也相对薄弱,很难快速地进入工作的角色。因此,外聘者需要一段磨合期才能与组织现有的文化相适应,从而真正开展有效工作。如果组织过于注重从外部招聘管理人员,则会打击组织内部员工的工作热情和积极性。

典型的外部招聘渠道有以下几种。

(1)广告招聘。通过广播、报纸、网站等媒体渠道发布招聘信息广告是最常用的招聘方式,其传播速度快,覆盖面广。应聘者可以根据自己的情况选择适合的职业,减少盲目应聘,组织也可以通过此办法集中挑选需要的人才。一般而言,组织中空缺职位越高或者所需人才具备的技能越强,招聘广告的覆盖范围就应该越广。

(2)校园招聘。校园招聘是企业重要的招聘渠道之一,学校具有人才聚集度高的特性,可以为组织提供大量的人力资源。尽管应届毕业生相对来说缺乏丰富的工作经验,但是可塑性较强,容易接受新的组织文化和理念,具有活跃的思维和较强的学习能力,能够为组织注入新的活力,有利于组织的长远发展。校园招聘的主要方式有举办毕业生招聘会、张贴招聘广告、定期到学校宣传等,有些企业还通过赞助校园文艺、学术等活动来扩大企业知名度,吸引优秀人才的注意。

(3)猎头公司。猎头公司是一种服务性机构,近年来得到了快速的发展,是组织寻找高级管理人才的重要渠道之一。猎头公司主要有两类业务,一类为组织搜寻特定的人才,另一类是为各类高级人才寻找合适的工作岗位。猎头公司可以看作是企业和人才之间的桥梁,掌握着大量的人才信息和职务信息,拥有自己的人才数据库。他们在明确企业对特定人才的需要后,收集人才信息,并在这两类信息间寻求契合点,因此成功率一般都较高。

(4）员工推荐。员工推荐是指经组织内部员工或关联人员向组织推荐相识且符合职位要求的外部人员的一种选聘方式。员工推荐的人员的满意度一般要比广告等方式招募来的人员的满意度高，因为推荐人比较了解组织和岗位的需求，并且推荐成功与否也关系到推荐人在组织内的名声。另外，员工推荐的招聘方式也容易形成组织凝聚力，节省部分招聘成本。

（二）内部招聘

内部招聘是指组织内通过公司邮件、公告栏或口头传达、人事档案记录与分析等方式让全体员工了解现有的职务空缺、需要人数及任职资格等信息，鼓励员工积极应聘，争取更好的工作机会。现代大型企业集团都有自己的人才数据库，详细记录了员工各方面的信息，如历史资料、个人技能等，它将组织的人力资源信息做了极大限度的量化处理，保证每一个具备资格的员工都能得到充分考虑。另外，当出现突发性人员短缺时，企业通过人才数据库能够快速地在组织内部员工中挑选出符合要求的任职者来填补空缺，提高了人力资源管理的效率。

从组织内部招聘看似排斥外部人才，但这也体现出组织注重员工的培养和提升，员工有较大的发展空间。由于内部提升制度为组织中的员工给予更多的发展机会，提供美好的发展前景，外部的人才也会期望在这样的组织中工作。组织如果注重从组织内部选拔人才，会给每个员工都带来希望和机会，且会带来示范效应，如此可以鼓舞士气，激发员工的工作热情。另外，从组织内部选拔出来的员工更加熟悉组织中的各个机构、组织政策和人事关系，了解组织运行的特点，所以可以迅速地适应新的工作。但是，从内部提升的人员通常会受到上级管理方法的影响，并进行模仿。虽然能够使过去的经验和优良作风得到继承，但也会使得不良作风得以发展，管理方法和管理理念难以得到创新，管理水平难以得到提高。

（三）选择招聘渠道的影响因素

组织在选择招聘渠道时，必须根据实际情况和战略计划，对组织现有的人力资源状况进行分析，制订详细的人力资源规划，明确组织的用人政策。影响组织选择招聘渠道的因素主要有以下几个方面。

1. 所需选聘人才的层次

通常，组织在选拔高层管理人才时应遵循内部优先的原则。从内部选拔能够根据候选对象的以往表现，判断候选人与岗位的匹配性，并且内部选拔有利于组织战略的连续性。由于内部晋升的管理者长期受到组织文化的熏陶，更能深刻理解和领会组织的核心价值观，已经认同并成为组织文化的自觉执行者和传播者，所以更有利于组织文化的传承。

另外，高层管理者能力的充分发挥很大程度上受到团队工作效率的影响。内部培养的高层管理者对组织的环境和人际关系网络有充分的了解，对团队成员的能力和个性特征比较熟悉，能够充分发挥团队成员的作用。

2. 组织的环境

当组织的外部环境发生剧烈的变化时,组织应该从外部选聘人才。因为在动荡的环境中,行业的技术基础、竞争特征以及竞争规则可能发生根本性的变化,知识迅速更新,组织原有的特长和经验可能会成为组织适应环境的障碍,因此从组织外部、甚至行业外部吸纳人才成为组织生存发展的重要条件。实际上,在环境迅速变化的条件下,组织没有时间坐等内部人才的成熟,此时外部招聘才是更好的选择。

3. 组织所处的发展阶段

如果组织正处于快速成长阶段,往往需要大量的人力资源,仅仅依靠内部选拔和培养组织人才是无法跟上组织的发展速度的,此时应从组织外部招聘人才。如果组织处于成熟阶段或成长后期,组织的规模相对稳定,并且已经积累了一定的优秀的管理者和技术人才,此时内部选聘可能更加合适。

4. 组织战略以及组织文化调整的需要

当组织战略在长时期内不会发生重大调整时,需要原有的组织文化的支持,这时内部晋升可以保证组织文化的传承。相反,当组织根据外部环境及其他因素的变化需要对原来的战略进行调整时,通常也需要对组织文化进行改造。在这种情况下,内部员工对已经接受的价值观和行为准则更为熟悉,而对文化及行为的调整可能有抵触情绪。因此,此时从外部引进管理干部可以对原有的价值观和行为准则形成一定的冲击,从而促进组织的变革。

三、员工解聘

如果人力资源规划过程存在冗员、组织面临结构性收缩要求或员工存在违反组织政策的行为时,组织应当裁减一定的员工,这种变动称为解聘。表8-1列示了几种主要的解聘方案。

表 8-1 主要的解聘方案

方案	说明
解雇	永久性、非自愿地终止合同
临时解雇	临时性、非自愿地终止合同;可能持续若干天,也可能持续几年
自然裁员	对自愿辞退或正常退休腾出的职位空缺不予填补
调换岗位	横向或向下调换员工岗位,可减缓组织内的劳动力供求不平衡
缩短工作周	减少员工每周工作的时间,或进行工作分担,或以临时工的身份做这些工作
提前退休	为年龄大、资历深的员工提供激励,使其在正常退休期限前提早离位

对于任何管理者来说,不论以何种方式削减组织中员工的数量都是不容易的,但对于

组织的发展来说，有时解聘员工是非常必要的。一方面，解聘可以优化组织的员工组合。对于能力和职务要求不相称的员工，如果长期不进行调整，就会让企业承受沉重的负担。将不能胜任工作的员工淘汰下来，为更多的优秀人才提供机会，组织才会充满生机和活力。另一方面，解聘可以使员工更认真地对待自己的工作，将不符合组织要求的员工解聘，无疑会使那些不思进取的员工产生危机感，从而更加负责地对待自己的工作，增强他们的责任感和积极性。

因此，作为企业的人力资源管理者，不仅要清楚地认识到人才的重要性，掌握用人的技巧，还必须学会利用合理的淘汰机制提高组织效率。

第四节 员工培训

员工培训是一个系统的过程，旨在通过提高员工的综合素质和能力，以实现组织目标，也称为人力资源开发。随着人力资源的重要性日益凸显，员工培训作为人力资源开发与发展的基本工具，已经成为现代企业管理的重要手段和提高企业竞争力的重要组成部分。

一、员工培训的必要性

随着科学技术的迅速发展，人们需要不断丰富自己的知识与技能。为了使组织中各层级人员的工作技能跟上时代的要求，甚至成为行业的领先者，组织必须为员工提供持续的培训，使他们能够更好地掌握最新知识和技能，不断提高他们在决策、用人、沟通、创新等方面的综合能力。尤其是随着工作内容的日益复杂化和非个人行为化，组织内部的人际关系处理显得愈加重要，因此合作能力培训成为一项重要的内容，这也是衡量组织竞争力的一个重要指标。

对于企业的新员工，想要尽快适应并胜任工作，不仅需要自己努力学习，还需要企业提供一定的帮助。每个组织都有自己的文化价值观和基本行为准则，对于新聘的人员，必须根据组织环境和要求转变固有观念，逐步了解并融入组织文化中，建立共同的价值观念，并使这些价值观念与组织目标相一致，从而能够按照组织中普遍的行动准则来从事管理工作。员工培训也能使新员工了解组织的政策、技术发展、经营环境、绩效水平、市场情况等方面的信息，熟悉未来的合作伙伴。

有效的员工培训无论对员工个人发展，还是对组织的发展都是非常必要。员工培训可以让员工更符合企业文化要求，与企业同心同德，增进互信，从而稳定员工队伍，减少员工流失率。

二、员工培训的类型

（一）导入培训

在选聘结束后，组织中的人事部门应当对已经确定录用的员工给予必要的介绍和引导，向其介绍组织的基本情况以及所从事工作的基本要求等，也称为职前引导。

导入培训有助于缓解新员工在上岗前的焦虑和担忧，尽可能地减少员工不适应感，帮助他们了解所从事的本职工作以及组织的基本情况，如组织的历史、运营现状、未来的目标、工作理念、工作程序以及组织的相关规定等。导入培训有助于消除新员工那些不切实际的期望，使他们能够充分预测到工作中可能遇到的困难，并且掌握克服和解决这些困难的方法和渠道。导入培训也有助于新员工更好地确立工作目标、规划职业前景、熟悉工作同事以及如何进行合作等。

（二）在职培训

在职培训是将工作和培训紧密结合起来的一种培训方式，常见的形式有工作轮换、实习等。为了实现新的工作目标，使员工掌握新的技能和方法，把培训内容融入日常的工作中，在不离岗的情况下对员工进行培训，从而获得更有价值和更有意义的提升。在职培训有利于组织节约培训费用，并且有利于管理者与员工的沟通和交流，增加互相接触的机会。

（三）离岗培训

离岗培训是指为了使员工能够适应新的工作岗位要求而让员工离开工作岗位一段时间，专心致志地参与一些职外培训。最常见的离岗培训方式包括教室教学、影片教学以及模拟演练等。离岗培训可以在企业内部进行，也可以在企业外部进行。

三、员工培训的方法

（一）工作轮换

工作轮换包括管理工作轮换和非管理工作轮换。管理工作轮换是指在提拔某个管理人员之前，先让他在一些基层部门工作，熟悉不同部门的活动并积累管理经验，了解每个部门在整个组织中的地位、作用及其相互关系。非管理工作轮换主要是为了提高受训者的业务能力，熟悉组织中的各种业务，通常会根据他们的经历和能力，让他们在不同部门和岗位上工作一段时间。

但是，当员工到了一个新的职位时，由于对工作内容缺乏了解，因此在最初阶段他们的生产力水平会有所下降。此外，如果经常进行工作轮换会增加管理者的工作量和工作难度，一个职位的变动可能会影响其他相关职位随之变动，因此，管理者在运用工作轮换的培训方式时，需要从系统的角度出发，处理好局部与整体的关系。

（二）设置助理职务

设置助理职务是培训待提拔的管理人员的一个有效方法，受训人员通过观察主管工作，学习主管处理问题的方法，熟悉高层管理工作内容与要求，积累高层管理的经验，从而为今后的管理工作做准备。另一方面，可以减轻高层管理者的工作负担，使他们能够更加专注地处理更重要的事务。此外，上级还可以委派给助理一些重要的工作，如单独主持某个项目，在促进助理成长的同时观察他的组织能力和领导能力，从而确定是否有必要继续培养或是否给予他们提升的机会。

（三）讲授法

讲授法是一种传统的教学方式，老师通过语言文字向受培训的人员传授知识。这种培训方法比较适合规模较大、人数较多的企业，一次性传授的内容较多且比较全面，有利于员工系统地学习新知识，比较容易控制学习的进度。另外，讲授法的成本较低，最节省时间。

但是讲授法也有不足之处，大量的讲课内容会使得学员难以记忆和消化，并且无法顾及每个学员的个体差异，对授课人员的要求比较高。为了克服这些问题，授课法常常需要增加讨论、问答等形式，以提高每个学员的参与度。

（四）研讨法

研讨法是指在管理者的引导下，学员围绕某一个或几个主题进行交流，相互启发的培训方法。研讨法鼓励参与者发表不同的观点和意见，因此有较强的参与性，并且可以帮助学员加深对问题的全面认识和理解，有助于概念性或原理性知识的掌握和学习。这种培训方法的形式灵活多样，有较强的适应性。

研讨法的缺点是难于组织，因此对主持者的要求较高，需要积极引导以免跑题。研讨法的成功与否与参与者的学识水平高低有着密切的关系，在挑选讨论主题时也有一定的难度。因此，这种方法适用于规模较小，学员的综合能力较强的组织。

（五）角色扮演法

角色扮演是指让学员扮演分配给他们的角色，并给学员提供有关背景信息，如工作内容、人际关系等。角色扮演的本质在于建立一种虚拟的环境，让学员担任某一情境中具有特定性格的角色，更适用于感情及行为领域的培训。角色扮演有利于学员将情感和理智有机结合，从而达到塑造、改变学员态度和行为的目的。角色扮演的环境和目标更加明确，其主题也更加集中，因此在培训人与人之间关系的专门技能时，效果会更好。

由于角色扮演法着重体现的是参与扮演者自身存在的问题，不具有普遍性，因此不利于全面提高学员的能力。另外，情景的人为性强，现实性相对较弱，限制了角色的创新行为。在采用角色扮演法时，需要注意角色要求不能超过学员的能力范畴，否则培训效果会大打折扣。

（六）其他培训方式

近年来，随着技术的不断发展，培训者在培训项目中运用了很多新的技术，这些技术大大地提高了传统培训项目的有效性。尤其互联网培训受到了管理者的青睐，由于培训成本较低，简单易操作，得到了非常普遍的应用。互联网培训是指由网络进行传递，并通过浏览器进行视频播放和演示的培训方式。对于分散在不同地域的公司，可采用远程学习的培训方式。远程学习的方式有视频会议、录像以及教学软件等，只要拥有个人电脑，员工就可以随时接受培训。

第五节 绩效管理与薪酬制度

一、绩效与绩效管理

绩效是指从事某项活动所产生的成绩或可衡量的结果,是组织为实现其目标而展现在不同层面上的有效输出,它包括个人绩效和组织绩效两个方面。对于组织而言,绩效侧重于体现在一定的资源和环境下,组织目标的实现程度以及达成效率。对于个人而言,绩效侧重于体现在过去工作中的素质和能力,工作任务的完成情况,以及上级和同事的评价。

绩效管理是指各级管理者和员工为了达到组织目标共同参与的绩效计划制订、绩效辅导沟通、绩效考核评价、绩效结果应用、绩效目标提升的持续循环过程。绩效管理的目的是通过有效的体系,不断提升个人、部门和组织的绩效。

传统的绩效工作只局限于绩效考核的层面,而现代绩效管理则更加注重未来业绩的提高,管理者关注的重点转移为体系的有效性。一个有效的绩效管理体系包括科学的考核指标,合理的考核标准,以及与考核结果相对应的薪资福利支付和奖惩措施。纯粹的业绩考核使得绩效管理只停留在对过去工作的关注,只有更加注重绩效管理的后续作用才能把绩效管理工作的视角转移到未来绩效的不断提高。

二、绩效考评的作用

在人力资源管理中,绩效考评的作用体现在以下几个方面。

(一)实现目标

绩效评估的首要目标是为组织目标的实现提供支持,尤其是在进行重要的决策时,绩效评估的结果能够为管理者在制订初始计划过程中提供重要的参考依据,帮助他们及时纠偏,减少工作失误。

(二)促进成长

绩效考核的最终目的并不是单纯地进行利益分配,而是促进企业与员工的共同成长。绩效评估使员工能够了解他人对自己工作情况的评价,认识到自己的长处和弱点,及时进行改正和提升。绩效评估也有利于组织发现问题、改进问题,找到差距进行提升。

(三)激励人员

绩效评估的结果为确定员工的实际工作报酬提供决策依据,使得企业激励机制得到充分运用,有利于企业的健康发展。实际工作报酬必须与员工的实际能力和贡献相结合,这是组织分配制度的一条基本原则。同时,也有利员工建立不断自我激励的心理模式。

(四)调整岗位

绩效评估中对能力的考评是指通过对员工在一定时期内的业绩进行考察,评估他们的实际能力和发展潜力,以确定员工是否具备现任职务所需的素质和能力,是否具有担任更重要工作的潜能。组织必须根据员工在工作中的实际表现,对组织的人事安排做出必要的调整。应该把能力不足的员工安排到其力所能及的岗位上,对于有较大潜力的员工应提供更多的晋升机会。

三、绩效考评的程序

绩效考评的有效性很大程度上依赖于执行程序的合理性。在进行绩效考评之前,首先应该分析组织的内部因素和外部因素,确定哪些因素影响到了评估的有效性。在评估过程中,应尽量采用能够动态反映内外部环境变化的执行程序。通常,绩效考评的程序可以分为以下几个步骤。

(一)确定绩效评估目标

对于不同的部门、不同的岗位,需要评估的目标也是不同的,单一的绩效评价制度是无法适用于所有的目标的。例如,有些部门想要确定中层员工的潜能,而另一些部门需要对员工进行工资调整,显然,两者的评价目标不同,选用的评估制度也不同。因此,在对员工的能力和贡献进行评估时,首先要确定特定的绩效评估目标,然后根据不同岗位的工作性质,有针对性地设计和选择合理的考评制度。

(二)确定考评责任者

在确定绩效评估目标后,还要成立相应的考评团队,明确考评人员的职责。通常,考评工作被认为是由人事管理部门全权负责,但为了确保工作的正确性还需要被考评者的直线领导者参与。其中,人事部门的主要职责是组织、协调和执行考评方案。由于直线管理人员负有直接的领导责任,可以更直观地识别员工的能力和业绩,因此他们也要提供一定的考评依据。

(三)评价业绩

在确定特定的绩效评估目标和考评责任者后,必须依靠合理的绩效评价系统对员工进行考评。在考评过程中需要遵循公平、公正、公开的原则,杜绝平均主义和个人偏见。对员工的各项考评指标进行打分,并计算综合得分,在此基础之上得出结论,并对考评结论的主要内容进行分析。尤其应当检查考评中是否存在不符合事实以及不负责任的评价,以检验考评结论的有效性。

(四)公布考评结果,交流考评意见

在考评结束后,应当及时公布考评结果,如果员工对考评结果存在异议需要向上级及

时反馈,以便进行核查。考评结果不仅是对员工一段时间内工作成果的总结,也为员工提供了发现错误的机会和改进的方向,使员工了解组织对自己的能力和贡献的认可度。员工需要把握机会,认识到自己的不足之处,从而明确今后努力的方向,也可以与上级主管或同事共同讨论绩效评价过程中存在的问题,以便组织对评价制度进行不断的完善。

(五)备案绩效评估的结果

根据最终的考评结论,可以使组织识别那些具有较高发展潜力的员工,并根据员工成长的特点,确定其发展方向。同时还需要将绩效评估的结果进行备案,为员工今后的培训和认识调整提供充分的依据。

绩效评估的程序并不是一成不变的,如果组织处于动荡的环境中,还要保证绩效评估方法的灵活性和适应性,以确保能够达到理想的考核评估。尽管绩效评估的方法有很多,但是还没有一种适用于所有组织和所有目的的通用方法。因此,管理者在选择绩效评估方法时,必须根据实际需求和组织目标,保证评估结果既能符合评估目的,又能体现组织自身的特点。

四、员工绩效评价的方法

(一)员工特性评估法

员工特性评估法也称图表评价尺度法,是指先确定绩效评估的指标,然后将一定的分数或比重分配到各个绩效评估指标上,使每一项指标都有一个权重,再由评估者根据评估对象的表现情况给评估对象打分,最后计算出总分作为评估对象的绩效评估结果。常用的方法是图解式评估尺度指标法,主要是将员工行为分解为不同的测量维度,分别进行评估。因此,在量表中,对每一个指标都应该有明确的程度区分和内涵界定,以显示不同的绩效水平。

员工特性评估法的优点在于成本较低,并且通用性强,操作起来相对容易。但是指标模糊不确定,主观性太强,因此评价的效度和信度较低。

(二)工作行为评价法

1. 关键事件法

关键事件法是指根据员工在工作中所表现出来的一些关键行为进行评定的方法。由管理者将员工在工作中有代表性的行为记录下来,作为绩效评估的客观信息。关键事件法可以及时和具体地反映员工的优缺点以及潜力,可以和组织的目标联系起来,对组织所期望的行为进行重点考察。但是需要长期的、连续不断的记录,增加了管理者的工作负担,不利于进行群体的绩效比较和管理。

2. 行为锚定法

行为锚定法又称为定位等级法、行为期望量表法,也是一种根据员工行为特征评估员工绩效的方法,是关键事件法与量表法的结合。设计行为锚定法的目的是通过建立与不同绩效水平相联系的行为描述对绩效维度进行具体界定。其核心内容是在获取关键事件后，确定关键事件的评估等级，并根据部门业绩和工作情况对关键事件和评估等级进行调整，建立最终的工作绩效评估体系。行为锚定法可以有效地监督指导员工的行为，但是开发过程费时费力。

3. 行为观察法

行为观察法是行为锚定法的变体，也是运用关键事件来设计的绩效评估方法，但是通过更多的行为来评价绩效水平。行为观察法的评估指标不再是数字或描述性的语言，而是用一些与工作业绩紧密相关的行为作为评估的指标，在确定打分标准时，需要根据与标准行为的吻合程度来确定，汇总各项得分后，得出评估结果。它可以区分绩效水平的高低，客观性强、反馈信息具体，能为培训提供参考依据。但是需要管理者持续监控，成本较高，对复杂的工作不适用。

（三）目标管理法

目标管理法是指由下级与上司共同决定具体的绩效目标，并且定期检查完成目标进展情况的一种管理方式。目标管理法是结果导向型的考评方法，根据目标的完成情况来确定奖励或处罚，因此考评的重点主要为员工工作的成效和劳动的结果。目标管理法的优势在于评价标准相对简单且结果易于观测，因此不容易出现评价失误。其不足之处在于，无法在不同部门、不同职务之间设立统一目标，难以在不同的部门和职务之间进行横向的绩效比较。

（四）360度评估法

360度评估法是指在一个组织中，通过所有熟悉被评估者的人对其沟通技巧、人际关系、领导能力、行政能力等方面进行全面评估的一种方法。它的特点是评价维度多元化，打破了自上而下的传统评估方式，评价来源于自己、上级、下属、同事以及顾客等多角度的反馈。这种评价方式得出的结论更加有效和可靠，被评价者也更容易接受，增强了组织员工的参与性，有利于被评价者全面、客观地了解自己的优缺点，进而制订下一步的能力发展计划。但是，360度评估法的考核成本较高，考核培训的工作难度大。另外，需要确保保密性，以保证他人评估的客观性，但也存在某些员工发泄私愤的现象，因此，管理者应全面综合地考量评估结果。

【课后思考】

1. 浏览与人力资源管理有关的网站，思考目前中国企业人力资源管理面临的挑战。
2. 试分析管理人员内部晋升和外部招聘的优点和局限性。
3. 员工培训的目的是什么？
4. 不同层次的管理人员应具有哪些基本素质？

第九章　领导与领导理论

【教学目标】
1. 理解领导的概念及内涵，了解领导与管理的区别。
2. 掌握领导的功能、不同的领导方式以及领导者权力的来源。
3. 掌握领导特性理论，领导行为理论及领导权变理论。
4. 能够运用领导的基本理论和方法解决实际问题。

第一节　领 导 概 述

一、领导的概念

领导是管理的重要职能，是社会组织的普遍现象，领导和领导行为在任何社会组织中都不可或缺。事实证明，无论是对于一个国家还是一个企业，领导者至关重要，并且领导水平的高低，直接影响着组织的整体水平和运行发展。领导有名词和动词两种词性，在本书中，我们要探讨的"领导"是一种行为过程，也即领导的动词释义。

（一）领导的定义与内涵

对于领导的定义，不同的学者都有着自己独到的见解，到目前为止并未形成一个明确统一的定义；但国内时下比较认同的是著名学者周三多教授提出的定义，他将领导定义为"指挥、带领、引导和鼓励部下为实现目标而努力的过程"。

本书将领导定义为：引导和影响他人或组织，在一定条件下，通过激励、沟通、指挥等手段，带领被领导者或追随者，实现组织目标的行为过程。其中，实行指引和影响的人是领导者，接受这种指引和影响的人是被领导者，而一定的条件就是指领导过程所处的环境，所用的手段就是激励、沟通、指挥等。领导是一个动态过程，受到领导者、被领导者和环境三因素的制约。这三个因素可用如下数学模型表示：

领导 $=f$（领导者，被领导者，环境），即 $L=f(l, f, s)$。

对于领导的定义，我们可以从下几个方面加以理解。

1. 领导具有双主体

领导包含领导者和被领导者两个主体，也即实施领导的行为方和被领导的对象，二者密不可分、缺一不可。在企业组织中，领导者是拥有管理的职位权力，承担领导职责，开展领导工作，并能够对组织中的绝大部分员工实施影响的重要人员，是领导行为的发起者;然而,如果没有被领导者这一主体对象,领导者的工作也无法展开,领导职能也就不复存在。

2. 领导具有目的性

组织展开领导工作是具有特定的目的的,不是为了领导而领导,更不是为了享受"官威"而领导。领导的目的是实现组织或团体的长期目标和短期目标,在实现目标的过程中引领、指导、组织和控制下属,并制定相应的策略来实现预期目标。

3. 领导是一个动态过程

领导的有效性受到领导者素质、被领导者和客观环境三方面的制约,而这三者都是动态发展变化的,因此领导也是一个动态变化的过程。

4. 领导的本质是影响力

影响力可以使人们以一定的方式跟随某人,以某一种特定的过程来行动,它能够引导人们的行为,而组织中的领导者正是这个人。领导者拥有的影响力包括领导者的职位权力和个人影响力。一个优秀合格的领导者在领导过程中形成的影响力可以影响组织中的成员,引领他们,使他们信任领导者,并逐渐自动聚集到领导者的周围,心甘情愿地追随领导者。

5. 领导是一门艺术

领导并不简简单单是一门科学,更是一门艺术。在企业中的部分领导,在领导岗位工作做得很出色,但突然变换领导环境,便不能很好地胜任工作。究其原因,是领导工作到了更高的层次,其所面临的复杂性和不确定性更高,领导行为中艺术的成分也越高。领导并非一种循规蹈矩的组织职能,想要更好地实现领导职能,应该在领导过程中注意领导行为的艺术性,因此,领导者需要更好地适应复杂且充满不确定性的领导环境。

(二)领导与管理

在企业组织进程中,领导职能和管理职能有着密切的关系。从表面上看,两者似乎没有什么区别,并且通常在实际工作中将它们看作同一个职能;但事实上,两者既有密切联系,又有很大差异。

领导和管理有两个方面的共同点。其一,两者都是为组织的目标服务。领导和管理都是一种在组织内部通过影响他人进行协调的活动,是实现组织目标的过程。如果没有组织,而只是单独依靠个人,则无法展开领导和管理活动。其二,两者的职位权力都来源于组织的岗位设置。事实上,组织内部的管理岗位往往也是领导岗位。

但从宏观来看,领导其实只是管理的一个方面,属于管理活动的范畴;除了领导,管理还包括其他内容,如计划、组织、控制等。领导和管理的差别主要有以下两点:其一,领导是整体的,管理是局部的。领导侧重于战略,管理侧重于战术。领导活动注重对组织内部各个组成部分进行整体性的计划、协调和控制,而管理的目的在于提高某项工作的效率,是一种技术性较强的工作;其二,领导具有前瞻性,管理具有当前性。领导活动致力于整个组织发展方向的规定,要从根本上、宏观上把握活动过程,而管理则侧重于当前活动的落实,必须注意细节问题,要通过对当前人力、物力、财力、时间、信息的安排与配置,使各个因素得到合理运用。领导和管理具体差别如表 9-1 所示:

表 9-1　领导和管理的区别

不同点	领导	管理
含义	率领并引导组织成员完成组织目标,一般包括引导、指挥和控制等行为	负责并促使某项工作顺利进行,一般包括管辖、处理、约束、运用和安排等行为
职能范围	领导行为属于管理的范围	管理的范围比领导范围大
岗位	领导者必定是管理者	管理者未必是领导者
任务	给组织指引前进方向,为组织确定并带领组织成员实现奋斗的目标	贯彻落实领导提出的路线、方针和政策,推动组织向既定的方向迈进
对象	主要是人及其组织	包括人和事,但多为财、物、信息及管理系统
作用	统帅和协调全局性的工作	做好领导安排的局部范围或某方面工作
权力来源	正式或非正式的权利	职位赋予的正式权利
工作重点	分析研究组织与外界相关的重大、长期和广泛的问题	解决组织内的一些非重大、短期、策略性和技术性的问题
执行计划	一般采取激励和鼓舞的方式。在意识形态上动员和鼓励人们克服工作中的障碍与困难,推动各项工作顺利开展	在执行中强调采用控制的方式来解决问题,通过具体的详细的计划监督进程和结果
目标和结果	引起变革,通常是剧烈变革,并形成有效的改革能动性,并可充分挖掘组织成员的潜在能力	在一定程度上实现预期计划,维持企业秩序,一般只能发挥组织成员的现有能力

从以上对领导与管理关系的理解,我们可以看出,领导是从组织整体着手,制订相关工作计划及转变战略,不断推动组织进行各种改革,实现组织远景目标;而管理是执行领导的决策部署,是对某一种计划活动的过程的完成。领导和管理构成既相互区别又相互补充的两个体系,它们有自身不同的功能与特点,同时又是实现组织目标不可缺少的组成部分。

二、领导的作用

领导者对一个组织来说具有至关重要的作用,如果一个组织没有领导者带领,那么这个组织就会如一盘散沙。领导者在组织中,通过各种激励方式和手段带领组织成员实现组织目标,在这一过程中,领导者的具体作用包括以下几个方面。

(一)指挥作用

领导对于企业的作用从某种程度上可类比为指挥家对乐队的作用,它强调的是领导者统筹、把控全局的能力。在领导组织成员的过程中,领导者需要头脑清醒、思想敏锐,具有前瞻性和战略性,从而帮助成员认识到他们所处的环境和情况,并为成员们指示活动目标和实现这些目标的途径。只有领导者走在组织成员前面,亲自带头指导组织的成员,才能更好地发挥组织作用,进而实现组织目标。行之有效的指挥作用主要体现在两点:其一,领导者应帮助组织成员有效地了解组织的计划目标,并且掌握实现目标的方法;其二,领导者应引导下属采用正确的工作方法,尽最大的努力实现组织的既定目标。

(二)协调作用

协调作用是指在领导过程中,领导者需要积极协调组织各部门、各成员之间的关系和活动,调节可能存在的矛盾,增强组织凝聚力,使组织朝着共同目标迈进。在一个企业组织中,由于成员具有不同的知识、态度和能力,他们的兴趣、地位和角色往往也不同,因此他们对组织目标的理解也会有所差异。如果这时候领导者不能充分进行协调,可能会影响组织目标的实现。由此可见,领导者应该帮助组织成员从整个组织的角度和利益出发,去理解组织目标,使他们明确个人与组织之间的密切关系,从而有意识地服从组织目标。同时,领导者还有责任协调组织目标、部门目标和个人目标之间的关系,使三者的目标统一,在确保实现组织目标的前提下,满足组织成员的个人需求。

(三)激励作用

激励作用强调领导者应积极主动地鼓励组织成员,为组织成员排忧解难,激发员工创造能力,推动他们为谋求更广阔的发展空间和更长久的职业发展生涯而努力。人的惰性是与生俱来的,积极性却往往是需要激发的,也即人的积极性不具有自发性和长期保持性,因此,领导的激励作用就显得尤为重要。领导者激励的核心就在于调动被领导者的事业心、忠诚感和积极性,使他们能够保持士气高昂的工作态度,全身心地投入到组织工作中,尽自己最大的努力为组织目标的达成贡献一己之力。

(四)控制作用

控制作用是指领导者在组织中通过一定的方法和手段,对组织内的各项事务活动进行监督和检查,保证组织按照正确的轨道运行,从而实现组织的目标。和领导职能一样,领导的控制也是一个动态过程,需要在组织稳定性和组织活力之间寻求动态平衡。控制主要包括:根据行政法规和规章的标准进行控制;个人行为控制,以定期评估考核和奖惩作为表现形式;组织行为控制,对组织活动过程中的问题和缺陷加以纠正;非正式组织控制,通过感情沟通来进行。

三、领导方式

领导方式也就是指领导者如何对被领导者产生影响和作用的方式。领导方式有许多种,不同的领导方式都有其不同的特点。按照不同的划分标准,我们可将领导划分为不同的类型。

（一）按权力配置方式划分

1. 集权型领导

集权型领导是指领导者相对牢固地控制管理的制度权力，管理过程中的所有工作任务、方针、政策及方法都由领导者决定，然后布置给下属执行，是一种高度集权的领导方式。

2. 分权型领导

与集权型领导相比，分权型领导手中的权力更为分散，这种领导者会适当下放自己的权力。不同于事无巨细都要过问的集权型领导，分权型领导者不会对员工的工作之外的日常活动进行过多干预，只对组织的工作、目标以及政策进行决策，只关注工作的结果，不过问工作的细节。

3. 均权型领导

均权型领导与分权型领导的区别在于，分权型领导只是在集权型领导的基础上不过多的过问员工的日常工作内容，适当下放权力，而均权型领导者是将自己的权力按照其他人员的职责权限明确划分，并且这些人员在自己的职权范围内有一定的自主权。在这样一种领导方式下，组织内成员分工分责明确，组织运行井井有条，工作效率较高，可以使组织更好地达成组织的目标。

（二）按工作重心划分

1. 事务型领导

事务型领导者强调以工作为中心，工作重点在于提升工作效率，增加工作效益，追求以最低的经济投入获得最大的工作成果，评价工作成绩的指标为工作的数量、质量和达成目标的程度。

2. 人力型领导

人力型领导者强调以人为中心，尊重组织成员的个人权利和人格，注重发掘组织成员工作的积极主动性，注意改善工作环境，注重给予组织成员合理的物质待遇以及积极的鼓励和奖赏，不滥用权力惩罚下属和危害下属利益，使组织成员们保持身心健康和精神愉悦。

3. 人事并重型领导

人事并重型领导者认为，既要重视工作，也要重视人，两者不可偏废。事实上只注重工作或者只注重人，都是较为片面的，一项工作或计划要想顺利完成并且得到一个较好的结果，良好工作效率和优秀的工作人员都是不可分割的一部分。人事并重型领导强调既要充分发挥组织成员的主观能动性，也要改善工作的客观条件并且对工作要求严格，从而才能按时保质保量地完成工作计划，获得最佳工作效益。

(三) 按领导者对下属的态度划分

1. 体谅型领导

体谅型领导是指领导者十分关心体谅组织成员，注意组织成员的身心发展，并且能够和组织成员之间建立相互信任、相互依赖的友好关系，同时注重发现组织成员身上的闪光点，对于组织成员的出色工作能够进行赞扬，对于组织成员工作中的失误能够指出并鼓励其克服困难，提高工作水平。

2. 严厉型领导

严厉型领导是指领导者对组织成员的各方面的要求都十分严格，工作重心在于整个组织的发展以及组织目标的实现，而不在于组织成员个人能力的激发和培养。他们往往要求组织成员要明确个人的分工和责任，按照严格的纪律和规范工作，同时对组织成员的工作进行监督和考核，并且要求在必要的时候组织成员能够牺牲个人利益服从组织利益。

四、领导者的权力

(一) 权力与领导关系

权力从本质上来看是一种特殊的影响力，而领导的本质也是影响力，权力是影响力来源的基础，也可以说是领导工作的基石。权力在领导工作中有着十分重要的作用，两者的关系体现在以下几方面。

(1) 领导的本质是影响力，领导过程中影响力的基础就是权力，领导者的影响力来源于正式或者非正式的权力。

(2) 领导者对于权力的配置决定了领导工作的方式，权力配置过于集中会形成集权式的领导，权力配置相对分散会形成民主式的领导。

(3) 领导工作成功的前提是领导者能够正确运用权力，倘若一个领导者滥用职权，不仅仅会损害组织和组织成员的利益，使得组织目标无法实现，更有甚者还会使组织灭亡，承担相应的法律责任。

(二) 领导权力的来源

根据弗兰奇和瑞文的研究，领导权力主要有五种来源，分别为：强制权、奖赏权、法定权、专家权和感召权，这五种来源又分为职位赋予的权力以及来自领导者的个人威信两个方面。

1. 领导者的职位权力

职位权力是领导者的职位所赋予的权力，职位的大小决定权力的大小，与领导者的个人素质关联不大。这种权力具有一定的局限性，受到时间和范围等因素的限制，主要包括强制权、奖赏权和法定权。

（1）强制权力。强制权力也称为惩罚权力，是指领导者拥有的惩罚或控制的权力，通常通过一些精神、感情或物质上的威胁，强迫下属服从。这种权力往往是利用被领导者对于惩罚的心理恐惧以及惩罚带来的利益流失而影响和改变被领导者的态度及行为。强制权的使用虽然见效快，但是会在某种程度上损害员工的利益，容易引起员工的反感或抵制甚至是报复，需要谨慎对待。

（2）奖赏权力。奖赏性权力是一种可以带来积极效益或奖赏的权力，当被领导者很好地执行了工作命令或者执行了工作要求，领导者可以行使自己的奖赏权给予其一定的奖励。通常会奖励员工他们认为有价值的东西。在组织情境中，奖赏可以是奖金、职位晋升、股权等。领导奖赏权实施的有效性在于，领导者在奖赏时是否明确并满足员工的真正需求，有针对性地并且采用适当的方式进行奖赏才能有效，合乎被奖赏者的心意。

（3）法定权力。法定权力是指组织内各管理职位所固有的法定的正式的权力，包括决策权、组织权、指挥权、人事权、奖惩权。决策权是指在领导中起到至关重要的作用，领导的过程就是决策进行的过程，决策是否正确直接决定组织和领导者是否成功；组织权是指领导者对团体内部进行组织，包括对组织机构的合理设计，对组织纪律的规定，对人员的编配等；指挥权是对领导者决策，实施领导权力的必要保障；人事权是指对人员的挑选、录用、调配等权力；奖惩权是指对下属根据其表现情况进行奖励或者惩罚的权力。法定权力伴随着领导者任职的始终，从职位授予开始到职位罢免终止。

2. 领导者的威信

领导者的威信是一种非职位权力，权力的大小取决于他人认同的程度，与个人在组织中地位无必然联系，这种权力可能来自领导者的人格魅力、品德修养、实际业绩和知识技能等，主要包括专家权力和感召权力。

（1）专家权力。专家权力是指由个人的特殊技能或特定的专业知识而产生的权力。例如，知名学者和各领域的专家们在专业领域的高度成就，使得即使他们没有担任任何行政岗位，也在该领域的人员中具有很大的影响力；又或者病人之所以相信医生的诊断并遵照医嘱，是因为医生有较强的专业技能。因此专家权力往往是具有专家权力的个人，以其特有的专长、丰富的知识或者掌握的信息对其他组织成员产生重要影响。

（2）感召权力。感召权力又称统御权或参照权，是指领导者具备的个人品质、魅力、资源、经历等带来的影响力。这种权力的大小只取决于个人的素质和魅力，与职位的高低无关。一些体育、文艺明星和政治领袖都具有这种权力。但是这样一种权力是不稳定的，具有感召权力的人一旦失去个人魅力或者所拥有的资源，这种影响力就会逐渐消失。

综上可以看出，有效的领导不仅要依靠正式的职位权力，还必须具有个人的影响力，这样才会使被领导者心悦诚服，领导者才能更好地进行领导。

（三）正确对待权力

领导者为了确保在实际工作中能够正确运用组织所赋予的职位权力和其个人的影响力，必须掌握正确对待权力的三条原则。

1. 慎重用权

领导能力的关键在于影响他人的能力,而不是职位所赋予的权力。权力是有限的,影响力却是无穷的。领导的权力之所以被员工接受,是因为组织成员明白这种权力是大家共同实现组织目标所必需的。倘若领导者滥用权力,不但会导致组织目标无法实现,还会损害组织以及组织成员的利益,使组织成员与领导关系恶化,最终使领导者权力丧失。因此,领导者要在合理范围内运用手中的权力,并且通过权力的运用实现组织效益的最大化。

2. 客观公正用权

领导者在行使权力时,需要让被领导者相信,他们在这一过程中是客观公正的、不徇私情和不谋私利的。领导者也必须用行动来证明这一点。一旦组织成员发现领导者存在任何不公正以及谋私利的行为,组织成员会失去对领导者的信任,甚至检举揭发领导者,无论何种情况,都不利于组织的发展和组织目标的实现。所以领导者必须秉持廉明公正的原则,按照组织条例或法规的规定来行使自己的权力。

3. 例外处理

任何组织中都存在组织工作开展的规章制度,组织成员包括领导者都应该遵守并规范自己的行为。领导者要按照制度的要求正确使用手中的权力。但凡事都有例外,如果发生了突发及意外事件,即使制度上没有相关规定或违反规定,领导者也有权对特殊事件进行处理。或许有人会存在这样的疑问,如果不遵守规定不就不能保证规章制度的严肃性了吗?但事实上,规矩具有束缚性,而人是灵活的。这样的例外处理不仅没有破坏规章制度,反而使规章制度在执行的过程中表现得更加合理,更加符合实际情况。

第二节 领导理论

许多管理学家和心理学家对领导理论进行了长期的调查和实践,从不同角度进行研究,提出了各种理论去解决有效领导的问题。这些理论从研究的内容上看,大致可分为三类,即领导特性理论、领导行为理论和领导权变理论。领导特性理论主要揭示领导者应该具备的素质,领导者素质决定领导效率的高低;领导行为理论阐述领导的各种行为,认为领导的有效性不在于领导者个人的品质而在于行为;领导权变理论认为有效的领导不仅取决于他们的行为,还与他们所处的环境有关。

一、领导特性理论

领导特性理论主要研究有效的领导者应具备的个人特征,揭示领导者的个人特征及其影响力对领导结果好坏的影响。传统特性理论认为领导者的特性是天生的,由遗传所决定。而现代特性理论则认为领导者的特性是在实践中形成的，是可以通过教育培训出来的。

由于不同的领导对象以及所处的环境因素具有差异性，对于领导者应该具有的个人特征并无统一定论。但有一些基本的共有特性却是领导者应具备的。领导者个人特性由能力特性和品质特性构成。

（一）能力特性

领导者个人能力特性一般表现在专业能力、人际关系协调能力和领导专项能力三个方面。强有力的个人能力特性能使领导者富有成效地开展工作，赢得下属的敬佩与尊重。

（1）专业能力。是指涉及管理对象在专项管理方法、加工方法、工艺流程等活动中所需的专业知识和技能。

（2）人际关系协调能力。是指领导者要能够协调好自身与组织成员的关系，并使组织成员们之间团结协作，关系融洽。其具体表现在妥善处理矛盾冲突、树立协作精神与团队精神、营造良好的人际关系氛围方面。

（3）领导专项能力。主要指洞察力，要求领导者在发现问题后，能够分析问题的实质进而策划出有效的解决方案；决断力，要求领导者目光长远，能够从全局出发，有见解地、果断地选择解决问题的方案；鼓动力，要求领导者能够积极主动地鼓励、号召及感染组织成员。此外，还有组织能力、指挥能力、控制能力和公关能力等。

（二）品质特性

领导者个人品质特性一般表现在学识、经验、品德、工作作风、意志、信用和亲善等几个方面。优良的品质特性可以使领导者产生强大的人格魅力，受到下属的爱戴，进而使下属信服与追随。领导者个人品质对下属的个人品质具有强烈的影响力。

（1）学识。一个人的能力大小是与他所具有的学识紧密相关。现代科技越来越先进，领导者所面临的环境越来越复杂，竞争越来越激烈，要想使组织求得生存与发展，客观上就要求领导者必须掌握并不断更新履行领导职责所必需的相关知识，同时还要努力去创建学习型组织。此外，学识渊博的领导者更容易取得下属的信任，并由此产生信赖感和依赖感。

（2）经验。经验是自己或他人过去某种付出的积累，在处理复杂而紧迫的事务时，经验往往起到至关重要的作用。领导者虽不能唯经验行事，但亦不能忽视经验的宝贵作用，而是应当不断地去总结、积累自己的经验和借鉴他人的经验，并加以灵活地应用。经验是一种财富，是下属对领导者产生信任感的一个重要因素。

（3）品德。主要是指个人在待人处事原则、责任心、心胸、生活作风等方面的品质与德行。高尚的品德会给领导者树立起威信，并起到表率作用，进而影响到下属的品德。

（4）工作作风。领导者优良的工作作风主要表现为，做事严谨求实、果敢、雷厉风行、善始善终等。

（5）意志。领导者坚强的意志主要表现为，坚毅，临危不惧，坚韧不拔，百折不挠、执着，锲而不舍等。

(6) 信用。领导者的信用主要表现为，诚实、守信等。

(7) 亲善。领导者的亲善主要表现为平易近人、亲切友好、乐于助人、与人为善等。

二、领导行为理论

领导行为理论萌芽于 20 世纪 40 年代，许多心理和管理学家在研究中发现，在领导过程中领导行为与领导效率之间有着很大的联系。由于领导特性理论存在一定的缺陷，研究者们希望通过对领导行为研究来解释领导的有效性。他们的研究主要为领导者关注的重点以及领导者的决策方式。具有代表性的理论主要有：勒温的领导三分理论、俄亥俄州立大学的四分图理论、管理方格理论以及连续统一体理论。

（一）勒温的领导三分理论

从 20 世纪 30 年代起，美国艾奥瓦大学的研究者科特·勒温和他的同事对团体气氛以及领导风格进行研究。通过研究，他们发现一个组织中的领导者在进行领导工作时，通常会使用多种不同的方式去表现他们的领导角色，而不是一成不变地只表现某一种领导风格。并且每一种领导风格对组织成员的工作状态以及工作效率都有着不同的影响。为了解释领导的有效性，勒温的团队主要对专制型、民主型和放任型这三种领导风格进行了分析。

1. 三种领导类型

（1）专制型领导。专制型领导者把领导权力都集中在个人手中，靠权力和强制命令来进行管理，独断专行，不重视组织成员的意见。这种领导者只关注工作本身以及组织的目标是否能够高效实现，对组织成员的关心不够。这样就会导致领导者和组织成员之间有较强的距离感，成员的工作氛围比较紧张与严肃，还会导致组织成员在工作过程中容易变得机械化以及产生挫折感。

（2）民主型领导。民主型领导者把权力集中在集体，向被领导者授权，组织的重大决策和政策均由集体成员参与讨论决定，共同执行。这种领导者擅长激发组织成员们的潜力，积极主动地鼓励成员们参与到组织的决策中，并且能够听取成员们有针对性的意见或建议。组织在这样的领导带领下，工作氛围较为民主和轻松，组织成员们会有一种被认同感和被需要感，工作动力会更强，工作效率也会有相应的提高，并且加强了与领导者之间的交流，彼此能够互相尊重与信任，有利于组织整体目标的实现。

（3）放任型领导。放任型领导者管理下的组织成员有着充分的自由，可以自己做出决策，并按照个人觉得适合的方式完成工作。在这样一种方式的领导下，组织成员看似有较高的参与度，但实际上，对于组织整体而言，组织内的个体自成一派，互相之间较少交流，组织内人际关系淡薄，团体凝聚力不高，从而会使组织工作的进展不稳定，不利于达成组织目标。

2. 三种领导风格的有效性

为了研究究竟哪种领导风格更加有效，勒温和他的团队进行了相关实验。首先他们找来了一批志愿者，这批志愿者的人格、家庭、年龄、经济和社会地位等诸多因素都较为相似。勒温等人带领这批志愿者分别学习专制型、民主型和放任型这三种领导风格中的一种。然后让他们去担任学生课外兴趣活动小组的领导，主管各个不同的学生群体。

结果发现，专制型领导者所领导的群体与民主型领导者所领导的群体工作绩效大体相当；放任型领导者所领导的群体的绩效低于专制型和民主型领导者所领导的群体；民主型领导者所领导的群体的工作质量与工作满意度更高。由此可以看出，民主型领导者所带领的团队似乎会有更加出色的工作表现，团队成员的个人满意度也较高，因此，勒温等人初步得出结论，认为民主型领导风格或许会是最有效的领导风格。

但是，随着实验的推进，他们又发现了一些不一样的结果。虽然在民主型领导风格下的工作相比而言看起来有更加有效，但在某些情况中，比如有限时任务或者发生了紧急事态，民主型领导风格带来的工作绩效甚至可能会低于专制型领导风格。因为在这种情况下，民主型领导作出决策可能需要花费更多的时间，而专制型领导者只需根据整体情况作出快速决断然后交由下属执行，当然这是基于专制型领导者作出正确决断的基础上。但是关于群体成员工作满意度的研究结果则与以前的研究结果相一致。由此勒温等人认为，通常在民主型的领导风格下，成员的工作满意度会更高。

3. 勒温的三种极端领导方式理论的应用意义

不同于只强调领导者个人素质的领导行为理论，勒温等人根据领导者的行为把领导者划分为不同的领导风格，研究不同领导风格对组织成员的工作绩效的影响，并且运用实验的方法加以验证，无论是对实际的管理工作还是后来相关理论的提出，都提供了重要依据。

但是勒温的理论也不是完美的，存在一定的局限。纵观实际组织与企业中的领导者们，可以发现，几乎没有哪一个领导者是特别极端的，大多数领导者都是综合了三种领导风格，并且依据实际情况在三种风格中切换。勒温的理论只注重了领导风格本身，把领导者划分为三种不同的领导类型，但他没有把环境因素考虑到其中。事实上，领导者的领导行为除了受到自身领导风格的影响外，还受被领导者和周边环境的影响。

（二）俄亥俄州立大学的四分图理论

1945年美国俄亥俄州立大学对大型组织的领导行为进行了一系列深入的研究，提出了四分图理论。

1. 理论内容

研究员弗莱希曼和他的同事们以国际收割机公司的一家卡车生产厂为调查对象，列举了1000多种描述领导行为的因素，最后将这些因素归为两类：一类是结构维度，一类是关怀维度。

（1）结构维度。该维度是基于组织结构，以工作为中心，强调组织的需要。领导者为了带领组织成员实现组织目标,就需要规定成员的工作职责和关系,建立明确的组织形态、信息沟通渠道及工作程序方法,要求群体成员遵守标准的规章制度,并使用职权与奖惩进行监控,保证组织绩效目标的实现。这是一种重视结构的领导行为。

(2) 关怀维度。该维度以组织成员为中心,注重对组织成员的关怀,强调成员个人的需要。在这一维度中,领导者与组织成员之间可以建立良好的友谊,互相信任与依赖,领导者尊重组织成员的意见,关心成员们的需要。这是一种重视下属及与其之间的关系的行为。

这两类因素可以划分为四个方面,即高结构、低结构、高关怀、低关怀,在一个领导者身上,其中的两个方面可以任意组合。以二维坐标来表示这四个方面的组合情况,如图 9-1 所示。

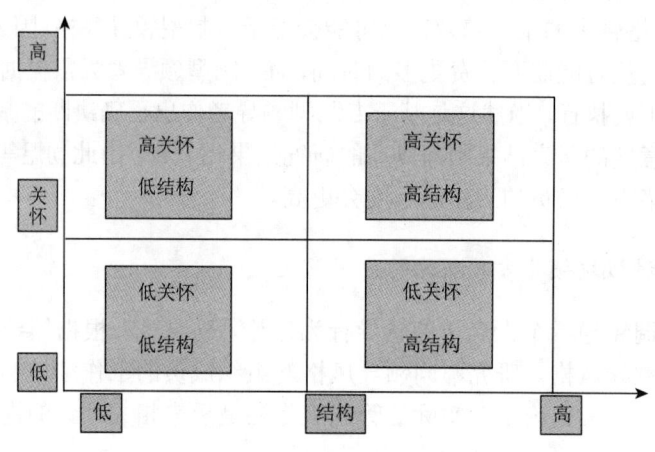

图 9-1　领导行为四分图

2. 研究结论

研究发现:高结构低关怀的领导者,最关心的是工作任务;低结构高关怀的领导者大多注重领导者与组织成员之间的交流合作;低结构低关怀的领导者对组织和人都漠不关心,一般来说这种领导方式效果较差;高结构高关怀的领导者,常常比其他三种类型的领导者更能使组织工作达到高绩效和高满意度。

总之,四分理论研究表明,一般来说,高结构高关怀型领导风格能够产生积极效果。虽然其他人的研究未必支持上述结论,但该理论带动了此后学术界对领导问题的研究和讨论。

(三) 管理方格理论

1. 管理方格理论的概念

管理方格理论是由美国得克萨斯大学的行为科学家罗伯特·布莱克和简·莫顿在领导行为四分理论的基础上提出来的。管理方格图的提出改变了以往各种理论中,以工作为中心或者以组织成员为中心的绝对化理论,指出领导者应把对组织关心和对成员关心的两种领导方式进行结合。

2. 管理方格图的内容

研究人员就企业中的领导方式问题提出了管理方格法,一张纵轴和横轴各 9 等分的方格图,纵轴和横轴分别表示企业领导者对人和对组织的关心程度。1.1 表示关心程度最小,9.9 表示关心程度最大。全图总共 81 个小方格,分别表示"关心工作"和"关心人"这两个基本因素以不同比例结合的领导方式。管理方格图如图 9-2 所示。

(1) 1.1 型。贫乏型管理,领导者对人和工作的关心程度都很低,可以说是漠不关心,只维持自己职务最低限度的工作。实际上这样一种领导已经放弃了他的领导职责,这种极端情况较为少见。

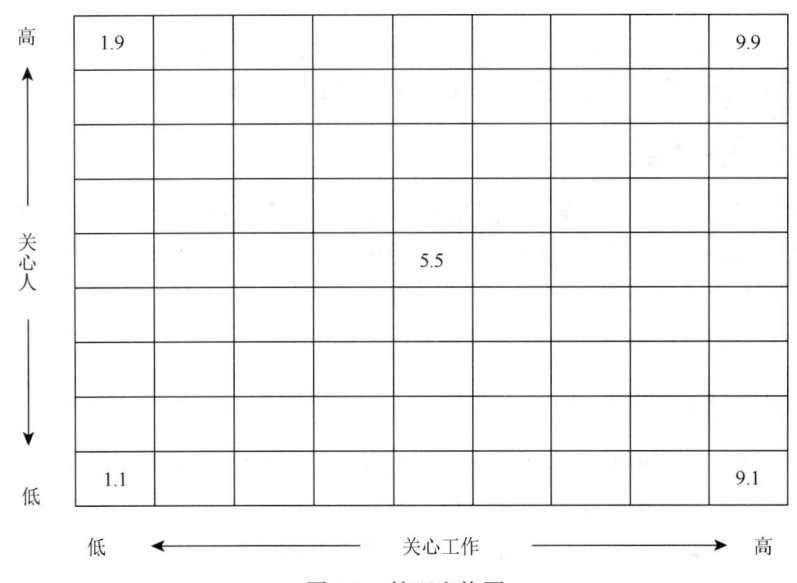

图 9-2 管理方格图

(2) 9.1 型。任务型管理,领导者对工作的关心程度极高,努力创造最佳的工作条件,但忽略了对人的关心,组织成员的工作创造力和积极性得不到充分发挥。

(3) 1.9 型。俱乐部型管理,亦称"老好人"领导。这种领导者只关心人,不关心工作。这种领导认为人际关系是第一位的,重视与下属之间的关系。但是领导对工作漠不关心可能会导致下属因为与领导关系好而不认真对待工作。

(4) 5.5 型。平庸型管理,领导者对工作和人都有一定程度的关心,双方都不偏重。这样的领导方式看似平衡,但实际上这种领导安于现状没有较强的进取心。

(5) 9.9 型。团队型或协调型管理,领导者对工作和人都极为关心。既重视工作绩效又重视人员的激励和沟通,是一种较为理想的领导方式。这种类型的领导者通常都积极进取,在组织成员中有较高的威信,是一种最好的领导类型。

以上 5 种领导方式的比较如表 9-2 所示。

表 9-2 五种领导方式的比较

管理方式	特点	评价
贫乏型管理	放弃职责	将导致失败
任务型管理	通过权力与控制进行运作，只关心任务	员工士气不足
俱乐部型管理	重视创建友好气氛	难以完成任务
平庸型管理	致力于完成工作与维持员工关系的平衡	缺乏创新
团队型管理	让群体成员广泛参与，为目标奋斗	最为有效的领导方式

3. 管理方格理论对管理工作的启示

管理方格理论的相关内容为领导理论的研究和实际管理工作的开展都带来了许多重要意义。它启示领导者在实际管理工作中，既要重视工作，也要重视人。领导者一方面要高度重视工作决策，对下属提出严格的工作要求；一方面也要关心下属的个人需要，为他们创造良好的工作环境，给予适当的激励，从而使组织目标高效实现。

（四）连续统一体理论

1958 年，美国学者罗伯特·坦南鲍姆和沃伦·施密特研究认为领导方式存在着两个以上的多种不同因素不同程度的组合，这样的组合在以领导者为中心的专制式领导和以下属为中心的民主式领导的两极之间，受到组织内部环境和社会外部环境的影响，是一个连续模型，基于此他们提出了连续统一体理论。

1. 连续统一体理论的内容

连续统一体理论的模型如图 9-3 所示。从图中可以看出，模型左端是专制型领导，模型右端是民主型领导。在专制型领导部分，领导决定一切，下属几乎没有任何自由。虽然下属的积极性难以调动，但领导的命令可以得到很好的执行。在民主领导部分，下属有较大的自由度，领导较少行使职权，这种方式能够较好地满足下属的个人需要，但组织的效益或许难以保证。

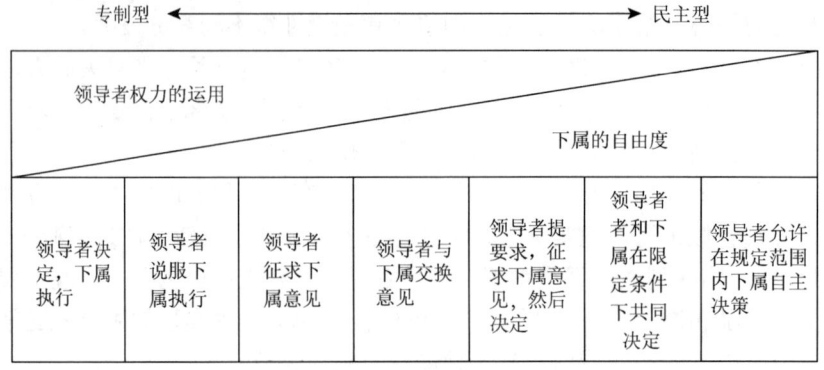

图 9-3 连续统一体模型

连续统一体理论认为,在专制型领导与民主型领导之间,有多种选择,并不是非此即彼,有效的领导者应该根据自己以及下属的能力、工作的性质和任务要求等多方面的因素,灵活选择最为适当的领导方式。具体来看,有七种代表性的领导模式。

(1) 领导者决定,下属执行。这是一种集权的领导模式,面对问题,仅仅需要领导者进行决策,下属完全不参与,然后由领导者选择出一个解决办法,规划工作计划,交由下属执行。

(2) 领导者说服下属执行。这种模式与前一种较为相似,也是领导者作出决策并交给下属执行,但是不同之处在于,该模式中增加了一个环节,那就是在交由下属执行解决办法前,领导者会说服下属接受这个决策,而不是强制式的直接命令。因为在实际管理工作中,面对领导的决策下级可能会有一些反对意见,因此领导者可以向下级解释该决策的意义以及带来的效益,进而消除一些异议。

(3) 领导者征求下属意见。这种模式中,领导者内心期望下级能接受他的决策,但是他不采取强制命令或者直接说服下级的方式,而是向下级提供一份有关他的决策的意图的详细说明,同时征求下级对该决策的意见,再综合部署工作任务。通过这种方式,领导者既可以使下级了解自己的意图,又可以根据下级的意见,进一步思考该决策是否完备。

(4) 领导者同下级交换意见。领导者首先提出一个初步计划,然后让下级提出相关建议,并通过与下级讨论交换意见来确定最终的决策工作计划,但是领导者本身在决策中还是占据主导位置,可以选择接受或者不接受下级的意见。该模式使下属参与到决策中,允许下级对决策发表自己的看法。

(5) 领导者提出问题,征求下属意见然后决定。这种模式同前几种不同之处在于,前几种都是面对问题,领导者作出决策后再征求下属的意见。而该种模式是领导者向下级提出需要解决的问题,然后根据下级对这一问题提出的办法和建议,再结合领导者本身的看法,做出最终的决策。这样做可以充分吸收组织成员的知识和经验。

(6) 领导者和下属在限定条件下共同决定。在这种模式中,领导者先解释清楚需要解决的问题,并给要做出的决策规定了必要的界限,然后把决策权交给下级全体人员。例如:公司要承接某一项目,领导者提出这一项目计划,并规定该项目应该达到的目标、实现项目的资金、完成项目的日期以及相关规定等,然后授权给某一部门去做出具体决定。

(7) 领导者允许在规定范围内下属自主决策。这种模式下,领导者会给下属划分一个范围并明确相关规定。在这一范围内,领导者给下属充分的民主与自由,下级拥有自主决策权。当领导者参与到该范围的决策时,他的权力与下级成员平等。

上述各种模式各有优劣,不能简单地评价其好坏,具体使用哪种模式要依据实际情况来确定。如果下属有独立做出决定并承担责任的愿望和要求,并且他们已经做好了这样的准备,他们能理解所规定的目标和任务以及有能力承担这些任务,领导者就应给下级较大的自主权力。如果这些条件不具备,领导者就不应该把权力授予下级。

2. 连续统一体理论对管理工作的启示

连续统一体理论不是把领导者的行为进行简单划分,而是指出成功的领导者应该能够评估自身所处的环境因素以及其带来的影响,并且能够根据这些条件和因素来确定自己的领导方式进而采取相应的行动。

这一理论指出,首先,领导者要能够准确理解自己,理解所领导的组织成员,理解自身所处的组织以及社会环境。其次,领导者要能够正确认识自己的行为方式,明白自己行使权力、发号施令的时机,以及授予下级自主权的时机。

但该理论也存在一定的不足,他们将影响领导方式的因素即领导者、组织成员和环境定义为静态的,但实际上这些因素之间相互作用与影响,他们对影响因素的动力特征没有足够的重视。

三、领导权变理论

领导特性理论、领导行为理论分别从不同角度探讨了有效领导问题,但这两种理论都无法解释为什么具有同样特征或采用相同领导方式的领导者会导致不同的结果。领导的权变理论主要是探讨各种环境因素对领导者特征及行为与领导的有效性关系的影响。权变理论认为在不同的处境下需要不同的特征和行为才能达到有效的管理。典型的权变理论主要有费德勒权变模型、路径-目标理论和领导生命周期理论三种。

(一)费德勒权变模型

美国管理学家弗雷德·费德勒提出的权变理论在权变领导理论方面最具影响力,受到许多人的肯定和认同。费德勒认为不存在确定的能普遍应用于不同情景的领导模式,并且只要与环境相适应,任何一种领导形态均可能有效。

1. 费德勒理论的基本观点

费德勒提出了两种领导风格和三种环境因素。

费德勒确定了任务导向和关系导向两种领导风格。费德勒认为,个人的领导风格是内在个性的一部分,虽然在某些条件下可以改变,但绝非易事,领导的行为方式依据领导人的个性而定,基本不会有太大的改变。因此,领导者的领导风格是任务导向的还是关系导向的是可以确定的。

基于此,费德勒为"你最不喜欢的同事"(LPC)设计了一份问卷,由测试人员填写,以判断他们是任务导向还是关系导向。判断的依据是:一个领导如果能对自己不喜欢的同事给予较高的评价,说明他对人宽容体贴,提倡人与人之间的友好关系,领导风格民主,LPC 值较高。如果他对自己不喜欢的同事评价很低,那他就是一个以工作任务为中心的领导,领导风格比较专制,LPC 值也比较低。

此外,费德勒还分析了环境因素,通过研究,费德勒认为领导的有效性与领导者所处的环境有关,因此他提出了三种环境影响因素,主要表现在以下几个方面:①上下级关系,指领导者和下属之间的关系,包括下属是否积极地跟随领导,领导者是否对下属具有吸引力,是否得到下属的尊敬、信任和爱戴等;②任务结构,指组织内部的任务是否明确,是否有详细的规划;③职位权力,指领导者的职位能否提供足够和明确的权力,能否获得上级和整个组织的有力支持。

费德勒将三种环境因素任意组合成八种情况,如图 9-4 所示。

从图中可以看出,在对领导情景最有利(1、2、3)和最不利(8)的情况下,采用任务导向的效果较好;在对领导情景中等有利(4、5、6、7)的情况下,采用关系导向效果较好。领导风格的情景有利性,并不完全取决于 LPC 值的高低,只要领导风格能够和情景相适应,都可以取得较为理想的领导效果。所以无论是任务导向型还是关系导向型,只要在实际情境中适用,都是较为有效的领导。

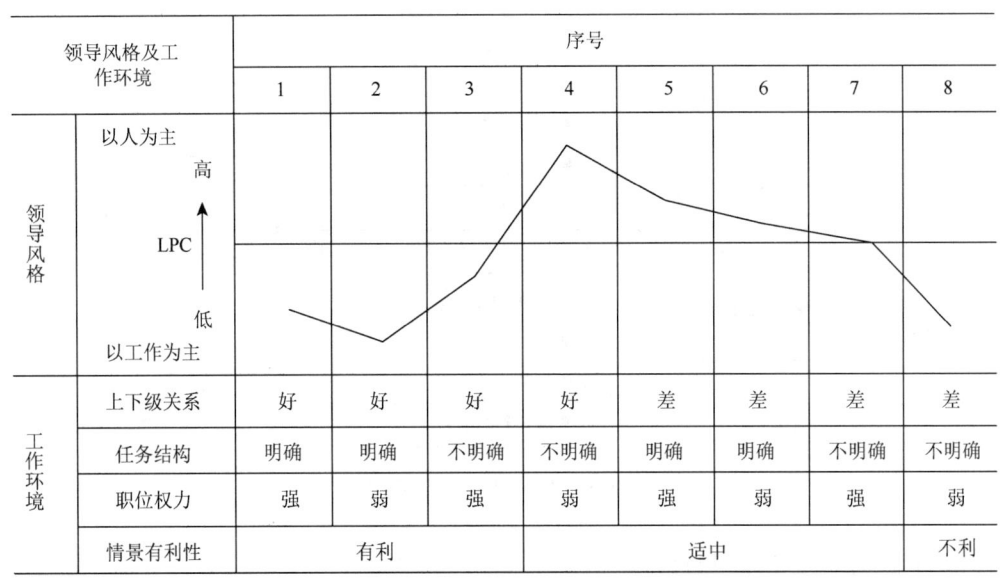

图 9-4 费德勒权变模型

因此,费德勒提出,提高领导的有效性有两种途径。一是使领导者适应情景,也就是先判断在此情境下哪种领导方式更为有效,然后选择擅长这种领导方式的领导者或者对此前选定的领导者进行培训,使其具备此情景要求的领导风格。这种方法也可以看作是传统的人员招聘和培训,根据实际情况与需求,去选择适合的领导者。二是改变情景适应领导,也就是根据领导者的领导方式,改变他所处的工作环境。这种方法实际上是先判断该领导的领导风格及才能,然后安排相应的适合他的领导工作。

2. 费德勒权变模型的理论意义

(1)该理论强调了有效的领导和应该采取的领导方式,为研究领导行为指出了新方向。

(2)该理论指出不存在任何一种绝对完美的领导形态,每种领导方式都必须要考虑环境等权变因素。

(3)该理论指出了选拔领导人的原则,在最好的或最坏的情况下,应选用任务导向的领导,反之则选用关系导向者。

（4）该理论指出必要时可以通过环境改造以适应领导者，这比改变领导者的领导风格要容易得多。

（二）路径-目标理论

加拿大多伦多大学的组织行为学教授罗伯特·豪斯和伦斯·米切尔等人提出了路径-目标领导理论。该理论立足于下属而非领导者，它核心在于，领导者的任务是帮助下属达到目标，并提供必要的指导和支持，以确保下属的目标与组织的总体目标相一致。该理论模型如图 9-5 所示。

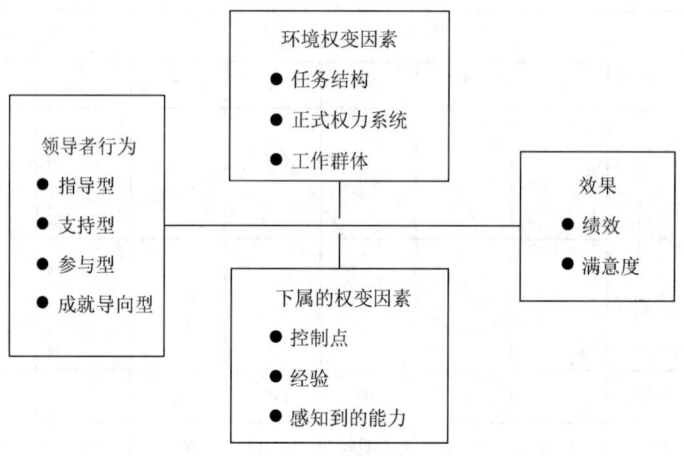

图 9-5　路径-目标理论模型

1. 路径-目标理论模型的内容

路径-目标理论具有三种权变因素：领导者行为、情境因素以及满足下属需求的奖励即效果。它主要强调领导者改变自己的行为来适应环境的变化。

1）领导者行为

豪斯确定的 4 种领导行为如下。

指导型领导。这种类型的领导对下属的行为会进行较为严格的定义，领导者们会让下属明确组织的工作计划、行为准则以及完成工作的时间安排，并对如何完成任务给予具体指导。当工作任务较为模糊或者下属对工作不太熟悉时，可以采取该种领导方式。

支持型领导。采取这种领导方式的领导者们较为友善和平易近人，会积极主动地关心下属，并表现出对他们需求的关怀。组织在这种领导的带领下往往会呈现出一种平等民主的氛围。这种领导方式适合工作高度程序化并且枯燥无味的情景，以领导的关怀来弥补工作本身吸引力的不足。

参与型领导。这类领导者在进行决策时会征求下属的意见，鼓励下属参与到组织决策过程中。当工作任务相当复杂并且需要成员之间的合作或者下属具有完成任务的足够能力时，采用这种领导方式较为合适。

成就导向型领导。这类领导者会为下属设置具有挑战性的目标，强调高质量的工作成果,并且在工作中会给予下属一定的帮助,期望下属实现最佳水平。

2)情境因素

路径-目标理论与费德勒理论的不同之处在于,路径-目标理论强调领导者的行为并不是一成不变的,如果领导者身处的环境、情景发生改变,那么领导者的风格很可能也会发生相应的改变。因此该理论提出了两种情景权变因素作为领导行为与结果之间关系的中间变量。

环境权变因素:即工作环境,包括任务结构、正式权力系统以及工作群体。任务结构包括对任务的定义以及对工作和工作过程的明确描述;正式权力系统包括领导者合法权力的使用程度以及政策规章对下属的规范程度;工作群体指下属自身的受教育程度以及他们之间的关系。

下属的权变因素:包括下属的控制点、经验和感知到的能力,也就是下属对于自身行为结果的内因或外因的解释以及员工对于自身完成任务努力的评价。

3)效果

路径-目标理论中的效果也就是奖励的使用,包括员工的绩效和满意度。领导者的责任之一就是为下属指明受到奖励的途径以及如何增加被奖励的数量以增强员工的工作业绩和满意度。

2. 路径-目标理论所得出的结论

这一理论指出,在领导者实施领导职能的过程中,领导者的行为与环境结构以及下属的特点密切相关,并且当环境结构相比而言显得重复多余或者下属的特点与领导行为存在着较多的不一致时,领导的效果均不是很好。因此,该理论得出如下结论。

领导者的领导方式与任务结构密切相关。对于指导型领导者来说,他们更适合任务结构不明确或者压力过大的任务,在他们的领导下,下属会有更高的满意度。对于成就取向型领导而言,当组织内的任务结构不清时,他们会给予下属一定的信心和期望,使下属相信,只要他们努力奋进,就一定会完成工作目标,带来效益。对于支持型领导来说,当下属执行结构化程度较高的任务时,在这类领导的带领下,下属会有更高的工作积极性和满意度,因而工作上会带来更高的绩效。

此外,组织中的权力关系、组织内成员的关系以及下属的能力都对领导方式有一定的影响。当组织中的正式权力关系越明确、越官僚化,领导者越应表现出支持型行为,降低指导型行为。当组织中的成员内部存在比较激烈的冲突时,更适合指导型领导者,他们会解决冲突,为员工带来更高的满意度。对于下属而言,如果下属的能力较强或者经验丰富,那么他就更适合成就取向型以及支持型领导者,指导型领导者对于这类下属的作用不大。

尽管路径-目标领导理论提出了情境因素,但是一些管理学家仍然认为该理论还存在一定的缺陷,不够完备。比如在对确定领导方式时应考虑的多种因素及其相互关系尚待进一步研究。话虽如此,路径-目标领导理论指出了领导行为在管理领域中今后的发展趋向,并强调对员工进行激励的关键作用,在领导理论的发展中有着重要的作用。

(三)领导生命周期理论

领导生命周期理论是由美国俄亥俄州州立大学的心理学家科曼 1966 年首先提出来

的，后由赫西和布兰查德予以发展。这个理论把领导行为四分图理论与不成熟-成熟理论结合起来，创造了三维空间领导效率模型，如图9-6所示。

图中横坐标为任务行为，纵坐标为关系行为，下方为成熟度坐标，是一个由关系行为、任务行为和成熟度组成的三维领导理论。任务行为是指领导者和下属为完成任务而形成的相处形式。关系行为是指领导者给予下属帮助和支持的程度。成熟度是指人们对自己的行为承担责任的能力和愿望的大小，它取决于任务成熟度和人的心理成熟度。任务成熟度针对人的知识和技能，也就是指，如果一个人独立完成工作的知识、能力越高，经验越丰富，他的任务成熟度也就越高。心理成熟度是指人做某件事的愿望或者动机的大小，如果一个人能够不需要外部的推动力，自愿去做某件事，就具有较高的心理成熟度。

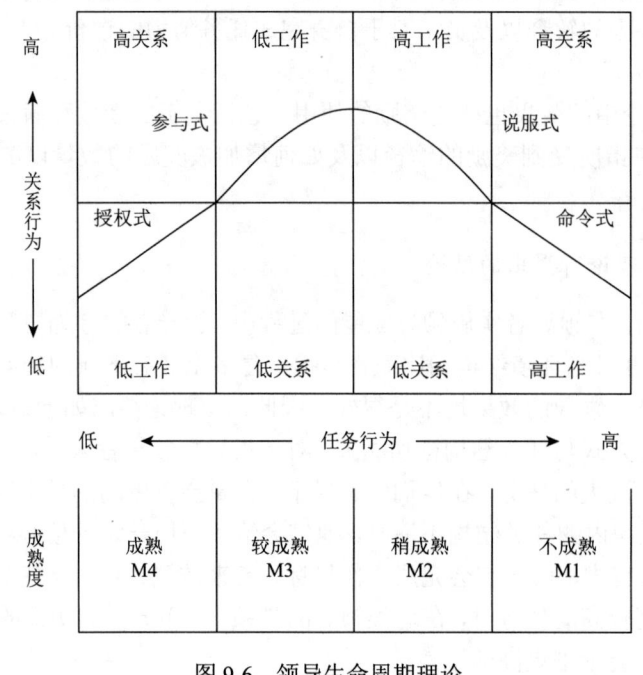

图9-6 领导生命周期理论

成熟度分成四个等级，即不成熟、稍成熟、较成熟、成熟，分别用M1、M2、M3、M4来表示：

（1）M1：下属缺乏完成工作的能力以及自主性工作的意愿。
（2）M2：下属愿意承担任务但缺乏足够的能力，有积极性，但没有所需的技能。
（3）M3：下属具有完成领导者所交给任务的能力，但没有足够的积极性。
（4）M4：下属有能力而且愿意去做领导者要他们做的事。

此外，领导生命周期理论提出了四种领导方式：命令式、说服式、参与式、授权式。

（1）命令式。针对高工作、低关系的下属，下属的成熟度较低，通常对应新职工或者能力较低的职工。领导者应对其直接指挥，具体指明下属的工作内容，工作如何进行，何时进行等，否则下属将感到无所适从。

（2）说服式。针对高工作、高关系的下属，下属进入初步成熟阶段，领导者在给予下属一定的工作指导的同时，也要注意对他们工作积极性的保护。

（3）参与式。针对低工作、高关系的下属，下属更加趋于成熟，领导者主要解决下属的工作动机的问题，可以带领下属参与到组织的管理决策中，给予下属一定的工作激励，帮助他们更好地完成工作任务。

（4）授权式。针对低工作、低关系的下属，下属的成熟度很高，有很强的工作能力和工作积极性，领导者可以几乎不加指点，只给下属明确的工作目标和要求，由下属自己独立地开展工作，完成任务。

与费德勒权变模型相比，领导生命周期理论更直观和更容易理解，但它只针对下属的特征，没有包括领导行为的其他情景特征。因此这种领导方式的情境理论不算完善，但它对于深化领导者和下属之间的研究具有重要的基础作用。

【课后思考】

1. 领导与管理有什么区别？
2. 领导在管理中的作用具体表现在哪些方面？
3. 勒温认为领导方式有哪三种类型？
4. 举例说明费德勒权变模型在管理实践中的适用性。
5. 结合实际谈谈，如何进行有效的领导？

第十章 激 励

【教学目标】
1. 理解激励的概念，掌握激励的原则、作用以及基本的人性假设理论。
2. 掌握主要的激励理论以及激励的手段。
3. 能够运用激励的基本理论和方法解决实际问题。

第一节 激励概述

一、激励的概念

（一）激励的定义与内涵

在英文中，激励（motivate）一词作为不同的词性拥有不同的意思。当用作动词时，它有两层含义：一种是提供行为动机，也就是对人们的行为进行引导和驱动；另一种是通过某些方法或手段如提供奖励来激发学习者的学习兴趣。作为名词"motivation"时，则含有三层意思：一是指被激励的过程；二是指行为的驱动力，包括内部激励和外部奖励；三是指人们被激励的状态。在本书中，激励一般是兼具动词和名词词性的，既可视为动词，又可视为名词，需要根据使用的情境来确定其实际含义。

简单来说，激励是一个行为过程，在这个过程中，领导者会根据被管理者的需求，找寻适合的管理办法，通过对被管理者需求的刺激，进而激发他们内心潜在的动机，去引导和推动被管理者产生有利于管理目标实现的行为。可以从以下七个方面来理解激励这一概念。

（1）激励是一个过程。对一个人的激励，实际上就是从了解被激励者的现实需求，设置诱因条件，激发行为动机，到推动被激励者采取相应的行为，进而实现目标的过程，一旦被激励者有了新的需要，这个过程就可以往复循环。

（2）激励过程受到许多因素的制约，包括内部因素和外部因素。内部因素是指被激励者的个人的需要，内心的理想价值等；外部因素是指一些用来激励的手段和方法。有效的激励需要内外部因素的结合，单单只强调其中的一方面，激励的效果都会大打折扣。因此领导者需要在激励时协调内外部的因素，从而激发和强化工作动机，产生较好的激励效果。

（3）激励具有时效性。任何一种激励手段都不是一经使用就一劳永逸的，每一种激励方法也都有着时间范围，超过这个时间范围就可能会失效。并且被激励者的需要也是动态变化的，领导者要注意被激励者的需求变化，制定合理的激励手段，稳定的、保持动态平衡的激励才是有效的激励。

（4）激励具有目的性。领导的目的是实现组织的目标，而激励在领导过程中就扮演了更好地促进组织目标实现的角色。因此，激励以组织目标为出发点，作用于组织成员，通过一定的方法和手段，寻求组织与个人在目标、行动上的内在一致性，从而达到两者之间在行动与效果上的良性循环。

（5）对个体而言，激励是一种引导人们行动的精神力量，它能够激发出人们内心潜在的动机，引导、推动人们的一系列行为，指引人们朝着目标奋力前行。

（6）对管理者而言，激励是一种由管理者所实施的，意在引发、维持和促进组织成员或群体产生组织所预期的行为的管理活动过程。

（7）对组织而言，激励是一种可以调动组织内员工工作积极性，努力实现组织目标的手段。组织可以设计适当的奖惩措施、行为规范和工作环境，来激发、引导、推动和加强组织成员的行为，使组织内的成员可以为实现组织目标而产生工作热情，在工作中努力奋进，进而使组织目标得以实现。

（二）激励的特点

激励作为一种领导的手段，最显著的特点是内在驱动性和自觉自愿性。实际上，激励的发生离不开人的需求，简单来说激励的过程就是人的需求通过一定的方法和手段被满足的过程。需求起源于人的内心，人们实现自己内心需求，追寻自己的目标是主动的、自愿的，激励在这一过程中起到的作用就是激发、引导、放大人内心的欲望，并且促使人们为实现目标而行动。因此激励不带有任何强制性，是一个内在动机驱使的、自觉自愿的过程。

二、激励的原则

在管理活动中，激励也是有规律有方法可循的。以下是激励应坚持的原则。

（一）物质激励与精神激励相结合的原则

不管是从马斯洛需求理论来看，还是从人们在生产生活的日常实践中来看，在基本的物质需求得到满足的情况下，人往往会迈向更高层次的追求——精神需求，因此，从这一角度，也即激励的层次角度来看，激励可分为物质激励和精神激励。两种激励方法在企业管理中应该结合使用才能达到最理想的效果。一方面，物质激励是指授予组织员工以奖金、实物等实体奖励，用于进一步满足其生理方面的需求，即物质需求，是一种基本的激励形式。另一方面，精神激励则主要通过授予称号和颁发证书或者宣传报道，以及许多其他形式实现，强调对组织员工心理、精神需求的满足。

（二）外激励与内激励相结合的原则

根据激励的方式不同，可以把激励分为内激励和外激励。内激励是通过一定的诱因或者启发方式，激发人的内在主动性，使被激励者的行为和动机都建立在高度自觉的基础上，充分发挥个人的内在潜力。外激励主要指工作以外的奖赏，倚重外因，因而具有一定的不稳定性。人的行为同时受到内因和外因的影响，相比之下，内激励有更稳定、更持久、更强烈的效果。这就要求领导者要善于结合外部和内部的激励机制，并把重点放在内部激励机制，激发被激励者的高层次需要和深层次动机，使他们的内心深处焕发出工作的热情和动力，这种动力比外部诱因所引发的动力要更加深刻、持久。

（三）正激励与负激励相结合的原则

从激励的性质划分，激励可分为正激励和负激励。正激励是指当员工任务完成较好或者个人表现较好而给予其一定的奖赏，从而巩固他们的行为并调动积极性，是一种对行为肯定的正强化。负激励是指当员工表现较差或者工作中出现失误而给予其一定的惩罚或批评，从而抑制不当行为或已发生的错误，引导他们向正确的方向前进，是一种对行为否定的负强化。

无论是较好的行为还是较差的行为，在组织中都较为常见，因此正激励和负激励在组织中的运用都是较为有效的。领导者在坚持正激励与负激励相结合的同时，应坚持以正激励为主。

（四）短期激励与长效激励相结合的原则

激励也分为短期激励和长期激励。短期激励是指通过一定的方法和手段，使员工在较短时间内完成眼前的工作或目标，长期激励是指着眼于员工和公司的长远发展而进行的激励。但这也存在一个两难境地，强调当下的业绩，使员工产生短期行为，不利于长久发展；强调长期的发展，又可能会忽视当下的业绩。因此领导者就需要考虑采取一定的方法，使短期行为和长期目标相结合，把当下的业绩和个人的长远发展相结合，比如一些企业推行股票期权、职工持股和参股计划，使员工具有劳动者和投资者的双重身份，产生关心和改善企业经营成果的积极性，激励效果明显。

三、激励的过程

激励的过程并不是简单的奖赏惩罚，需要对被激励者进行多方面的分析，才能对症下药，其中有许多的关键要素，包括需求、动机和行为。这三者相互联系，相互影响，需求是动机产生的基础，动机是行为的内驱动力，动机的目标是为了满足需求。

（一）激励的基本要素

在早期内驱力理论的基础上，现代心理学家提出了动机激发循环的概念，需求、动机与行为三个互相影响、互相依存的要素联系起来，构成了激励的选择过程。

1. 需求

需求是激励过程的出发点。它是人的一种主观体验，是个体由于某种重要的东西的缺乏或剥夺而产生的内心紧张状态。人的需求主要有三个来源，即生理、心理和外部诱因。

2. 动机

心理学将动机定义为引发和维持个体行为并导向一定目标的心理动力。动机是一种基于需要而由各种刺激引起的心理冲动。行为动机主要有两个,即人体自身(生理和心理)产生的需求以及外部诱因产生的需求。

3. 行为

当某种需求没有满足,激发了行为动机后,就会产生相关的行为。行为是需求和动机的外在表现形式。

(二)动机与需求、行为的关系

1. 动机与需求的关系

人的行为是由动机决定的,而动机是由需要支配的。但有需求不一定就会产生动机,动机以需求为基础,在相应的条件刺激下才会产生。

动机强度与需求的性质和诱因力的大小成正相关。需求越强烈、诱因力越大,动机强度就越大;需求与现状的距离越近,满足需求的可能性较大,则动机强度较大;如果动机具有一定的社会意义,并且个体或群体对其社会意义有一定了解,则动机强度较大,反之则越小。

2. 动机与行为的关系

动机对行为的功能具体表现为动机的激活功能、指向功能、维持和调整功能。

激活功能,动机是行为的原动力,动机有发动有机体活动的作用。比如:爱收藏物品的人,看到中意的物品可能就会产生占有它的动机。个体一旦产生这种动机,就会想办法买到或用其他物品换到这个喜欢的收藏品。这里的"买"或"换"的活动就是在"占有"动机的推动下进行的。如果没有这种动机就不会产生"买"或"换"的行为。

指向功能,是指动机决定行为的目标和方向,即动机使人们的活动指向特定的对象。例如,一个人口渴了,它的活动就指向水或者饮料,他会去寻找水源或者购买饮料。

维持和调整功能,动机维持和调整行为的连续性,决定行为是否持续下去,是否需要加强或减弱,是否需要改变方向等。当活动产生以后,如果其活动指向了个体追求的目标,其动机就会加强,这种活动就能继续下去;如果其活动偏离了追求的目标,其动机就得不到强化,这种活动就会减弱或停止。

此外,动机与行为之间并不是绝对对称性。首先,动机和行为的目的之间不是一一对应的关系,具有相同动机的人可能有不同的行为目的,同时,具有相同目的的人则可能有不同的动机。动机和行为效果的关系也十分复杂。一般来说,动机和行为的效果是一致的,良好的动机一般能产生良好的效果,不良的动机则会产生不良的效果,但在现实生活中,结果往往不一致。

(三)激励过程的相关因素

激励是一个过程,在这个过程中涉及许多的因素,包括员工的心理状态以及外在行为等。这个过程首先是从人内心的需求和愿望而产生的,在需求的驱动下,人就产生了去满足需要的动机,他们会想办法去找到目标和实现需求的方法,从而根据制定的方法而采取相应的行动去实现动机,最后无论实现与否都会得到一个反馈来影响下一轮的行为。简而言之，激励是一个从人的需要出发，刺激需求产生动机，动机支配行为，行为实现目标以满足需要以及反馈新需求的动态过程，如图10-1所示。

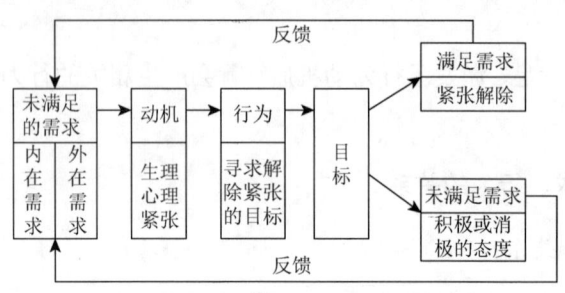

图10-1 激励的过程

从激励的过程图中可以看出，当人产生需求而未得到满足时，会产生一种心理上的紧张不安，当遇到能够满足需求的条件时，即认为能达到目标时，这种紧张不安的心理就会转化为动机，并且在动机的推动下，向目标前进。目标达到以后，需求得到了满足，紧张不安的心理状态就会消除。随后，由于人的欲望所起的作用，又会产生新的需求，引发新的动机和行为，这是一个循环。还有一条路径就是，行动的结果可能不能够达到目标，这个时候，不同的人在不同的环境条件下，可能会采取不同的态度，有人会采取积极的态度，主动撤退，或者找其他的新需要进行替代。

四、激励假设

无论是哪种激励理论都是以对人性的假设为前提。

（一）"经济人"的假设

"经济人"又称为"理性—经济人"。这一假设认为，所有人类行为都是为了最大限度地满足自己的利益，而工作的动机是获得经济回报。美国管理科学家 D.M.麦格雷戈在他的著作《企业的人性面》中提出了两种对立的管理理论，其中 X 理论就是对"经济人"假设的概括。其基本观点如下。

并不是所有人都喜欢工作。对于一部分较为懒惰的人，只要有可能，他们就会想办法逃避工作。

并不是所有人都有远大抱负。对于一部分没有斗志没有理想的人，他们不会主动奋进，会甘心接受别人的指导。

并不是所有人的个人目标和组织目标都会统一。在一般情况下，二者之间会存在一定的矛盾，即实现个人目标很可能会损害组织的目标。对于这种情况，就有必要采取强迫、指挥、控制等方式，使他们以组织目标的实现为主，为达到组织目标付出努力。

并不是所有人都出于热爱而进行工作。绝大多数人工作仅仅是为了满足生活的基本需要，往往这时候金钱、权力以及地位可以为他们提供激励。

人大致可以划分为两类，多数人都是符合于上述假设的人；另一类是能够自己鼓励自己，能够克制感情冲动的人，这些人应担当管理的责任，也就是领导者。

在"经济人"的假设下，给管理工作所带来的启示是：组织工作的重点在于提高组织的工作效率，进而高效完成组织的目标。为了达到这一效果，就需要组织在进行管理的过程中，对员工以经济报酬为主要激励，以权力控制为引导，进而激发出员工的工作积极性，并对员工的行为加以规范和控制，使员工专注于提高组织绩效和完成组织目标。

（二）"社会人"的假设

通过长期观察发现，"社会人"只有在群体利益得到保障时，个人的需求才能够实现。这种假设不仅仅强调组织目标的实现，还提倡要注重组织中的工作人员。领导者不应该只进行指挥和监督，还应该重视组织内的人际关系，培养员工的归属感和认同感，不应只注意对个人的奖励，应提倡集体奖励。

（三）"自我实现人"的假设

美国管理学家、心理学家马斯洛提出"自我实现人"。所谓自我实现是指人有发挥自己才能与潜力的欲望，如果能够发挥自己的潜力与才能，那么这个人会感到最大的满足。

麦格雷戈总结并归纳了马斯洛与其他类似的观点，相对于 X 理论，提出了 Y 理论，包括以下几点。

（1）虽然人的惰性不可避免，但是对于有的人来说，勤奋是他们的追求，工作对于他们而言是一种享受。

（2）推动组织目标实现的方式有很多种，不仅仅只有惩罚和控制。并且人在执行任务或者完成工作的过程中，会有一定的自我指导和控制。这样一种控制行为是由自身的行为而激发出来的，不需要外力的束缚。

（3）尽管很多工作任务都是由上级安排下级执行，但是对于部分人来说，除了完成被安排的任务，他们还会主动寻找更多可以完成的工作。

（4）面对组织运行中发生的问题，大多数人可以发挥自己的聪明才智，为组织积极献策，提出可行的解决方案。

（5）并不是所有人的工作目的都是为了获得薪酬或者其他奖励。研究发现，有一部分人会以实现组织的目标为最大的报酬，这类人往往有着极大的自我需求和自我满足心理。

（6）人的潜力是无限的，在现代社会条件下，人的智力和潜力往往不能够被发挥完全，通常来说只发挥了其中的一部分。

X 理论认为，组织的目标与成员的个人目标是存在矛盾的。因而这种理论主要利用权威作为指挥和控制的手段，使个人目标服从于组织目标。而 Y 理论是一种较为理想化的管理思路，该理论认为，利用人类想要发挥自己才能与潜力的心理，通过一定的方法和手段去激发人们心理潜在的这类需求，就能使他们热爱工作，努力实现组织的目标，并且在工作中能够寻求到自豪感，在组织目标实现后会有一种自我满足感。如果能够达到这一效果，那么员工就不需要其他的激励，仅仅依托于实现个人价值的自豪与满足的心理，就能使他们很好地完成工作任务。

（四）"复杂人"的假设

上述三种假设虽各有一定的合理性，但不能适用于所有人。这世上有许多的人，即使有相似的人，但没有任何两个人是一模一样的。每个人都是不同的，有着不同的需求与特点，并且即使是同一个人，他在不同的年龄段，不同的时间、地点，面对不同的环境，需求也会发生相应的变化，因而"复杂人"假设被提出了，也被称作超Y理论，含义如下。

（1）人的需要有非常多的类型，并且每一类都不是一成不变的，它会随着时间、人的自身发展以及生活条件的变化而发生相应的改变。

（2）人在同一时间内有着不同的需要和动机，并且他们会发生一系列的相互作用，形成错综复杂的动机模式。

（3）人的需求和动机会随着人在组织中的工作以及周围环境的变化而变化。

（4）人的需求会随着他所在的单位或者部门的变化而变化。

（5）不存在一种适合于任何组织、任何人、任何时间的统一管理方式。这是因为每个人的需求、能力以及对待管理方式的反应会不同。

"复杂人"假设要求，面对不同的管理对象以及管理环境，领导者要能够有针对性地采取适合的领导方式进行管理。这也是管理学中的"权变理论"。但是在实际生活中，人类的复杂程度远远不能够以这几种人性假设来概括，因此这几种人性假设可以参考，但不能完全依赖。但人性假设理论仍然对管理理论的研究有重要作用。它至少可以使我们认识到作为社会环境中的个人是一个非常重要的因素，每个人都是社会系统中的重要的组成部分，而不是被动的成员。

第二节　激 励 理 论

长期以来，各国的心理学家和管理学家就如何激励人的工作积极性问题，展开了广泛而深入的研究。形成了一些各具特色的激励理论。根据研究激励问题的侧重点不同，目前影响较大、应用较广的激励理论可分为三类：针对人类行为心理基础与动力的"内容型激励理论"、针对人类行为过程的"过程型激励理论"、针对人类行为结果的"行为改造型激励理论"。

一、内容型激励理论

内容型激励理论又叫需要型激励理论，它是指针对激励的原因、能够起到激励作用的因素的具体内容而展开的研究。这种理论着眼于满足人们的需要，即人们需要什么就满足什么，从而达到激励的效果。这种理论从激励过程的起点（人的需要）出发，从静态分析的角度来探讨激励的问题。内容型激励理论很多，这里主要介绍需要层次理论、双因素理论、麦克利兰需要理论。

(一)需要层次理论

该理论是由美国著名心理学家马斯洛于 1943 年在《人类动机理论》一书中第一次提出的,在"调动人的积极性的理论"和"激励与个性"两章中做了详尽的阐述,自此,该理论在世界各地广泛应用,成为最普遍的激励理论之一。

1. 主要观点

马斯洛把人的需要概括为五个层次,如图 10-2 所示。

(1)生理需要。人类为了维持生命最基本的需要即生理需要,也是需要层次的基础。若衣、食、住、行、空气和水等这类需要得不到满足,人类的生存就成了问题。这些基本的物质条件是刺激人们需要产生动机行为的最强大的动力。马斯洛认为,当这些需要还未达到满足之时,其他的需要将不能够激励他们。因此在经济不发达的社会,一般必须首先研究并满足这方面的需要。

(2)安全需要。即指有关人类免除危险和威胁的需要。这类需要不仅仅着眼于眼前,还要从长远考虑。例如,希望在生病时、失业时或者年老时生活有一定的保障,希望能得到公平的待遇等。

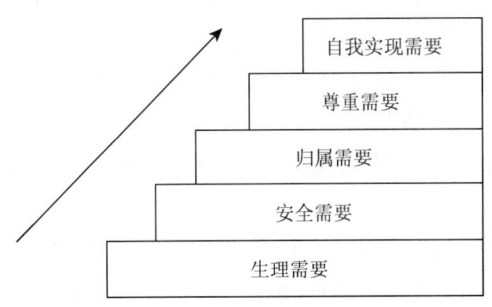

图 10-2 马斯洛需要层次模型

(3)归属需要。也称感情和归属方面的需要。当生理及安全的需要得到相当的满足之后,人们需要丰富精神生活,社交的需要便占据主导地位。人们往往需要与人进行交流,从而获得认同感与陪伴感,避免孤独;希望能够在一个团体之中得到他人的支持、爱护、友谊和真诚。这种需要比起前两种需要更加难以划分,需要考虑不同的人的不同性格、经历、受教育程度等。

(4)尊重需要。也就是希望在工作中,同事以及领导能给予自己公平、公正的评价,不要曲解、误解自己;同时也希望自己能够有一定的声誉和威望,从而发挥一定的影响力,得到他人的尊重。

(5)自我实现需要。自我实现的需要就是要实现个人理想和抱负,最大限度地发挥个人潜力并获得成就,实现自我价值。这种需要可以通过完成某项工作或者达成某种目标来获得成就感来满足。具有这种特点的人,一般会给自己设立相当困难但经过努力可以达成的目标,而且往往把工作中取得的成就本身看得比成功以后所得到的报酬更为重要。

马斯洛还将这五种需要划分为高、低两级。在这个高低两级中，生存和安全需要属于较低层次的、物质方面的需要；归属、尊重和自我实现的需要，则属于较高层次的，精神方面的需要。马斯洛认为，人的需要遵循递进规律，这五种需要是由低到高依次排列的，只有排在较低层次的需要得到了满足，人才能产生更高一级的需要。他还指出，一旦一种需要得到满足后，这种需要就不会再成为一种激励的因素。需要层次中未满足的需要是最主要的激励因素，如果低层次的需要得到满足后，需要层次中下一个更高层次的需要就对行为有激励作用。

2. 对马斯洛的需要层次理论的评价

（1）主要贡献。马斯洛的需要层次理论，以一个梯度图的形式展现，把人类千差万别的需要划分为五个层级，指出人们的需要是从低级向高级发展的趋势，这一趋势是符合人类行为和心理的发展历程的。该理论不仅简单明了还具有一定的逻辑性，得到了管理学界学者们的普遍认可，也具有一定的实践价值。

同时，该理论还揭示出人的需要是多种多样的，激励方式也是多种多样的。不仅要给人以物质的满足，而且要给人以精神的满足。特别是低级需要得到一定的满足以后，精神需要更为重要，因为满足人的高级需要将具有更持久的动力。

（2）存在的缺陷与不足。该理论对于需要层次的划分过于简单、机械，并且马斯洛提出只有在低级的需要得到满足时，人们才会去追求高一级的需要。但是在现实生活中，或许会存在这样一类人，虽然生活贫穷甚至连温饱都无法解决，但是他们仍追求较高的精神生活，比如一些艺术家，一生清苦但是在艺术上有非常高的追求与成就。这也可以说明人的需要并不一定完全依赖等级层次而循序上升，并且人的需要会随着环境和个体情况动态变化。

此外，马斯洛没有提出衡量各层次需要满足程度的具体标准，也没有考虑到一种行为的结果可能会满足一种以上的需要的情况。最主要的一点是该理论缺乏实证基础，众多的研究并未对他的理论提供实证性的支持，仅有的几项支持其理论观点的研究也缺少说服力。

虽然马斯洛的需要层次理论存在着不足，但还是为我们提供了一个研究人类需要的参照样本，管理者应认识到下属工作的动机，根据这些动机的不同，采用不同的激励方法来激励他们努力工作，通过这样做，管理者将个人和组织的利益结合在一起，如果员工的工作成果对组织有利，他们应该获得能够满足他们需要的结果。

（二）双因素理论

该理论是美国心理学家赫茨伯格在 1959 年出版的《工作的激励因素》一书中提出的，他在马斯洛需要层次理论的基础上，把人的需要归纳为两大类：保健因素和激励因素。

1. 双因素理论的内容

赫茨伯格通过调查分析发现，使员工感到满意的因素与使员工不满意的因素有较大的差异。造成员工不满意的因素主要是公司政策、工资报酬、工作条件、人际关系、地位、安全和生活条件等外界环境因素引起的。这些因素即使改善了，也不能使员工变得非常满意而充分发挥其积极性，只能消除员工的不满、怠工与对抗，起到维持现状的作用。故引用医学概念，称之为保健因素。保健因素对员工需要的效果，就像医学上讲究生理卫生诸因素对人体保健的效果一样，只能防止疾病，而不能主动治愈疾病。另一类因素是使员工感到非常满意的与其自身工作内容有直接关系的因素，例如，在工作中可以体会到挑战性和趣味性，并能发挥自己的聪明才智，工作成绩能够得到领导以及组织成员的认可、工作中可以得到自我提升等。这一类因素能激发人的成就感、责任感、荣誉感和自信心，增进人的满意感，调动他们努力工作、积极上进，所以称为激励因素。

2. 主要观点

保健因素的关键在于"保健"二字，顾名思义，它不能够很好地解决问题，也不能够激励员工以及激发他们工作的积极性，只能在一定程度上维持目前工作的现状。这些可以维持现状的因素如果员工可以得到满足，那么就能够起到保健作用，但是一旦不能得到满足，就会引起员工的不满。

激励因素不同于保健因素维持现状的作用，它能够对员工进行一定的激励，不仅能够激发员工内心对工作潜在的热情和积极性，还能够激发员工的成就感、责任感与使命感。这些可以对员工起到激励的因素，如果能够得到满足，就可以提高员工的积极性；如果得不到满足，也不会引起员工的不满。通俗来说，可以起到"锦上添花"的作用。

3. 需要层次理论与双因素理论的比较

（1）区别。需要层次理论和双因素理论的区别在于二者针对的对象不同。需要层次理论是以人类的需要和动机为研究对象，而双因素理论则是从满足这些需要的目标和诱因出发，去研究他们之间的关系。

（2）联系。双因素理论可以和需要层次理论有所对应。保健因素主要是低层次需要，它与生理、安全需要相对应。激励因素主要是满足高层次需要，它与归属需要、尊重需要和自我实现需要相对应。

4. 双因素理论的启示

在组织中，如果想要组织良好运行并且员工能够积极负责的工作，那么就需要从多方面去考虑如何使组织达到最优。因此在管理的过程中，管理者既要保证员工的一些外在基础需要得到满足，还要能够有一定的激励措施对员工进行激励。也就是说，保健因素和激励因素都应该受到管理者的重视，二者密不可分。如果组织中的领导者只注重外在诱因而不注重激发职员的内在潜力和积极性，那么这个组织只能较为平淡的处于一种相对稳定的环境中，如果外界竞争过于激烈，这类组织甚至会在竞争中被淘汰。如果组织能够在保证组织外部条件的基础上，注重对职员的激励，在组织中营造一种积极、创新、挑战、竞争的氛围，激发出每个组织成员内在的潜力和才能，这样的组织才有士气和活力，才能真正在市场经济的环境中发展壮大。

(三)麦克利兰需要理论

美国著名心理学教授戴维·麦克利兰在 1955 年对马斯洛需要层次理论的普遍性提出了挑战,他认为,马斯洛需要层次理论的五个需要层次,只强调了人的个人自我意识,而忽略了其他因素。通过研究,麦克利兰得出结论,人的需要兼具生理性和社会性,并不是由马斯洛提出的只由生理性主导的需要。并且这样一种社会性需求是根据后天的教育、经历以及环境等因素得来的,因此,不考虑社会环境等因素,只从个人的角度去归纳出这些共同的与生俱来的需要,就有失偏颇。

麦克利兰通过试验研究,归纳出三大类社会性需要:成就需要、亲和需要和权力需要,尤其对成就需要和权力需要进行了较为详细的论述。

1. 主要观点

对权力需要的人,往往责任心较强,勇于承担责任,喜欢富于竞争,存在地位区分的工作环境,希望自己可以通过对权力的掌控去把控大局。这类人性格中会带有一些的专制性和掌控欲,人们总是希望可以通过自己的行为去对他人产生一定的影响,并且不希望事情脱离自己的掌控范围。这类人大多头脑清晰、冷静、决策果断。

对亲和需要的人,往往从与人的友好交往中获得满足与快乐,希望得到人们的友爱、关怀与真诚,会选择与周围的人保持一种和谐、融洽的关系。他们喜欢与人交流,并且真诚的希望和大家成为朋友,在周围人遇到问题或者发生危难之时,他们会挺身而出,当别人对他表示友好或者产生依赖时,他们的内心会有一定的满足感。

对成就需要的人,会以实现个人和组织最终的目标为导向。这类人往往有一定的进取心以及工作能力。在工作中,他们会做到尽善尽美,不断创新,即使有一定的风险,他们也会选择挑战,对成功有一定的渴求。尽管如此,这类人也会担心失败,但这仍然不影响他们去挑战一些对自己来说有一定困难的目标。一旦工作上取得一定的成就,他们就会从中得到巨大的满足感,这样一种满足感胜过物质的激励。

2. 麦克利兰需要理论在实际中的应用

(1)麦克利兰认为,成就需要的人无论在何地都是可以取得一定成功的,一个组织甚至一个国家成就需要类型的人数与该地区的兴旺发达呈正相关。成就需要的人数越多,那么这个组织或者国家就会越兴旺。

(2)成就需要的高低与企业的绩效高低呈正相关。

(3)成就需要可以创造出富有创业精神的人,促进社会经济的发展。

(4)成就需要和权力需要都会使人们有杰出的表现,但二者还是存在一定的差异。成就需要强烈的人习惯于依靠个人能力独立解决问题,或许工作中可以取得较高的成就,但未必就能成为领导人物,所以在对高成就需要的人当中产生率领众人前进的领导者较少。领导者的责任是激励众人取得成功,而不是只顾自己的工作成就。

麦克利兰的理论是马斯洛理论的重要发展和补充,对指导组织的激励工作更具有现实的意义。

二、过程型激励理论

该理论是在需要型理论的基础上发展起来的。该理论研究从人的动机的产生到行为反应这一过程中,有哪些重要因素对人的动机与行为发生作用,即有哪些因素激励职工的积极性。该理论是从动态分析的角度来研究激励问题的。了解从对行为起决定作用的某些关键问题出发,掌握这些因素之间的相互关系,以达到预测或控制人的行为的目的。

过程型激励理论主要包括期望理论和公平理论等。

(一) 期望理论

期望理论是美国心理学家弗鲁姆1964年在《工作与激励》一书中提出的。弗鲁姆认为,只有当人们预期某一行为能给个人带来吸引力的结果时,个人才会采取这一特定行为。也就是说,人的行为由需求和动机产生,并且当人们意识到按照行为动机行动后,所带来的结果可以满足内心的需求,那么人们就会选择进行这一行动。

1. 主要观点

人所要实现的目标有个人目标和组织目标,一般而言个人目标可以依托组织目标的实现而实现,从而满足个人需求,这也是人们能够从事某项工作并且努力实现组织目标的原因。

若想要激励能够达到一定的效果,那么激励的力量就要足够强。对于激励力量来说,有两个重要的影响因素:一是被激励者对行动结果的价值评价;二是预期达到该结果的可能性大小。简单来说,激励力量的大小就是该行动所能达到目标并能导致某种结果的全部预期价值乘以他认为达成该目标并得到某种结果的期望概率,用公式可以表示为:

$$M = V \times E$$

式中:

M:激励力量,指调动人的积极性,激发人内部潜力的强度。

V:效价,指达到目标后对于满足个人需要的价值大小,取值范围为$-1 \sim +1$。

E:期望值(期望概率),指一个人对某个目标能够实现的可能性大小(概率)的估计,取值范围为01。

2. 理论分析

此前提到的三种理论,即需要层次理论、双因素理论及麦克利兰需要理论,都是把各种激励因素较为机械的分成若干类别。但是对于现实情况来说,这样一种分类不能很好地匹配现实的复杂性。而期望理论不存在这种人为分类,综合性和适用性较强,具体表现如下。

(1) 公式中的效价(V)可以有多方面的理解:它可以是精神的,也可以是物质的;可以是正的,也可以是负的,还可以为零;它不仅包含了某一结果的绝对值,而且还包括了相对值;它不仅指某一单项值,而且还指各种效价的总和。

(2) 对同一个目标，由于各个人的需要不同，所处的环境不同，兴趣不同，价值观不同，使其对该目标的效价也往往不同；即使是同一个人，在不同的时候效价也是不一样的。

(3) 效价和期望值都是个人的一种主观判断。

(4) 一个人对实现某个目标，根据估计其可能性的大小，即期望值的大小也不同：

如果他估计完全有可能实现，即100%可能，这时$E=1$，也就是最大。

他估计目标完全不可能实现，这时$E=0$，也就是最小。

通常情况下，往往是具有不同程度的可能性，这时的期望值在0与1之间，即$0 \leq E \leq 1$。当$E=0$时，无动力；当$E>0$时，有一定的动力；当$E=1$时，动力最大。

(5) 效价（V）和期望概率（E）的不同结合，决定着不同的激励程度：

E高且V高-M高（强激励）。

E中且V中-M中（中激励）。

E低且V高-M低（弱激励）。

E高且V低-M低（弱激励）。

E低且V低-M低（无激励（极弱激励））。

(6) 效价和大家平均的个人期望概率相互影响。平均概率小，效价相对大；平均概率大，效价相对小。

3. 期望理论在实际中的应用

期望理论说明，在进行激励时要处理好这三方面的关系，这也是调动人们工作积极性的三个条件。

(1) 努力与绩效的关系。努力和绩效之间有密切的关联，并且对努力之后是否能够达到目标的预估，直接影响员工的工作状态。对于一部分认为只要努力就能够达成预期目标的员工来说，经过自身的努力实现了这个目标，就会增强他们的自信心，调动他们工作的热情和积极性，有助于工作的开展以及组织目标的实现；但是一旦这个目标是他们认为无论再怎样努力也无法达到的，那么他们的内心就会对工作有所抗拒，产生消极情绪。虽然说努力是实现预期目标必不可少的因素，但是它并不是唯一的，最终目标的实现还受到工作本身的任务要求、员工的个人能力、工作环境以及组织所提供的支持等因素的影响。这种关系可在公式的期望值这个变量中反映出来。

(2) 绩效与奖励的关系。在工作中，人们总是期望完成工作或者某一目标后能够获得某种奖励，奖励包括物质和精神等多方面的奖励，例如，发放奖金、提高工资、发放奖品、获得表扬、荣誉证明、领导的赏识、同事的信赖等。对于员工来说，在很好地完成了一项工作时，如果没有任何精神或者物质上的奖励，那么在进行下一次工作的时候，很可能就会失去对工作的积极性，他们会认为无论工作完成的好坏与否，对他们而言都没有任何区别。但如果在一项工作完成或者目标达到后取得了一定的绩效，并且员工也获得了一定的合理的奖励，那么在下一次的工作任务中，他们就会产生更多的工作热情和积极性。

(3) 奖励与满足个人需要的关系。通常来说，对员工进行激励，给他们发放一定的奖励都是为了在一定程度上满足人们的个人需要，并且人们也期望获得这种奖励。但是对于不同的人来说，都有着不同的需要，即使是同一需要，不同的人，或者同一个人在不同的时间、地点、环境，需要的程度也都不同。因此，对于不同的人，采用同一种奖励能满足需要的程度不同，能激发出来的工作动力也就不同。

从期望理论我们可以得出：努力与绩效、绩效与奖励、奖励与个人需要这三者对于员工的工作状态有着重要的影响，如果这三者的关系能够被较好的协调与处理，那么就可以有效的对员工进行激励，提高他们工作的积极性。

（二）公平理论

公平理论又称社会比较理论，是美国心理学家亚当斯在20世纪60年代首先提出来的，该理论主要讨论报酬的公平性及对人们工作积极性的影响。

1. 公平理论主要观点

（1）尽管对于大多数人来说报酬的多少对于激励的效果有着重要的影响，但是在组织中，对每个组织成员报酬分配的公平性、合理性，往往比报酬数量的多少对激励的影响更大。

（2）员工的工作动机是否端正，工作状态是否积极、对工作是否努力等会受到绝对报酬和相对报酬两方面的影响，并且他们会从这两个方面来判断所得报酬是否公平，也就是通常所说的横向比较和纵向比较。

第一，横向比较，即将自己获得的报酬与投入的比值与组织内的其他人做比较，从而对比较做出相应的反应，用公式可以表示为：

$$Q_P/I_P = Q_X/I_X$$

式中：

Q_P：自己对所获报酬的感觉；Q_X：自己对别人所获报酬的感觉；I_P：自己对所投入量的感觉；I_X：自己对别人所投入量的感觉。

如果 $Q_P/I_P = Q_X/I_X$，则此人觉得报酬是公平的，他可能会因此而保持工作的积极性和努力程度。

如果 $Q_P/I_P > Q_X/I_X$，说明此人得到了过高的报酬或付出的努力较少。在这种情况下，他一般不会要求减少报酬，而有可能会自觉地增加投入量。但过一段时间他就会通过高估自己的投入而对高报酬心安理得，于是其产出又会恢复到原先水平。

如果 $Q_P/I_P < Q_X/I_X$，说明此人对组织的激励措施感到不公平。此时他可能会要求增加报酬，或者自动地减少投入以便达到心理上的平衡，也有可能会离职。

第二，纵向比较，即自己的目前与过去的比较。Q_{PP}：自己目前所获报酬，Q_{P1}：自己过去所获报酬，I_{PP}：自己目前的投入量，I_{P1}：自己过去的投入量，则比较的结果也有三种：

$Q_{PP}/I_{PP} = Q_{P1}/I_{P1}$，此人认为激励措施基本公平，积极性和努力程度可能会维持现状。

$Q_{PP}/I_{PP} > Q_{P1}/I_{P1}$，一般来讲此人不会觉得所获得报酬过高，因为他可能会认为自己的能力和经验有了进一步的提高，其工作积极性因而不会提高多少。

$Q_{PP}/I_{PP} < Q_{P1}/I_{P1}$，此人觉得很不公平，工作积极性会下降，除非管理者给他增加报酬。

2. 公平理论在管理实践中的应用

公平理论提出的观点，在理论上是可以参考的，但是实际情况往往要复杂得多，并且各个指标都完全取决于员工的主观判断。这样一种主观判断通常来说有失偏颇。这是因为人们对自己的判断和对他人的判断并不一定都准确。人们通常了解自己的付出、努力和获得，但是对于别人所做的工作很可能就只了解他所看到的一小部分。就比如公司一些低调的员工经常默默的工作，当工作完成的出色，领导很可能会给予其一定的报酬奖励，但不是每个人都知道他们做了什么工作，就只会觉得为什么他们看起来也没做太多工作反而涨了薪水。也就是说，人们总是倾向过高估计自己的投入量，而过低估计自己所得到的报酬，对别人的投入量及所得报酬的估计则相反。所以公平理论可以参考，但不可完全照搬，管理者在运用时要更多的注意实际工作绩效与报酬之间的合理性。

对于管理者来说，首先应该做到公正无私的对待组织内每个成员，根据每位员工的工作表现，保证在薪酬以及物质分配上的合理性，尽量使每个员工都感到心理平衡。其次，他们要能够了解到员工对于每个人自己所得报酬的感觉，然后让每位员工都能够明确组织内薪酬分配的标准，以消除他们的主观不公平感。并且当员工感觉到不公平时，管理者要能够主动加强与员工的沟通，对于有些具有特殊才能的人，或对完成了某些复杂工作的人，应更多地考虑到其心理的平衡。最后，管理者还要能够抓好思想政治工作，引导职工进行全面、客观的比较，打破平均主义，最大限度地避免和纠正分配不公的问题，以激发广大职工的积极性。

三、行为改造型激励理论

行为改造型激励理论是指人的行为作用于一定环境，企业外部环境对人的行为有着重要的影响，激励的目的是改造和修正人的行为方式。行为改造激励型理论主要有强化理论和挫折理论。

（一）强化理论

强化理论是由美国心理学家和行为学家斯金纳于20世纪50年代首先提出来的，又称为"行为修正理论"。这个理论最初是从动物实验中得出来的，但在现如今，强化理论被广泛地应用于激励和人们的行为改造上。

1. 强化理论主要观点

强化理论认为，人的行为不仅仅取决于人的需求和动机，还取决于他所处的环境。环境的刺激与人的行为密切相关。环境对人的刺激分为有利的刺激和不利的刺激。当环境对人的刺激有利时，这种行为就很可能会重复的出现，导致行为频率增加，这也是人们通常所说的强化刺激。人的行为会随着强化刺激的增强而增强。如果环境对人的刺激不利，那么这种行为就会逐渐减弱甚至消失。因此，人们可以通过对这种强化刺激的控制来控制行为，引起行为的改变。

由于这一理论强调通过强化刺激来改变人们的行为方式,故又称为行为修正理论。管理人员可以通过强化手段,营造一种有利于组织目标实现的环境和氛围,使组织成员的行为符合组织的目标。

2. 强化的方式

(1) 正强化。正强化是指鼓励行为重复发生的强化。正强化可以通过一些精神或者物质奖励措施来实现,比如给员工增加薪酬、发放奖金、对员工进行表扬等。当员工的行为较好时,就可以通过正强化来保持或者加强这种行为。

(2) 负强化。负强化是指管理者会把某些不合要求或者会引起不良后果的行为提前告知员工,提醒员工不要犯此错误,从而规避不当的行为出现。提前告知员工所带来的不良后果,就会在一定程度上降低员工进行该行动的欲望,使他们选择规避风险。

(3) 自然消退。自然消退是取消强化,对某种行为进行冷处理,既不鼓励也不阻拦,以表示对该行为的轻视或者某种程度的否定。这样,一种行为长期得不到正强化,就会自然消退。

(4) 惩罚。当员工出现了不合要求的行为,就有必要采取一定的惩罚措施,比如降职、降薪、罚款、批评的措施来否定他们的这种行为,并且使他们感受到利益的损失和精神的痛苦,进而在今后的工作中避免不当行为出现。

3. 强化理论的启示

强化理论侧重于外部诱因以及环境的影响,忽略了人的内在因素,但是该理论有一定的可取之处,强化理论的启示和应用原则主要为以下几点。

(1) 要明确强化的目标。对于管理者来说,要进行强化,首先最重要的一点就是要能够明确何种行为可以被强化,强化的目的或目标是什么,预期的行为方向是什么以及被强化着的行为是否符合组织的要求。

(2) 要选准强化物。由于不同的人的需求不同,就需要对每个人都有针对性地选取强化物来强化。可以说,选准强化物是使组织目标同个人目标统一起来,以实现强化预期要求的中心环节。

(3) 要及时反馈。强化过程是一个闭环,强化并不是采取强化措施后就一劳永逸了,而是要通过一定的反馈作用去了解强化后的效果,然后根据反馈的结果再制订新一轮的强化措施。同时,通过反馈作用也可以使被强化者了解其自身的行为后果,及时兑现相应的奖励以及惩罚。对于员工有利于组织的行为要给予充分肯定,不利的行为要及时制止。

(4) 要尽量运用正强化的方式。在实际工作中,从人的心理角度来看,过多的惩罚会使被惩罚者的内心造成一定的创伤,甚至还会引起他们的反抗情绪,从而采取一些非常措施,比如欺骗、对抗等方式来逃避惩罚。而正强化不同,正强化使用的一系列的奖励措施,不仅可以在一定程度上满足员工的一些物质需求,还可以在精神上给予他们一种被认同感,从而激励他们更好的工作,有利于组织的发展以及组织目标的实现。因此,要多采用正强化的方式进行正向激励。

(二)挫折理论

人生前进的道路上或许会一帆风顺或许要面临许多的困难和挫折,不同的人面对挫折也会有不同的表现,有的可以努力克服困难达到目标,有的则被挫折打倒,从此一蹶不振,无法完成自己的目标。挫折并不都是消极的,有时也有着一定的积极作用。为了在管理工作中维护人的行为积极性,改造挫折引起的消极性行为,美国心理学家杜拉德等人对此进行了专门的研究,并提出了挫折理论。

1. 挫折心理与挫折行为的表现

我们总说挫折,那么挫折到底是什么呢?所谓挫折,是指一个人在实现目标的过程中,其动机受到一定的阻力或干扰,行为不能很好地完成,从而无法满足需求的一种内心情绪状态。挫折引起的心理和行为反应存在着多样性,这些心理和行为反应可能是积极的,也可能是消极的。例如,有些人遇到挫折之后,越挫越勇,不断战胜困难挑战困难,最终达到更高的目标;但相反的,有些人遇到挫折之后,不能够正确对待挫折,产生愤怒、沮丧、焦虑失望、放弃等消极情绪,有的甚至还会做出过激行为,比如产生攻击行为。

2. 运用挫折理论降低挫折的消极影响

挫折引起人心理和行为上的消极反应,往往损害被管理者的工作积极性。因而,在管理工作中采取有效的方法降低挫折的消极作用,对于维护和提高工作积极性是很重要的。

根据国内外对挫折问题的研究,降低挫折消极影响的主要方法有以下几种。

(1)分析形成挫折的根源,有效地预防挫折发生。一般而言,若想要解决问题或者预防问题,就需要明确问题发生的根源,从源头下手,找寻有效的解决办法。因此降低挫折消极影响的一个根本办法是,对常见的挫折类型产生的原因进行深入系统的分析,从多方面多角度采取措施和寻找解决办法,从源头上预防挫折的发生。但是不同的人在不同的情景下产生挫折的原因是多种多样的,所以在预防挫折时也应该区别情况对症下药。

(2)提高被管理者的挫折容忍力。挫折的容忍力是指当人遇到挫折,他能够面对挫折,挑战挫折,战胜挫折以及避免自己因为挫折而进行过激行为的能力。一个人对挫折的容忍力可以反映挫折在人的心理或行为上的反应程度,包括人的生理、心理以及生活经历等多方面的影响因素。因此,要提高对挫折的容忍力,一个有效的办法就是管理人员采取一定的措施和方法,培养被管理者的远大理想、坚定的信念和正确的世界观、人生观,这也是最基本的途径。

(3)对受挫者采取宽容的态度。遇到挫折产生消极情绪甚至作出过激行为的被管理者,比如:谩骂攻击管理人员,破坏公共财产,与身边人发生冲突等,不能只简单的从其思想意识和道德水平中去寻找消极行为产生的原因,还要能考虑到挫折带来的消极的心理影响。一个人遇到挫折作出过激行为,并不能说明他的思想和道德品质本身有问题,很可能只是受到消极情绪影响,而其自身无法做好情绪管理。面对这种情况,管理人员首先要拿出一个宽容的态度进行安抚,等待被管理者的消极情绪消散后,再指出其行为中的不当和错误,进行说服教育,往往能收到比较理想的效果。如果对受挫者的攻击性行为针锋相对、寸步不让，不仅不能使挫折的消极影响降低，而且容易使矛盾激化。

（4）改变受挫折者的环境。对于一些自尊心较强的人，当挫折发生后，身处原有的环境中，尽管在表面上看起来挫折似乎已经克服，但是原有的环境仍然会可能影响着他们，甚至再一次引起消极情绪和产生消极行为。例如，某一医生在医院的某科室出现过手术事故，可能会被作为一个反面教材来告诫医院工作人员要规避事故发生，而该医生本身就对事故的发生心怀愧疚，并且在单位里还可能常常被提起此事，就很有可能再次产生消极情绪和引起消极行为。但是一旦换一个新的工作环境，这些心理上的障碍或许就能消除。

第三节 有效的激励

一、物质利益激励

物质利益激励属于一种比较基础的激励方法，无论是在生活中还是企业组织活动中都比较常用。顾名思义，物质激励就是以物质利益作为奖励，以金钱为主的物质奖励刺激被管理者的物质需要，进而激发其动机，它主要包括以下具体形式。

（一）奖酬激励

奖酬激励是以金钱奖励作为主要的激励方式。包括发放薪资、其他福利性的报酬、奖金、优先认股权、分红等。长久以来，金钱一直都是一种重要的激励因素，但是随着人们生活和经济水平的提高，人们不再单一局限于对物质的追求，而是逐渐转移到更高层次的精神追求，金钱的驱动作用似乎呈现下降趋势。尽管现如今人们更多追求精神世界的丰富，但是物质仍然是人类生存最基本的要素，也是从事一切社会活动的保障和动因。因此，物质激励是激励的主要形式。

（二）处罚

事实上，激励分正面和负面两种，也即正激励和负激励。所谓正激励就是对超额完成任务的员工实施一定的奖赏，而负激励则与之相反，是指对未能按需完成计划的员工实施一定的处罚，给其以反向刺激。负激励是对有错误动机或行为的被激励者进行修正的一种激励方式，具体来说，就是采用包括降级、降薪、罚款、批评等在内的一系列强制或威胁性手段，或制订一些令人感到不快或有压力的条件，以否定组织中员工可能存在的某些不符合要求的行为，并尽可能地制止这种行为。

但实践证明，在对员工进行激励时，正激励的有效性远远大于负激励。并且负激励带来的负面效果和员工素质的高低正相关，也就是，越是素质比较高的工作人员，处罚对其产生的负面作用就越大。适当的处罚可以提醒和纠正员工的不当行为，但是过多和频率过高的处罚，就会给组织成员一种不安感，并且还会影响领导与员工之间的关系，影响同事之间的友好关系。并且在处罚时，领导者不可凭自己主观感觉随意处罚，而是要依据一定的事实根据和政策依据，使组织成员信服。此外，处罚方式和处罚的量也要适当，既要能够纠正其不当行为，起到教育作用，又不能激化矛盾，同时要与思想工作相结合，注意疏导，尽可能减少其副作用，化消极为积极，真正起到激励作用。

二、社会心理激励

仅仅进行物质利益激励是远远不够的，并且物质利益激励本身也有一定的缺陷，它可能会使人们为了多争取一点物质利益而使组织成员之间彼此封锁有利工作的消息，影响工作进程。因此，这就需要一定的社会心理激励。社会心理激励是指，结合对部分社会心理学原理方法的使用，领导者刺激被管理者的社会心理需要，以人的社会心理因素作为激励的诱因，以此激发其动机。具体来看，社会心理激励主要包括以下三种形式。

（一）目标激励

目标激励是一种企业组织按计划设置某些特定的、适当的目标，激发员工内心潜在的动机和行为，进而调动其工作积极性的激励方式。无论是完成组织目标，还是实现个人目标，都是以最终的目标为导向，团体和个人都发挥自己的才能以及付出相应的努力去实现目标。目标在此担任的功能就是引发、导向和激励。如果没有目标，人们的奋斗就没有方向，工作也就没有积极性。一旦员工有了清晰的目标，且受正向/负向激励的促使，有了迫切想要实现目标的欲望时，他们便会逐渐密切关注企业的需求发展，并尽可能地满足这种需求，有利于培养员工在工作中的责任感甚至是热情。管理者的职责之一就是要将每个员工内心深处的目标发掘出来，并且帮助他们实现这个目标。这种目标激励具有强大的激励效果。

根据期望理论，激发力量大小取决于期望值和效价。因此，管理者要尽最大的可能去增加目标的效价，也就是说，管理者在设计目标时，第一，要考虑员工的需要，使选择的目标尽可能多地满足需求；第二，要把奖酬激励作为目标实现的关键要素，激发员工的潜力，提高目标效价；第三，应尽可能将组织目标和个人目标相结合，让员工有只有在完成企业目标的过程中才能实现个人目标的意识，加大员工对企业的了解程度和在目标实现过程中的个人定位。此外，还要保证目标的可行性，如果一个目标是通过努力无论如何也无法完成的，那么就算进行激励也于事无补，只有目标合理，并且员工通过一定的努力可以实现，激励才能真正起到作用。

（二）参与激励

参与激励强调目标主体的参与性，无论在企业组织中担任何职，上到管理者、下到职工，都应当不同程度地参与到组织决策和各级管理工作的研讨中来；上级参与组织管理这无可厚非，但在这同时，上级也应注意多调动职工参与组织事务的积极性，有效激发他们的创造性。试想一下，如果所有员工一味被动地接受上级分配的任务安排，他们所做的一切工作都只是在机械地完成任务，对工作缺少热情。但是如果让员工参与到组织的一些研究和讨论中，就能或多或少激发他们的主人翁意识，最大限度调动他们的工作的积极性。总的来说,让员工参与到组织的研究讨论中有以下三点好处:第一,可以集中组织成员的意见,避免决策失误;第二,有利于满足职工的精神/心理需求,加快构建企业利益与员工利益的命运共同体,使他们在自我满足与社会价值的实现中产生更加强烈的责任感,实现双赢;第三,有利于职工对决策的认同,从而激励他们自觉地去推进决策的实施。

(三)荣誉激励

荣誉激励是指对个体给予高度评价的一种激励方式,可以通过发证书、表扬、记功等方式进行。对于管理者来说,设定荣誉是他们的工作职责,如何合理设定荣誉就显得尤为重要。荣誉分为个人荣誉和集体荣誉。如果只注重个人荣誉,那么企业内部很可能就会存在较为激烈的竞争,不利于企业整体的发展;如果只注重集体荣誉,那么员工个人之间的努力程度就不会有较大的区分,企业虽然整体发展平稳但较难有所突破。因此,要把个人荣誉的设置和集体荣誉的设置进行合理配比,既保证员工之间有一定的良性竞争,又能保证员工能够齐心协力,为组织争光,从而提高组织的团结性以及竞争力。

三、工作激励

根据赫茨伯格的双因素理论,对人最有效的激励因素其实来自工作本身,即对于企业组织中的职员来说,满意自己的工作是最大、最好的激励,这对于管理者而言无不是一个巨大的激励突破口。在企业的日常工作中,管理者应当充分发挥自己的协调职能,要善于调整、调动一切有利因素,充分发掘员工潜能,为员工分配最匹配的职位,并对症下药,为其设计合理的工作方式,尽可能提升下属对于自身工作的满意度,在企业中形成日渐完善的工作氛围,由此实现最有效的激励。

【课后思考】

1. 为什么要进行激励?
2. 简述马斯洛的需要层次理论和双因素理论的内容,并比较它们的异同。
3. 金钱是不是一个有效的激励手段?
4. 如何在管理实践中进行不同激励方式的比较分析?

第十一章 沟通管理

【教学目标】
1. 掌握沟通的概念及内涵。
2. 理解组织的管理冲突与协调。
3. 了解有效沟通的实现机制，将其运用到实际问题的解决中。

第一节 沟通概述

沟通是人类活动中最重要的活动之一，其中自然也包括企业活动。企业的管理与发展离不开各种身份、级别、职务、性格的人之间的沟通，沟通像一座隐形的桥梁，默默撑起企业各个环节之间的联系与衔接。

一、沟通的含义

（一）沟通的定义

沟通是一个中性词，源于拉丁语，其原意为"分享、传递共同的信息"。沟通作名词用的英文是"communication"，除了可解释为最常用的"沟通"以外，该词还可译为"社交"，可以说这是沟通的外延概念；"社交"包括信息沟通和行为交往两大主体部分，是指身处社会这一公共环境中的人通过一定的手段传递信息、交流思想给特定主体对象，以实现既有目的的过程。鉴于沟通所涉及的领域之广，与其相关的研究大多引起社会学家、心理学家、管理学家等各界学者的关注，学者们从不同的视角对沟通提出不同的解释。其中，在管理学家眼中，沟通实则为管理的一种重要功能。

本书将沟通定义为：管理者为实现既定目标，通过语言、文字、形态、眼神、手势等手段或媒介，使各种形式的信息在个人、群体或组织之间进行传递、交流，并逐渐形成同步理解的过程。

在沟通的定义中有几处理解要义，在此解释如下。

1. 沟通行为的目的性

可以说，成年人之间的一切行为都是带有目的性的，沟通也不例外；尤其是当运用在企业的管理中时，沟通完全可被视作一种个体能力，而非本能。人与人的沟通总是为了达到一定的目标，譬如沟通双方为实现信息交换、感情传达进行沟通，管理者为控制、激励员工而沟通等。

2. 沟通活动的价值性

人与其他动物最本质的区别就在于，人有自己的思想，并且可以运用丰富的语言、多种媒介来表达、传递自己的思想。沟通是一种极具思想性的活动，严格来说其出现且仅出现在人类世界。沟通的主客体都是人，该行为涉及至少两个人。人与人进行沟通交流，所传递的不仅是信息，也包括思想、态度、情感、价值观等。人的主观能动性和主动创造性使然，这些人类特有的属性或者说是长处都间接影响着沟通这一过程本身，影响着沟通的效果。

沟通可以、也应该是有价值的沟通。但在以下两种情况下，无法具备应有的价值性：其一，沟通主体所表达的信息等内容未能有效传达至客体方；其二，沟通客体无法正确理解沟通主体。这两种情况下的沟通也正是我们在企业管理中所应极力避免的"无效沟通"。

3. 沟通内容的复杂性

正如在定义中所提到的那样，沟通过程中主、客体双方交流的信息是多种多样的，包括观点、说明、意见、思想、态度、情感、价值观等；只要是人与人之间的交流，都属于沟通范畴。总的来说，沟通的内容包括观点、事实、情感和价值观这四大类。因此，人类沟通的内容错综复杂，有效沟通并非易事。

4. 沟通结果的可理解性

沟通过程中的多种类信息不仅需要被传递，还需要被理解，这也正是沟通在企业管理中的目的性与价值性的体现。成熟的沟通绝不仅仅止步于主、客体双方彼此交换信息这一点，一个完整的沟通过程，其结果应当是沟通双方最终形成各自或一致或不同的理解认识。这里容易存在一个误区，就是可能有人认为良好的沟通是使别人全盘接受我们所传达的全部观点，但实则并非如此。沟通客体在听完主体描述理解其信息内容后未与其达成共识，这依然可能是一个良好的沟通。主、客体双方在经过沟通后能否形成统一意见与沟通本身是否成功并无必然关联，达成共识的沟通未必是成功的，未能达成共识的沟通也未必是失败的。除了最基本的自身利益外，沟通双方形成的理解结果往往还受各自的心理因素、情感态度、价值观等主观方面的影响。总之，一个良好的沟通过程的结果并非要双方达成协议，而是沟通双方在这一过程中尽可能地避免带有主观偏见，尽量客观、准确地理解对方所传达信息的含义。

（二）沟通的过程

沟通是一个复杂的主客体双边活动，在此我们不妨将沟通过程中一切形式的信息统称为"码"，那么整体来看，沟通的过程大体上可分为以下四个阶段：主体编码、渠道传码、客体解码、客体反馈。

1. 主体编码

一个有意义的沟通始于两种可能：①信息发送主体需向信息接收客体传递信息；②信

息发送主体需要信息接收客体提供信息。这里所说的信息或"码"是个广义概念，包括观点、说明、意见、思想、态度、情感、价值观等多种内容。为了给沟通形成一个良好的开端，沟通主体应尽可能将所发送的信息编译成易于客体接收者理解的编码，并与其需要的形式相适应。譬如若客体需要书面文件，主体可选择文字、图片等编码形式；若客体需要汇报、讲座，主体则可相应地选择板书、PPT 投影等编码形式。

2. 渠道传码

沟通主体编码并非为自己，而是为了将码发送给客体接收。沟通过程中的信息传递渠道是联结主客体双方、促成其双边互动的一座桥梁。通过这座桥梁，沟通主体将所编译的码发送给客体接收者。由于上一阶段的编码形式各不相同，所对应的传码渠道也不尽相同。常用的传码渠道有三类：①口头渠道，如谈话、电话、演讲报告等；②书面渠道，如信函、书稿文件、备忘录等；③肢体渠道，如面部表情、手势、体态等。

3. 客体解码

渠道传码的目的是客体解码，即前两步骤是为使信息客体将所接收到的内容回译成特有的信息，并理解该信息内容。这一阶段是检验沟通的编码、传码质量的关键。显然，只有客体解码与主体编码传递的信息内容相同或类似时，前两阶段才算成功。在这里，客体接收者应选择与渠道传码阶段相对应的解码形式。上一阶段如果是口头传码，接收客体应耐心聆听；如果是书面传码，接收客体须认真阅读；如果是肢体传码，接收客体则需仔细观察，理解其中深意。

4. 客体反馈

作为沟通过程中的最后一个阶段，客体反馈是沟通的终极目的，其也受主体编码水平、渠道传码质量、客体解码能力的三重影响。通过接收客体的反馈，发送主体可了解其所想传递的信息是否真正为客体方吸收、接受。在现实的企业管理中，并非所有的沟通都能如愿实现其意义。在这里值得一提的一个概念便是沟通过程中的"噪音"。噪音在此意为沟通过程中妨碍有效沟通、使沟通效率大大降低的干扰因素。在沟通时，沟通主、客体双方都可能受到沟通噪音的干扰，如：信息发送主体编码水平有限，传码渠道形式的不当选择使信息质量受损，信息接收客体解码能力的欠缺等，沟通的结果并不总那么尽如人意。

客体反馈固然重要，但作为沟通的最后一个阶段，其却常常在企业管理中被管理者等信息发送主体所忽视，变得可有可无。实际上，为了有效检验沟通的效果，客体的反馈是必不可少的；只有落实了沟通过程中的反馈，才算真正完成信息的双边沟通。

二、沟通的作用

在人们的日常生活中，沟通无处不在，作用不容小觑。企业管理活动作为社会活动的重要组成部分，其活动质量很大程度上取决于沟通的质量，良好的管理沟通对企业发展的作用非同小可。

（一）企业——实现既有目标、提高组织效率、促进变革创新

1. 实现既有目标

企业的发展壮大离不开成百上千既定目标的实现，而这些目标的实现离不开包括管理者在内的企业员工的努力。我们常说"在其位，司其职"，只有管理者与员工之间、各部门员工之间充分交流、沟通，了解各自的任务并落实，企业才能平稳运行。沟通的第一要义就是将宏观、抽象的企业目标细化，划分为各部门各员工的具体任务，并让员工意识到自己的任务完成对企业目标实现的积极影响，促成其尽快完成任务。

2. 提高组织效率

在企业中，无论是人与人之间还是部门与部门之间，信息传递的及时性都是直接左右其决策执行效率的首要因素。只有管理者的命令、指示能够及时通过沟通传递到执行者处，由其贯彻、执行，组织才能得到良好运转。反之，如若沟通欠佳、信息传递不及时，决策的贯彻执行将直接受到影响。

3. 促进变革创新

一个优秀企业的变革创新绝非管理者一个人的任务与功劳。通常，组织变革创新的最优方案应当是管理层结合基层群众的创意建议后制订出的，这些创意自然需要通过沟通传到管理者耳中；进一步的，决策方案确定下来后也应通过沟通传递给企业员工，取得员工心理与行动上的支持。

（二）管理者——改善管理决策

高层管理者务必要"慎独"。群众的眼睛是雪亮的，群策群力有利于管理者更好决策。在企业管理中，沟通可有效促成管理者在更短的时间内形成更高质量的决策。首先，在决策前，管理者大可与多职多人进行沟通，广泛集成决策、制订多种决策方案。其次，在决策中，受专业知识与能力、主观心理因素等限制，单凭管理者一人很难对客观实际形成真正充分、准确的认识；若能大量集中多人的智慧，多聆听、比对不同人的不同见解，则大可减少管理决策的不必要失误。最后，在决策后，所制定决策的落实也离不开信息的传递与交流。简而言之，沟通贯穿企业管理者决策过程的始终。

（三）员工——有效鼓舞士气、优化人际关系

优秀的企业管理者对于企业良性发展的影响是不可磨灭的，而良好的沟通能力是优秀管理者的必备条件。管理者与下属员工交流，尤其是激励员工有利于提高其工作积极性、优化人际关系。相关研究表明，在一段时期内控制其他变量不变，管理者与员工定期沟通与不沟通，员工的出勤率、工作效率甚至满意度都存有较为显著的差异。无论是召开会议、委派任务，还是关心下属、询问意见，沟通贯穿企业管理者的日常；管理者若能掌握良好的沟通技巧，有效与员工进行沟通，对于提升员工士气，优化人际关系，增强内部凝聚力都大有裨益。

三、沟通的类别

（一）按渠道不同划分

按渠道的不同，沟通可划分为正式沟通和非正式沟通。

1. 正式沟通

正式沟通是依据正规的组织程序，在组织系统内按权力等级链进行的沟通，例如组织的会议召开、公函往来、文件传真、情报交换等。正式沟通的优点显而易见，沟通信息量大，易于约束、可靠性强，私密严肃、较具权威性，然而由于其往往依靠系统之间层层传递，所以通常沟通速度慢且较为刻板，还存有因信息传递链过长而造成信息失真或扭曲的可能。

进一步的，正式沟通又可按照沟通方向具体分为下向沟通、上向沟通、平行沟通和斜向沟通四种。

（1）下向沟通。下向沟通是指上级管理者向下属传递信息的沟通。这是组织正式沟通中最传统、最主要的一种沟通。通常，上级以命令、指示的方式向下属员工传达其所制定的管理决策、任务计划、政策规定等信息资料。正如前文所提到的一样，组织结构往往涉及多个层次，这样一来，信息在传递的过程中所遭受的"噪音污染"也将随着信息传递链的逐层加长而增多，因而在下向沟通中，信息的扭曲失真甚至遗失是常态，且沟通速度慢。

（2）上向沟通。与下向沟通相反，上向沟通则是指下属向上级管理者提出正式的口头、书面报告。随着企业管理全员化、民主化，许多企业通过员工匿名提议信件的投放、意见座谈会的举办等渠道进一步鼓励上向沟通。在实际的上向沟通中管理者应注意的是，信息可能在层层上行中被过滤、遗漏或夸大，从而失真。

（3）平行沟通。平行沟通指的是组织中同一层级的不同业务部门之间的沟通。平行沟通贯穿企业部门间的分工协作，是组织间常见的一种沟通形式，有利于减少组织矛盾冲突，提高组织运行效率。企业中的平行沟通应力保及时性和广泛性。

（4）斜向沟通。斜向沟通指的是组织中不同层级的不同业务部门之间的沟通。斜向沟通常常是自发的、主动的，且带有协商的性质，是加快信息流通，促进信息理解，加深多重合作，改善人际、群际关系必不可少的沟通形式。

2. 非正式沟通

非正式沟通是指在正式沟通渠道之外的一切沟通。正式沟通由于往往会耗费较大的人力物力，加之达到的沟通效果并不完全与投入成正比，企业组织中的正式沟通其实并不多见。为顺利完成沟通等任务，企业必须在少而精的正式沟通外辅以多而全的非正式沟通。

非正式沟通无须经过企业组织严格、刻板的层层传递，且其所携信息多与职工兴趣、利益相关，故具有一些正式沟通无法比拟的优势，例如，信息交流速度较快，信息较准确，效率较高，可满足职员的需要。然而，非正式沟通也带有一定的片面性，譬如因为传递渠道不够严肃、不受上级与部门的约束限制，非正式沟通中的信息常常被夸大或曲解，因此需慎重对其加以辨别。

（二）按符号不同划分

按符号的不同，沟通可划分为语言沟通和非语言沟通。

1. 语言沟通

语言沟通是指用语言符号进行的信息交流。常用的语言沟通有口头沟通、书面沟通和电子沟通。

（1）口头沟通。口头沟通是指用口头语言进行的沟通。口头沟通是最直接、也是最常见的语言沟通形式。放在企业环境中，小到电话、面谈，大到会议、演讲报告，都属于口头沟通的范畴。口头沟通的优点是直接便捷、反馈快、弹性大、效果较好，但也正由于沟通形式过于简单，事后往往难于佐证且容易忘记。然而，虽然一开始多少抱有节省时间的初衷，但毕竟未曾经过详尽细致的语言组织，口头沟通往往较为随意，沟通双方很可能想到哪里说到哪里，最终只得到些不尽完整或是断章取义的情报。

（2）书面沟通。书面沟通是指利用书面文字进行的沟通，例如通知、信函、备忘录、合同协议等。书面沟通的优点是所沟通信息相比口头沟通而言更加详尽细致、准确性较高，具有一定权威性，且留有一定书面凭证存档、不易忘记且易于事后佐证。在书面沟通时，接收客体可以对信息内容进行反复阅读、理解、记忆、落实，是企业较为常用的语言沟通方式。然而，书面信息预期效果的实现程度与书面信息书写者的表达能力、撰稿水平直接挂钩，一旦成形的书面文件中出现任何错误，便需要大力加以澄清；如此一来消耗了不必要的经费不说，也可能无法及时避免不必要错误的发生。不难看出，口头沟通和书面沟通各有利弊，两种方式可互补使用。

（3）电子沟通。电子沟通是指互联网时代出现的、大量使用电子邮件、通信软件等媒介进行的线上沟通，可谓大势所趋。常见的电子沟通除利用电子邮件外还有 QQ、微信、微博、各大虚拟社区论坛等。

2. 非语言沟通

非语言沟通是指借用包括语调语气、面部表情、身体姿势在内的，语言以外的任何形式来加强沟通效果的沟通，通常对语言沟通起着极为重要的辅助作用。相关研究表明，在一个完整的口头沟通过程中，非语言沟通的比重高达 93%（其中副语言沟通约占 38%，身体语言和物体操作沟通约占 55%），而语言沟通实则只占大概 7% 的比重。恰当使用非语言沟通能加强沟通效果，反之则会弱化沟通效果。

非语言沟通主要包括副语言沟通、身体语言沟通和物体操作沟通三类。

（1）副语言沟通。副语言沟通是指通过重音、停顿、重复、声调变化、哭、笑等来实现的沟通。当我们使用语言沟通时，即便是同一语言，在不同的语境下，说话者使用不同的口气演绎，倾听者也完全可能得出有一定出入、甚至截然相反的理解。譬如我们同样对立功者和犯错者说出"你也太绝了"，虽说言语相同，但我们想表达的意思和对方所理解的意思都是截然相反的：对于前者，我们语气中肯、音调适中，表示由衷的赞赏；而对于后者，我们语气否定、音调升高拉长，则表示委婉的批评，也称"反语"。

（2）身体语言沟通。身体语言沟通是指通过无声、动态的目光，面部表情，手势语言等身体动作以及衣着打扮，空间位置等形式来实现的沟通，可细分为以下三类。①身体动作。成年人受各种条件拘束可能不会随心所欲说出自己想说的，但无论是目光表情还是肢体姿态，人们的身体动作却诚不欺人。举例而言，当你在面试中进行自我介绍时，一开始面试官微笑看着你频频点头，你逐渐放松下来；而随着时间的推移你的自我介绍渐渐超时，面试官开始反复看自己手腕上的手表，这时你便明白应尽快结束这一阶段的内容。②衣着打扮。依然举个面试的例子。在参加面试时，面试官常会根据面试者的着装来基本判断其对这次面试的重视程度，大部分面试者为显示自己对面试的重视程度会着正装，而非休闲衣物。③空间位置。空间位置可直接影响沟通者的沟通影响力。例如，老师站在讲台上讲课和走到某位同学身边讲课时，该同学听讲的认真程度通常是有所不同的。

（3）物体操作沟通。除副语言沟通和身体语言沟通外，人们还可能通过对物体的操作加强无声的沟通。例如：某企业员工在工作时间玩手机，巡视者发现后可能端一杯水放在这位员工桌上以示无声警醒；相比直截了当地揭穿，员工可能更易于接受这种警告，并及时改正错误。

（三）按方向的可逆性划分

按方向可逆性的不同，沟通可划分为单向沟通和双向沟通。

1. 单向沟通

单向沟通是指信息仅仅朝一个方向传递，信息发送主体与信息接收客体角色不发生调换的沟通，如委派任务、汇报工作等。单向沟通的优点是速度快，有秩序，不易发生争执；但由于沟通双方无法形成双向互动，往往效率较低，信息接收方易走神、受挫，进而可能埋怨、抗拒。

2. 双向沟通

双向沟通是指信息在主、客体双方之间的传递方向反复变换、信息发送主体与信息接收客体之间的地位不断发生调换的沟通，例如面试、协商、座谈会等。双向沟通的优点是沟通气氛活跃，有反馈，效率高，利于人际关系的调动。缺点是速度慢，双方有随时被驳回的心理压力，且最终可能因无法达成共识陷入僵局。

从沟通意义的角度来看，严格来讲，双向沟通才是真正的沟通，但不能因此否定单向沟通。一般来说，企业遇到有章可循、无甚争论的例行公事可采用单向沟通，而对于初次涉猎、事态复杂的事务则可使用双向沟通。

（四）按主体不同划分

按沟通主体的不同，沟通可划分为自我沟通、人际沟通、群体沟通和跨文化沟通。但在企业组织中，存在的主要是人际沟通和群体沟通。

1. 人际沟通

人际沟通是主客体之间的互动式沟通，有利于增进人与人之间的了解与合作。良好的人际沟通对于构建良好的人际关系有着重要的促进作用。

2. 群体沟通

群体沟通是在两个及两个以上个体之间进行的沟通，如小组讨论、座谈会等。对于群体沟通我们并不陌生，群体沟通的优点是集思广益群策群力，多人观点的碰撞有利于提高沟通信息的质量；缺点是群体沟通中不乏滥竽充数、不谈一己之见之辈，可能存在从众现象，且众口难调，容易发生口角、产生冲突。

第二节 管理冲突与组织协调

在企业管理中，沟通无处不在。然而，无论在组织还是个体之间，有沟通的地方大多就有分歧。因而与此同时，管理冲突也是随处可见的。有了管理冲突就应该有相应的冲突管理，这事关企业发展的长远利益。而进一步的，组织协调又是由冲突管理衍生出的概念。因而在本节，我们将具体分析这几个容易混淆的概念，明晰概念间的关系。

一、管理冲突

（一）冲突与管理冲突

冲突是在两个及两个以上的个人或组织之间发生的，由于既定目标、观点、利益等差异互斥对立引发的心理或行为上的矛盾。由冲突的定义可知，差异是冲突的导火索；无论是人与人之间还是组织与组织之间，在目标、观点、利益上存有差异就可能引起冲突。与冲突同理相对应，管理冲突就是发生在企业管理中的由各种可能的差异引发的矛盾。

（二）管理冲突观点

目前，管理学界对企业管理中存在的冲突是褒是贬莫衷一是，但大体可分为以下三类观点。

1. 冲突贬义观点

该观点认为，管理冲突是不利甚至有害的。冲突贬义是一种传统的观点，符合大多数人对冲突既定的不好印象。该观点只看到冲突的消极影响，把冲突定义为组织内非理性、非团结的，带有破坏性甚至是暴力的矛盾斗争，认为管理者完全有必要、也有可能规避、消除组织中的管理冲突，从而避免其带给组织以不利影响。

2. 冲突中性观点

该观点认为，管理冲突是必然的、无可厚非的。冲突中性观点认为冲突是任何人与组织都无法避免的自然现象，且并非一定是不合理的；管理者应当直视、正面面对组织中的冲突，承认其必然性，甚至是合理性。

3. 冲突褒义观点

该观点认为，管理组织应当保持一定的冲突。该观点较为新近，在冲突中性观点的基础上进一步对管理冲突予以肯定——与冲突中性观点认定管理者应被动接纳冲突有所不同，冲突褒义观点强调管理者要主动鼓励组织中的良性冲突，适当的良性冲突反而有利于保持组织的生命力与创造力。事实上，无论管理者还是组织中的员工都应当用批判性的眼光看问题，唯有不断否定、批评才能促进组织革新；反之，毫无冲突可言的组织是冷漠的、迟钝的，似是一潭死水，象征着过度的妥协与从众，将置组织于原地踏步之境地。

（三）管理冲突的差别化处理

随着理论与实践的发展检验，越来越多的学者、管理者开始逐渐接纳冲突褒义观点，即提倡管理冲突的差别化处理。他们不但承认冲突的合理性，还提倡组织应保持适当的良性冲突——良性冲突一要适量，二要适度。关于适量并不难理解，过多过量的冲突可能置企业于涣散甚至分裂的无政府状态。至于适度，在企业的运行发展中，管理者又该如何判别管理冲突是良性还是恶性的呢？其实很容易。企业中的良性管理冲突往往有利于组织决策的多样化、组织目标的完整化、组织界限的明晰化、组织效率的高效化；反之，企业中的恶性冲突属于内耗性互动，其出发、落脚点并非为促进组织革新发展，而是某些个人或组织非理性的一己私欲，最终会降低组织的运行效率甚至分裂组织。

在对管理冲突的性质加以辨别后，管理者便可分别对二者进行差别化处理：对于恶性冲突，管理者要及时遏制、排解、消除，避免其给组织的正常运行带来负面影响；而对于良性冲突，管理者应带头鼓励、推崇，积极利用其正面效应有效地推动组织革新发展。

（四）管理冲突的影响因素

影响管理冲突的因素大致可归为三类：企业组织本身、企业管理者以及企业员工。

1. 企业组织

（1）组织规模大小。通常而言，组织的规模越大，冲突越大；规模越小，冲突越小。结合前文对管理冲突进行定义时所讲的"差异导致冲突"，其实不难理解。规模越大的组织往往伴随着更多、更复杂的层级关系，涉及更多部门之间的分工协作，因而往往伴随着更多差异，更容易产生冲突。

（2）组织资源分配

有人的地方就有资源，有资源的地方就有分配，有分配的地方就有利益，有利益的地方就有矛盾。企业进行资源分配时产生冲突有两种可能：其一，资源不够；其二，分配不均。并且，往往二者之间又相互影响：资源愈是稀缺，分配越可能不均；分配愈是不均，资源就越可能有空缺。

2. 管理者

事实上，组织中的绝大多数冲突都是沟通不及时或不当造成的。例如，对于管理者更新的"按劳分配多劳多得"的规定，相关负责人未能落实传递到每一位员工耳中，那么不知这项规定的某位员工看见与自己平级的同事领取了自己不曾获得的额外奖励时极可能产生消极怠慢的不良工作情绪，甚至是抵触、抗拒组织的心理。这时候，如果管理者未能及时发现并与其沟通，员工也许会继续保持当前低迷的工作状态；反之，若管理者通过一定途径对其有所了解并与员工沟通解释后，员工兴许会在明白缘故后为了同样得到额外奖励而积极投入工作，以此多劳多得。这样看来，管理沟通前后的效率效益差异十分显著，及时、恰当的沟通是很有必要的。

3. 员工

（1）员工个体差异。无论是管理者与员工之间还是员工与员工之间，差异是无处不在的。抛开目的与利益因素，受家庭背景、教育程度、知识存储乃至性格、价值观的影响，不同个体在面对同一事件或者说是决策时，通常会持有不同的观点与见解。这些不同的观点与见解一旦无法达成共识或妥协，便容易导致冲突。

（2）员工参与管理。相关研究表明，下级参与管理程度越高，其冲突水平也越高。归根结底，还应落脚到"差异导致冲突"的定义本质上来。参与某项管理的员工个体越多，不相容甚至互斥的差异观点越多，冲突也就越可能发生。而且，参与管理的员工基数越大，按一定比例计算，想必最后所提意见没被采纳的人数也越多，如此也容易扩大组织冲突范围。

（五）冲突管理

前文已经提到，管理者在对管理冲突的性质加以辨别后，应分别对良性、恶性冲突进行差别化处理，也即冲突管理。冲突管理是一门艺术。整体来看，管理者在进行冲突管理时应做好以下几点。

1. 谨慎选择处理

由于企业管理中差异是不可避免的，冲突也是无处不在的。但并非所有冲突都需要、值得管理者耗费时间去处理。组织中每天出现的冲突多种多样，而管理者的时间精力和能力都是有限的，不可能、也没必要对所有冲突逐一进行处理。有些冲突事发紧急却是组织内部容易自我消化的，不值得管理者花额外时间去处置；有些冲突不易自我消化却也绝非管理者力所能及的，管理者不宜插手；有些冲突是管理者力所能及的却可能耗费其大量的时间、精力，且未必收获相应的回报，管理者不应轻易介入。综上，管理者应有的放矢，谨慎地选择那些涉及面广、影响面大、力所能及、能得到相应回报（譬如能有效改善氛围、推进工作、提高效益）的冲突亲自进行处理；至于其余的冲突，管理者大可交由下属处理或待组织内部自我消化。

2. 分析冲突双方

谨慎选择那些有可能也有必要处理的冲突后，管理者应有效定位冲突双方（个体、代表人物或组织），并着重从以下几个方面进行分析：卷入冲突的双方是谁？冲突双方的差异在哪里？冲突双方有无背后的目的或利益出入，有的话具体是哪些？

3. 剖析冲突根源

管理者在解决冲突时，不仅应了解冲突点的表层，还要寻根问底，深入剖析冲突背后的深层原因，否则只能是治标不治本。这里依然回到前文的案例，即便是在发现或接收到某位员工消极怠工的信息反馈、了解实情后，为了避免类似事件的再度发生，管理者真正恰当的解决办法也应当是找到那位未能将"多劳多得通知"落实到位的相关负责人进行问责沟通，毕竟这一点才是冲突兴起的根源；若是不能剖析到这个层面并妥善处置，今后组织中极有可能发生新一轮的类似冲突。

4. 妥善处理冲突

对于组织中既有的冲突，有五种处理态度可供管理者选择，五种态度由软弱到强硬依次是：迁就、妥协、回避、谈判、强制。当冲突非锐化且亟待维持和谐关系时，管理者可采用迁就策略；当冲突双方势均力敌且无实质进展、必须双双做出让步时，管理者可采用妥协策略；当冲突无关紧要，或是可以内部自我消化，或是冲突双方情绪激动需要时间平复时，管理者可采用长久或暂时的回避策略；当事件十分重大，双方不能妥协时，经过沟通了解双方的差异所在后，管理者可采用谈判策略，尽量找寻解决问题的双赢模式；当面对一些紧急且重大的冲突事件，必须迅速做出处理时，管理者可采用强制策略，暂时牺牲某方（也可能是自己的）利益，并做好后续安抚工作。以上五种冲突处理的态度并无好坏之分，在面对不同的情况时，管理者能妥善选择相应的恰当态度才是根本。

二、组织协调

（一）组织协调的概念

组织协调是由冲突管理衍生出的概念，是指为解决组织冲突或为促进一定组织任务的完成，而对组织中的一切资源进行调配、统筹安排的过程。组织协调的主体往往是管理者等具有相当职位权力的上级领导人物，组织协调能力是考量管理者能力的一项重要指标。

（二）组织协调的分类

按照不同的分类维度，可对组织协调进行与之相对应的分类。

(1) 按协调内容所涉方面的不同,划分为组织政策协调、组织事务协调和组织人际协调。政策协调是指对组织政策实施前、中、后可能发生的一切关系和矛盾进行协调;事务协调就是对组织内每日发生的事务和可能产生的矛盾进行协调;人际协调是指对组织内外的种种人际关系和矛盾进行协调,包括对内的人事关系协调和对外的社会关系协调这两部分。

(2) 按协调方向的不同,划分为组织纵向协调和组织横向协调。组织纵向协调是指组织中上下级之间关系的协调,既包括对上级单位、上级部门、管理层之间关系和矛盾的协调,也包括对下级单位、下级部门、下属员工之间关系和矛盾的协调;组织横向协调则是指同级组织或个体之间关系和矛盾的协调,包括同级单位、部门、人员三部分。

(3) 按协调对象的不同,划分为组织内部协调和组织外部协调。顾名思义,组织内部协调的对象是组织内的各部门、人员。组织外部协调的对象则是本组织外的其他单位及其部门、人员。

(三) 组织协调管理

管理者要想做好组织协调工作,应注意以下四点。

1. 全局统筹

管理者进行组织协调时牢记协调的初衷是实现组织的整体目标,所以协调时着眼全局,务必把全局利益放在首位;另外,在优先全局利益的前提下也应兼顾局部利益,不可厚此薄彼。

2. 主次有别

管理者每天面临的协调工作任务量大,但任务与任务通常是有轻重缓急之分的;管理者在协调前应对一定范围内的协调任务加以区分主次,做到先重后轻,先急后缓。

3. 民主平等

在进行协调工作时,管理者要学会平视下属员工,不能处处以权压人、先发制人;应当尽可能地采用双向沟通,积极聆听并尊重、理解员工的提议;大力发扬民主,提倡平等协商。

4. 加强谈判

谈判是指存有冲突的个人或组织之间,从双边或多边受益的角度考量,以实现利益最大化为目标,寻求解决冲突、协调组织的方案,经协议后最终就有关条件达成某种共识的过程。作为一种可有效促成组织目标实现的调剂手段,无论是在解决管理冲突还是处理组织协调中,谈判都是管理者必不可少的重要技能。

第三节 有效沟通

本章第一节已经提到,沟通应该是有价值的沟通;企业应极力避免无效沟通,力促有效沟通。在进行一系列冲突管理和组织协调后,企业的最终目的是实现企业组织的有效沟通。本节将从企业的沟通主、客体双方和企业组织本身的客观因素这三方面展开,分析企业实现有效沟通的障碍,以及克服相关障碍的途径。

一、有效沟通的障碍

(一)沟通主体

1. 语言表述存有差异

个人与组织间,无论是以口头、书面还是电子的形式进行沟通,语言都是主要的表达媒介。然而,语言表述存在多种差异,这些差异或多或少影响着有效沟通的顺利进行,差异主要有以下几方面。

(1)语种差异。语种差异是不同国别之间的不同语种由于各自带有的表述特色而可能存有的表达差异。通常情况下,用母语表达比用外语来得更快,且更加清晰。

(2)语义差异。即便是同一国别同一语种,不同地区之间的习惯性表述也可能存有细微差异,尤其是在汉字使用灵活、极富差异性的中国。此外,中文表述中不乏大量的一词多义,词句之间往往携有丰富的个性化信息,理解可变度极大,对有效沟通造成了不小的困扰。请阅读下面这段管理者与员工之间蕴含着丰富信息的对话:

管理者:这是几个意思?
员工:小意思,和您意思意思。
管理者:这样就不够意思了。
员工:我真没别的意思。
管理者:你可真有意思,那我就不好意思了。
员工:您甭不好意思,叫我怪不好意思的。

虽说只是简简单单的两个字,你能数清楚这段对话中的"意思"共有多少个意思吗?

(3)用语差异。在实际的沟通当中,如果沟通主体在沟通前缺乏充足的思考准备,则可能用语不当表述出模棱两可的话,使对方不知所云。

2. 说话的艺术造诣不深

如果说领导是一门艺术,那么说话就是这门艺术中的必修课。准确、有效地使用语言应当是每位优秀管理者的第一课。管理者一旦忽视语言艺术在有效沟通中的作用,不去注重语言的适当性、简练性、针对性和趣味性,那么进行的沟通再多、再频繁,也可能是无效的沟通,不仅浪费沟通双方的时间,还可能产生负面效果。在此,我们简要介绍管理者说话艺术中的两大误区。

(1)不够尊重对方。在沟通中,当一方不能受到应有的尊重,在另一方面前感到丢了自尊、面子时,其在很长一段时间内都会与不尊重方形成距离感,或是表现冷淡,或是处处回避,严重者甚至会抓住任何机会予以反击。同理,如果管理者在沟通中的不当言论让某位员工感受不到应有的尊重甚至伤害到其自尊,这时再想与他恢复从前的沟通和关系就十分棘手了。

(2)未充分运用非语言沟通。被不少管理者忽视的一点是,在进行沟通时充分、娴熟地运用非语言技巧对于促成有效沟通而言卓有成效。关于非语言沟通前文已有所提及,其在口头沟通中所占到的比重很高。非语言沟通在沟通中具有举足轻重的地位,值得被管理者重视。

3. 信息传递链过长

沟通过程中,如果信息传递链过长、涉及过多环节,那么信息极易在层层传递中逐渐失真,最终甚至可能丧失本意。有关研究表明,一般来讲,信息在系列传递中每历经一个环节便会丢失30%的信息。除此以外,信息传递链越长,越容易发生对上一环节所接收信息的遗忘。

(二)沟通客体

1. 选择性知觉

在接收信息时,信息接收客体受个人目的利益、知识能力、经验阅历、价值观甚至一时的态度情绪的影响,往往会有选择地去理解信息,产生极具主观个性化的个人理解。"人们往往只看到他们想看的,听到他们想听的",选择性知觉是人际间有效沟通的重要障碍。在作为信息接收客体时,人往往以自己有兴趣了解的、喜欢听的为知觉基础,忽略知觉基础以外可能无比重要的信息。由此,倘使沟通客体已在心底认定某一理解,就无法客观、集中地聆听沟通主体所言,这对有效沟通形成了不小的障碍。

2. 缺乏同理心

同理心其实也就是我们通常所说的换位思考能力。沟通客体如果缺乏应有的同理心,在沟通中无法做到换位思考,就会在接收信息时选择性失明,难以实事求是地理解信息,而只认定对自己有利的信息并落实,哪怕这"利"建立在他人或组织的痛苦或损失之上。

(三)客观因素

1. 沟通信息量过大

在实际的沟通中,信息量过大、信息超负荷容易导致以下问题。

(1)提高理解难度。在面对篇幅过长的信息时,人们往往会对信息进行过滤,如此有可能忽略其中的关键信息。

(2)增大浏览误差。例如,员工在接收到大量需要阅读的文件后,为信息过量所困扰,可能漏看文件中的某处"不"字,理解出与原文件所表达的截然相反的意思。

(3)产生消极态度。信息量过大通常伴随着信息质量的良莠不齐,员工可能逐渐在习以为常的选择性阅读中忽视掉某些重要的高质信息。

（4）降低工作效率。在一次性所传递的信息过多时，员工可能干脆直接停止或无限拖延对既有信息理解任务的处理。

2. 沟通主、客体地位有别

在下向沟通中，由于地位的差异，不少上级碍于身份，难以做到主动落实与下属间的沟通，即便落实了，上级与下级进行沟通时一般也是无所顾忌的，而"聪明的"下级很可能需要学会在与领导沟通时察言观色，基本很少不认同或是辩驳上级的说辞。至于上向沟通，企业组织中往往很少有员工主动找上级沟通，即使有，也鲜有讲真话者，因为员工历来受的教育都是告诉他们要谦虚谨慎，要回避矛盾冲突，不强出头。长期以来，他们已经习惯于"既不反对，也不赞成；既不讨好，也不得罪"。总之，受种种等级观念、潜在自我保护意识及中国传统文化和环境的影响，上下级之间的误会、隔阂和不理解越来越深，给管理带来了很大的困难。

3. 地理空间制约

说到对有效沟通的影响，地理空间和组织规模基本可以称得上是同一因素的两个方面。一般情况下，组织规模越庞大，地理位置分布越分散，信息传递延误甚至失真就越容易发生。

4. 未能选择恰当的沟通方式

沟通方式的选择对信息的传播效果有着直接影响，选错了沟通方式有可能得不偿失。比如明明口头沟通就可以解决的事情却使用电子沟通，或是在对待应当进行正式沟通的重要事件时误用非正式沟通等，均会使沟通的有效性大打折扣。

5. 沟通氛围问题

沟通遍布企业管理经营的每个角落，可以毫不夸张地说，良好的沟通氛围是树立企业和谐风气、营造企业和睦氛围的先决条件。如果企业未能营造出轻松融洽的沟通氛围，沟通还未进行前主、客体双方可能就对彼此抱有一定的抵触情绪，那么在这样的前提下，无论沟通中的信息质量数量多么适中、传递多么准确及时、渠道方式多么恰当，有效沟通都难以实现。

二、有效沟通的实现

企业组织要想实现有效沟通需要解决上述沟通问题。针对上文所述的沟通问题，沟通主客体双方、企业组织本身应在以下各方面进行改进。

（一）沟通主体

1. 克服语言表达差异

信息发送主体在传递信息时作为主动的一方享有先决发言的优势，但这同样也是一种责任与压力。沟通主体应注意主、客体双方的语言表达形式要尽可能统一；对于可能形成理解歧义的地方应做好解释准备；在与客体方沟通前，若是口头沟通则可提前打好腹稿，若是书面或电子沟通则应对将要沟通的文字内容自行斟酌理解，确保信息的质量。

2. 提升说话的艺术造诣

管理者应多锤炼自己的说话技巧，提升说话的艺术造诣。我们简要介绍管理者说话艺术中的两大法宝。

（1）把尊重放在首位。在沟通中，要想尊重对方，管理者尤应注意避免使用下列语言类型：①极端的语言，如"很明显绝不是你说的这样"；②过度强调自我的语言，如"你别讲了都听我的"；③有损对方自尊心的语言，如"怎么连这么简单的事都做不好"；④赌气的语言，如"明天别来上班了"。

（2）充分运用非语言沟通。在尊重对方的基础上，管理者在沟通时还应学会运用非语言沟通以促成更好的沟通效果，如注意讲话过程中的语速、重音、重复、停顿等。例如停顿，在企业召开会议时，管理者若想对某处会议内容进行重点强调，可采用适当长度的停顿，给讲话者和倾听者彼此创造一个思考的机会。

3. 控制信息传递链节点数

沟通时应尽量控制信息传递链节点数在合理范围内，缩短信息传递链，以保证信息传递流通的完整度和通畅度。控制信息传递链节点数在一定程度上有利于信息的及时反馈，有利于沟通主体跟进捕捉沟通客体的反应并据其作及时调整，以更好地实现有效沟通。具体做法有充分利用非正式沟通渠道、减少组织机构重叠等。

（二）沟通客体

1. 克服选择性知觉

在接收来自主体传递的信息时，沟通客体方应该保持谦虚谨慎的姿态，以充分的耐心认真聆听，做到平静客观，应该竭力避免戴着有色眼镜想当然地听取、理解主体所传达的信息内容。

2. 培养同理心

这是管理沟通中屡试不爽的黄金法则，无论是沟通主体还是客体，都应培养同理心，也就是培养换位思考的能力。关于这一点，企业上到管理层、下到普通员工都应当重视，切忌在沟通过程中一切以自我为中心、置他人权益于不顾；应该客观、理智地看待问题，以大局利益为重，在必要的时候牺牲小我保全大我。

（三）客观因素

1. 控制单次沟通信息量

在与对象进行沟通时，企业组织、个人尤其是管理者应注意一次性所表达的信息不能过多,应起码控制在企业 80%以上的员工都能理解消化的范围内;对于过多、过于复杂的信息传达,可以划分为几个相对集中的部分,分批进行。

2. 促进平行沟通,上级善于倾听

(1) 加强平行沟通,促进横向交流。在实际的企业经营管理中,组织内部的沟通以上下级间的垂直沟通居多,各部门组织间的横向交流较少;但事实上,平行沟通能加强横向的合作,作用非同小可。

(2) 学会倾听。部分管理者可能认为,双向沟通中自己讲得越多,沟通效果就一定越好,忽略了对下属心声的倾听;但在实际沟通时,倾听的说服力并不亚于讲话。管理者在倾听时应杜绝先入为主、以自我为中心的观念,要在沟通全程充分尊重讲话方,在对方讲话时集中注意力跟上对方思路并同步思考。一方面,倾听者不应轻易打断对方讲话;另一方面应该对讲话者予以适当的肯定和鼓励,哪怕是简单的一个"对"字或一个点头、一个微笑。

3. 及时传递信息

企业组织规模的大小是既定的,但可能造成的对有效沟通的地理制约却是可以尽力避免的。组织沟通中的每一环都应力求信息传递的及时性。在日常工作中,组织与个人、个人与个人之间都应加强沟通交流,避免突然交流时的陌生感与剥离感。

4. 选择恰当的沟通方式

前文既已讲到,沟通的类型多种多样,管理者却可能挑花了眼,或是压根未能意识到恰当的信息传递方式对于有效沟通的重要性。例如对于紧急重大信息的传递,选择书面或电子沟通便好过口头沟通;而对于不那么重要也不紧急的信息,考虑到成本问题,非正式的口头沟通点到为止即可。这些都是有效沟通中理应注意的细微方面。

5. 营造融洽的沟通氛围

企业的健康发展离不开融洽的企业氛围,融洽的企业氛围离不开积极和谐的沟通氛围。而这种种氛围、风气都与管理者的管理沟通水平息息相关。要想在企业中树立一种积极正向的沟通风气以此提高沟通效率,管理者除了应该尊重下属、积极倾听其意见观点并及时反馈之外,还应鼓励下属之间、部门之间多多沟通,在整个组织中建立一种充满信心、相互信任、积极沟通、敢言敢当的氛围。

【课后思考】

1. 说说你所憧憬的企业氛围是怎样的。
2. 如果你是一位管理者,你认为在与下属沟通时最重要的一点或几点是什么?
3. 谈谈你对"同理心"的理解,并分享一个你的小故事。

第十二章 控制概述

【教学目标】

1. 理解控制的概念及原理。
2. 掌握控制的类型和控制过程。
3. 能把控制的基本知识运用于实际问题之中去。

第一节 控制活动

控制（control）在现代汉语词典中被解释为掌握住对象不使其任意活动或超出范围；或使其按控制者的意愿活动。控制是指把握事物起因、发展及结果的全过程，是能预测和了解并能决定事物的结果。控制是管理工作的职能之一，是管理过程中必不可少的一个关键性环节，是包括基层管理人员至高层管理人员在内的每一个人都必须具备的职能。越是完善的控制系统，越是能够帮助管理者实现组织的目标。

一、控制的概念

（一）控制的含义

控制是指按照计划进行，在管理工作的过程中及时纠正实际与预期之间产生的偏差，使工作活动逐渐达到预期目标。简而言之，控制与计划是密不可分的。作为管理职能之一的控制，其主要目的就是为了保证计划与实际管理作业动态吻合，如果没有计划就没有控制的必要。控制主要包括对两个方面的控制：第一，对工作活动的控制，修正工作活动中的偏差，使工作任务得以正常完成；第二，对管理人员的控制，通过对员工的考评，促使其尽职尽责完成工作。

（二）控制的必要性

斯蒂芬·罗宾斯曾如此描述控制的重要性：尽管计划可以制订出来，组织结构可以调整得非常有效，员工的积极性可以充分调动，但是这仍无法保证所有的行动都按原计划执行，仍无法保证管理者追求的目标可以顺利达成。

在实际的管理中，我们无法保证计划绝对周密，日常工作中多少会出现偏离原计划的现象。这些偏差主要是以下三个原因导致的：一是环境的变化，动态的市场环境要求管理者随着环境变化去修正工作计划，矫正随着环境变化带来的偏差；二是企业的发展导致了管理层次的增多，管理权力的不断分散使管理者必须利用控制来保证管理权力得到正确的使用；三是工作能力的差异，管理者无法确保所有组织成员的工作能力完全符合计划的要求，若未得到合理的控制，容易导致工作人员与组织目标出现脱节现象。

因此，控制对于管理活动的必要性主要体现在以下几方面。

1. 控制保证计划完成

在计划实施过程中，总是存在一些不可预测的因素对计划的执行产生影响，并且影响到计划目标的实现。因此计划的完成不仅仅需要执行人员的不懈努力，同时需要计划管理者在计划执行中，通过控制来修正，调整计划，以适应环境变化，使计划正常完成。

2. 控制提高管理效率

控制可以使管理者及时发现计划执行中所出现的偏差，并降低对于组织目标的负面影响；同时也可以通过对目标和员工的控制，使组织高速运转，提高工作效率。

3. 控制推动管理创新

控制使得组织可以有效适应环境变化，及时对活动现状进行反馈。作为一种积极主动的管理活动，控制使管理者可以主动应对环境变化并及时做出反应，这让管理者更容易针对环境现状实现目标的调整和管理的创新。

（三）控制与其他管理职能的关系

控制是管理的一项重要的职能，它与计划、组织、领导等基本管理职能相辅相成，共同构成管理的四个主要环节。计划提出了管理者追求的目标，组织提供了完成这些目标的结构、人员配备和责任，领导提供了指挥和激励的环境，控制提供了偏差信息和纠正措施，以确保符合计划。控制建立在计划、组织、领导和其他职能的基础上，并对其产生积极影响。

1. 控制与计划的关系

控制工作是指根据计划和标准对所取得的成果进行测量并纠正所出现的偏差，以保证实现计划目标。如果管理的计划工作是得到一个一致、完整且相互关联的计划方案，那么管理的控制工作就是使所有的管理活动都按计划来进行。

计划和控制是一个问题的两个方面。计划是基础，它是用来评定行动及其效果是否符合需要的标准。计划越清晰、完整和全面，控制效果就越好。控制职能使管理工作成为一个闭环系统。在众多情况下，控制既意味着一个管理过程的结束，也意味着一个新的管理过程的开始，该管理过程使计划的执行结果与预期的计划目标保持一致，并为计划提供信息。

2. 控制与组织的关系

组织职能是为了给组织成员提供一个具有良好合作氛围的工作环境而建立一种组织结构框架。因此，组织职能的发挥不仅提供了合适的组织结构框架来推动计划的顺利实施，还提供了人员配备和组织机构来促进控制职能的发挥，而组织结构的确定实际上对组织中信息联系的渠道进行了定义，为组织的控制提供了一个信息系统。如果组织问题引起目标的偏离，则应采取组织结构的调整、组织中权责关系以及工作关系的重新确定等控制措施。

3. 控制与领导的关系

领导职能指通过领导者的影响力引导组织成员为实现组织目标做出积极的努力。这意味着组织控制系统的建立和控制工作的质量受到领导职能的影响。控制职能反过来又对提高领导者的领导力和提高领导者的效率起到了一定的作用。

纠偏措施在控制工作中可能涉及管理的方方面面，应当把那些不符合要求的管理活动引回到正常的轨道上。

二、控制的原理

由于环境的变化、管理权力的分散以及工作能力的差异，人们在执行计划的活动中总是会或多或少与计划不一致，所以进行管理控制是十分必要的。控制的原理如下所述。

（1）任何系统都是由一定的因果关系链联结在一起的元素的集合。元素之间的这种关系就叫耦合。控制论就是研究耦合运行系统的控制和调节的。

（2）为了控制耦合系统的运行，必须确定系统的控制标准 Z。控制标准 Z 的值是不断变化的某个参数 S 的函数，即 $Z=f(S)$。例如，为了控制飞机的航行，必须确定飞机在航线上的位置 S 的值是不断变化的，所以控制标准 Z 的值也必然是不断变化的。

（3）通过调节系统，可以纠正系统输出与标准值 Z 之间的偏差，从而实现对系统的控制。企业作为一个耦合运行系统，其生产经营活动的全过程是由严密的关系链联结在一起的。无论是整个过程，还是某个阶段、某个环节，为了获得一定的产出，就必须有一定的投入。通过控制投入生产过程的资金、人力、物力、管理和技术信息，可以控制企业生产经营活动的产出。

三、控制的特征

（一）整体性

控制的整体性体现在两个方面：一是指控制不仅仅是高级管理人员的职责，也是组织所有成员的职责，每个成员都需要根据组织目标的调整和环境的变化来控制自己的工作内容和方向；二是指控制的对象渗透到组织的方方面面。为了确保组织整体的发展和组织目标的一致，需要了解和掌握组织的每个细节并予以控制。

（二）动态性

管理控制在实际生活中不同于机器设备的控制，它是在一个有机的社会组织中进行的，组织的外部环境和内部结构是实时动态变化的。因此，管理控制的标准和方法需要不断地改进，从而使得管理控制具有动态性的特征。

（三）控制是由人执行对人的控制

控制的目的是保证工作按照计划进行并顺利实现组织目标。在此过程中，人是活动的主体。因此，管理控制是由人来执行的，是对人的控制。

（四）控制可以提升下属的工作能力

管理控制的目的不仅是监督，也为下属人员提供一定的指导和帮助进而督促下属员工更好地完成工作。组织的目标是组织所有员工努力争取实现的方向，因此实际的工作必须依靠下属员工去实施。而管理者可以通过控制职能，帮助下属理解组织目标，端正下属的工作态度，指导他们高效完成工作。

四、控制的作用

（一）控制是确保组织目标、计划顺利实现的重要手段

组织的目标和计划是对组织未来某一时期内的方向和行动步骤的描述。然而，现代组织面临的环境复杂多变，为了使目标、计划能够适应动态变化的环境，并保证组织目标、计划顺利实现，组织就必须通过控制来及时了解环境变化的程度和原因，从而对原定计划和目标采取有效调整和修正措施。

（二）控制是协调组织内部关系、保证每一项具体工作顺利进行的重要工具

随着组织规模的日益庞大，活动内容日益复杂，每个组织都要从事一系列艰巨、复杂且涉及各个部门的工作以实现自身目标。因此，组织不仅要制定明确的目标并分解总体目标，还要在实施过程中进行大量的组织协调。组织必须对各部门及其活动进行大量的控制工作以避免本位主义，进而使各部门活动紧密围绕组织目标，保证每一项具体活动或工作的顺利进行。

（三）控制是组织发现错误、纠正错误的有效工具

任何组织在其发展过程中都不可避免犯一些错误，而控制是对实际活动的反馈。管理者可以通过控制及时发现失误；管理者可以通过对产生偏差的原因进行分析来明确问题之所在，从而采取措施纠正偏差。因此，控制是改进并推动工作不断前进的有效工具。控制

贯穿于管理的各个方面，与其他管理职能之间存在着密切的关系。计划、组织、领导职能是控制的基础，控制必须建立在计划、组织和领导的基础上；反之，控制是计划、组织、领导有效进行的必要保证。

五、控制的类型

控制工作贯穿于组织管理的始终，控制的类型也多种多样。在实际管理中，管理者需要根据实际情况，采用不同类型的控制进行管理。根据组织活动的阶段或信息获取的情况，控制分为前馈控制、现场控制和反馈控制；如果是基于管理者与控制对象之间的关系，则分为直接控制与间接控制；如果按照控制结构进行划分，控制可以分为集中控制、分散控制等。

（一）控制的阶段

1. 前馈控制

前馈控制又被称为事前控制，指的是在管理工作开始之前，为了提前预防问题漏洞的发生所进行的控制。管理者通过事前控制，对管理工作中的困难和可能产生的偏差进行预测和估算，并预先采取预防措施，在它们发生之前消除可能的差异。

前馈控制以未来为导向，在工作开始之前，反复检查工作中的各种资源和信息，将其与预期目标相比较，并逐步完善计划。评估工作中可能产生的问题，并在实际偏差产生之前设置防范措施，管理者可以有条不紊地利用各种方法纠正偏差，从而达到预防效果。

前馈控制的优点：首先，前馈控制在管理工作开始之前进行，因此可以有效地避免问题已经出现而无能为力的情况；其次，事前控制不是针对具体的事件及员工，不会对组织内部产生冲击，易于接受。但是，前馈控制也存在着明显的弊端，前馈控制的条件要求较高，要求管理人员能够充分了解组织目标和组织的现状，并且能够及时和准确地掌握信息，否则便无法进行事前控制。因为其能够避免偏差的出现，有利于组织活动的顺利进行，而得到了管理人员的青睐。但从现实来看，实现完美的前馈控制比较困难。

2. 现场控制

现场控制又称同期控制或过程控制，指企业经营过程开始后，对人员和活动进行指导和监督，使得管理者可以在现场进行管理活动，保障组织活动不偏离于原定目标。管理者越早意识到活动与计划之间的不一致就能越及时地采取纠偏措施，从而避免发生重大问题。

管理者通过在现场对下属的监督和指导，完成现场控制。管理者的监督有利于保障组织按照既定目标稳步前行；管理者的指导可以针对工作中的问题，即指导下属改进工作，以便下属可以正确完成目标。

现场控制可以在保证组织目标实现之余，对员工的工作能力起到提升的作用。然而，现场控制也存在许多弊端：首先，亲临现场使得管理者工作压力增加，同时受到时间，精力以及管理者自身能力的限制，管理者无法在现场工作中面面俱到；其次，现场控制的应用范围较小,部分工作无法在现场进行完善的控制;再次,管理者亲临现场容易导致员工心理压力较大,工作积极性无法充分调动。

3. 反馈控制

反馈控制也被称为结果控制或事后控制,指在生产经营活动已经结束之后的一个阶段,组织总结本阶段的资源利用情况和生产经营结果。反馈控制发生在工作结束之后,聚焦于已经完成的工作结果,通过对已经形成的结果进行衡量分析和比较,分析工作中出现的问题和取得的结果,以便对今后工作进行纠正。

但是,进行反馈控制时,工作中的损失和偏差已经产生,实质上属于管理者的"亡羊补牢",因此反馈控制无法改变已存在和已发生的失误,其唯一的作用是通过总结过去的经验和教训来为今后的工作制定和活动安排提供借鉴。

反馈控制主要包括财务分析、成本分析、质量分析以及员工绩效评估等内容。

财务分析是以会计核算和报表资料及其他相关资料为依据,采用一系列专门的分析技术和方法,对企业等经济组织过去和现在有关筹资活动、投资活动、经营活动、分配活动的盈利能力、营运能力、偿债能力和增长能力状况等进行分析与评价的经济管理活动。能够为企业的投资者、债权人、经营者及其他关心企业的组织或个人了解企业过去、评价企业现状、预测企业未来做出正确决策提供准确的信息或依据。

成本分析是通过比较标准成本和实际成本来了解成本计划的完成情况。在分析成本结构和各个成本要素的情况,可以了解成本计划执行结果受材料、设备、人力资源的消耗与利用的影响程度,以寻找合适的方法来降低成本并提高经济效益。

质量分析是通过评估质量控制系统所收集的统计数据来判断企业产品的平均等级系数,了解产品质量水平和成本之间的关系需求,找出企业质量工作的薄弱环节,为组织下期生产过程中的质量管理和确定关键的质量控制点提供依据。

员工绩效评估是通过检查企业员工在本期的工作表现来分析他们采取的措施是否符合要求,并评估每个员工对企业提供的劳动数量和质量贡献。绩效评估不仅为企业确定支付给他们的报酬提供了客观的依据,而且还可以根据他们对报酬公平与否的判断来影响未来员工的动机。

(二)控制的手段

1. 直接控制

直接控制是指管理者直接对员工工作成果进行检查的控制手段。采用直接控制,能够使管理人员熟练运用管理技术和方法的技能得到有效锻炼,能够以系统的观点来改善管理人员的工作,进而避免出现因管理不善而导致产生不良后果。

直接控制的优点:第一,能够较为准确地委派任务,培养了管理者的素质和管理能力;第二,管理者可以在管理过程中充分发挥自身能力,主动承担责任,纠正错误,赋予了管理者较强的使命感;第三,因为直接控制提升了管理者的自身能力,强调了管理者的自我控制,减少了控制工作中所需的成本。

2. 间接控制

间接控制是一种根据计划和考核工作的实际结果,追溯其责任者并追究其个人责任,督促其完善未来工作的控制方法。间接控制是相对于直接控制而言的,通常在上级管理者对于下级管理人员工作过程的控制中体现。

间接控制的优点在于其能够有效敦促管理人员吸收过往的错误经验,帮助管理人员总结经验教训,以提升其管理能力。同时,简单易行的管理方式,易于人们接受,实际效果也十分不错。但是,间接控制无法对许多偏差做出及时应对,没有较好的纠正措施,导致了管理成本较高。

因此,间接控制必须有效结合直接控制,才能发挥出较好的作用。

(三) 控制的范围结构

1. 集中控制

集中控制是指建立一个集中的控制机构来对整个组织的活动进行统一控制。组织的各个部门需要将所有信息集中于控制机构进行统一的加工分析,并由控制中心对各个部门工作进行指导和控制。

其优势在于控制方式简单直接,控制指令统一,有利于组织整体的协调;同时,在信息的获取和整理都十分及时且准确的情况下,集中控制可以帮助组织实现整体的最优控制。但是,集中控制缺乏灵活性和适应性。在实际工作中,较为庞大的组织造成了信息收集的延迟,组织反应系统缓慢,集中的控制易延误决策时机,错过最佳应对时间。

2. 分散控制

分散控制和集中控制相对,是指采用较为分散的方式,将控制工作分散到各个部门,由各个部门分别进行控制。分散控制降低了信息收集和处理的难度,使得控制活动较易实现,各个部门可以及时对信息进行反馈,控制效率较高。同时,较为分散的控制活动也降低了决策失误所带来的风险。

当然,分散控制也存在其弊端,较为分散的组织控制,使得各个部门易与组织总体目标产生偏差,难以获得整体的优化。

第二节 控 制 过 程

控制是以组织计划为基础,建立评估组织绩效的标准,并以此标准对比组织的实际工作,以控制组织活动中可能产生的偏差。控制活动伴随着组织计划进行的全过程,因此无论其控制对象是什么,控制活动都是一个逐渐进行的过程。

一般而言,控制活动主要包括四个部分:制定控制标准;衡量绩效;进行偏差分析;纠正偏差。

一、制定控制标准

在一般情况下,控制于组织计划的制订之时就已经开始。前期的控制需要为组织建立一个检查和衡量工作结果的规范,即标准。标准是衡量绩效和纠正偏差的客观依据,是进行控制活动的基础。

(一)确定控制对象

标准的制定需要先明确控制的具体对象。往往来说,组织活动的目标应该成为控制首要目标,控制的最初目的便是促进和保障组织目标的实现,因此对于管理者来说,在控制之前,需要明确组织活动期望取得怎样的成果,达成怎样的目标。

对经营活动成果的控制是必不可少的一个环节,为了保障组织取得预期的成果,必须在组织活动开始前进行控制,在活动过程中纠正与预期成果相背离的活动。管理控制的初始目的就是促进企业有效地获得预期活动成果。然而,组织目标的实现受到多重因素的影响,管理者需要对影响组织成果的各种因素进行详细的分析,并把他们确定为控制的具体目标。在一定时期内,企业的经营活动成果主要受到以下几个方面因素的影响。

1. 组织人员

组织人员是组织活动的直接执行者,但是每个员工对组织目标的理解程度都各不相同,每个员工的个人能力也各不相同。因此需要将人员纳入控制的对象,以保证员工按照计划去开展工作。

2. 活动的成本

组织的财务能力和对于目标投入的成本是组织活动开展的基础。组织对于活动投入的成本和资源不仅会影响到组织活动能否按计划进行,更会影响到组织最终的成果。因此要对组织活动的成本进行严格的控制,确保组织活动可以按计划稳定推进。

3. 外界环境的变化

在特定时期,企业是根据管理者对经营环境的了解和预测,来计划和安排经营活动的。在进行组织活动的过程中,组织所处的外界环境不断变化。如果外界环境发生了令人难以预料或者不可抗拒的变化,计划活动就可能会受到冲击无法平稳进行,从而难以为组织带来预期的效果。因此,组织者需要对外界的环境及其变化趋势形成清晰的了解,并将其纳入控制的对象。

(二)选择控制重点

对于较小的组织或者简单的组织活动,管理者往往可以亲自到现场组织工作,以实现对组织的有效控制。然而,在大多数情况下,组织活动的复杂性和管理者个人的能力和精力限制，导致无法通过这种控制方式实现控制。因此，管理者需要选择组织活动中的重点控制目标，以确保整体的工作按计划进行。

被管理者列为控制重点的因素对于组织活动十分关键。它们往往是组织活动的限制因素。通过对这些重点因素的控制，管理者可以有效扩大管理幅度并实现控制成本的降低。

（三）确定控制标准

作为控制的规范而建立的标准，是管理者衡量工作成果的准绳，是评价当前工作的基础。在实际中，存在多种衡量实际成果和预期成果的标准。

（1）实物标准。实物标准反映了定量的工作成果，它的计量单位的标准是实物量。例如日产量，每单位产出工时数等。

（2）成本标准。成本以货币价值来衡量作业造成的消耗，它的计量单位的标准是货币。比如每单位的成本，每单位的人工费用等。

（3）收益标准。收益标准是以销售额的货币价值作为计量的标准。

（4）目标标准。管理者在组织机构建立可以进行考核的目标，作为衡量工作成效的标准。考核可以以实物作为考核标准也可以以具体的情况而定。

组织的任何一项控制标准都应该有利于组织目标的实现，一般来说常用的制定标准的方法有三种。

（1）统计性标准。统计性标准又称为历史性标准，是以分析反映在各个时期组织经营状况的数据为基础，为未来经营活动而建立的标准。统计标准可以来源于自身组织的历史数据，也可以来源于其他企业。

将本组织的历史性数据统计资料作为工作的标准相对而言更为简单易行。但是，以此数据制定的工作标准低于行业先进水平甚至平均水平的可能性很大。在这种情况下，尽管企业的工作达到了标准的要求，也可能因为组织自身存在的缺陷导致经营成果和竞争力低于竞争对手，也就愈难于达到行业发展的要求。因此，在根据历史性统计数据制定工作标准时，应当充分利用竞争企业的经验并且考虑到行业的平均水平以及行业发展的趋势。

（2）根据评估建立标准。不是所有的工作成果都可以用数据的形式表现出来，也不是所有的组织活动都保存着历史性统计数据。对于组织开展的新的工作，或者缺乏历史统计数据的工作，可以根据自身管理者的经验判断和评估来建立标准。

以此方式建立的标准需要注意评估者的知识和经验，对于管理者自身能力的要求较高，同时更需要广泛采纳组织各方面人员的判断，使标准相对先进合理。

（3）工程标准。工程标准又称为工作标准，该方法采用统计的方式制定控制标准，与统计性标准不同，它是通过对工作情况进行客观定量的分析作为控制标准，而不是单纯参考历史性的统计数据。例如，机器的产出标准就是根据设计的生产能力确定的，即正常情况下被使用的最大产出量；工人的操作标准是研究者在对构成作业的各项动作和要素的客观描述与分析的基础上，经过消除、改进和合并而确定的标准作业方法；劳动时间定额是利用秒表测定的受过训练的普通工人以正常速度按照标准操作方法对产品或零部件进行某个工序的加工所需的平均必要时间。

二、衡量绩效

如果组织活动中可能发生的偏差可以在其出现之前被发现，便可以帮助管理者预先采取有效的措施以制止。当然，这种理想的控制和纠偏方式虽然有效，但是其实现的可能性微乎其微。因为并非所有的管理者都具有如此远见，也并非所有的偏差都能在其出现前就被预见。因此，在偏差出现之时，能够及时作出有效的应对便是最为令人满意的控制方式。因此管理者需要能够有效掌握组织环境的变化趋势，时刻监控偏差的产生并能够准确判断其严重情况，采取预定标准的方法检查和比较实际工作的成果和进展。

衡量实际工作作为一项持续性活动，它贯穿于工作始终。组织采取的控制活动应紧跟实际工作的进展情况，对可能产生的成果和偏差及时预警，进而使管理者能够及时采取纠偏措施。而等到工作完成再进行衡量，则难以挽回已经产生的过失。所以，管理者在工作中应及时监控组织目标的实现情况，并关注组织目标可能存在的发展趋势，随时注意衡量当前工作的成果。

（一）衡量绩效的方法

1. 个人观察法

实地考察是最为简单和普遍的绩效测度方法。通过实地的观察，直接感受控制对象当前的现状。特别是在对基层工作人员进行控制时，实地考察是一种最为直接有效的衡量方法。通过直接观察得到的信息避免了信息在传递过程中出现的延迟和遗漏等状况。但是其局限性在于较大的工作量，对管理者的要求较高。同时，组织工作的展开导致现场观察难以深入到组织工作的方方面面，难免有所纰漏。最后，组织工作在被现场观察时，和未被观察时往往存在不同，眼见也不一定为实。

2. 统计报告法

统计报告是根据衡量标准所采集得到的数据，并按照一定的统计方法进行处理和加工后形成的报告。随着时代的发展，计算机在管理中的普遍使用，较大的企业更易采用统计报告的方法。

3. 口头报告法和书面报告法

口头报告和书面报告是十分简便易行的方法，但是报告的内容已受到报告人的主观意识所左右。两者相比之下，书面报告的内容更容易得到控制，同时也具有易于保存的优点。

4. 抽样检查法

当组织结构相对广泛、进行全面控制的范围较大的情况发生时，大多数管理者将采取抽样检查法来衡量工作的成果。抽样检查法是一种从工作成果中随机抽样一部分作为样本，并检查测评样本后依照针对样本数据的分析来预测整体工作效果的方法。

(二) 如何衡量绩效

在衡量工作绩效的过程之中，为了能够提供正确、及时且可以对偏差作出反映的信息，同时满足控制工作的其他方面的要求，管理者应该注意以下几点。

1. 合适的衡量频度

过度和不充分的控制都可能会对控制的有效性产生一定程度的影响，这些情况不仅仅在控制对象的选择上有所反映，而且也体现在衡量标准的数目选择上，特别是在对同一标准的衡量次数或频度上。对某一活动采取过多的衡量措施会对控制成本造成风险，也可能会激起工作人员产生不满情绪，从而可能波及他们的工作效率和积极性。然而，检查和控制的不足可能会引发某些严重偏差没有得到及时的关注而导致错过纠偏的时机。

应当以什么样的标准去衡量工作中的活动绩效取决于被控制活动的性质。例如，对产品质量的控制通常会以小时或以日为单位进行；而对新产品的开发控制则可能会降低控制的频度。适宜的衡量频度一般是以控制对象可能发生变化的时间间隔作为主要的考虑因素。

2. 在衡量绩效的过程中，对标准的客观性和有效性进行检验

工作绩效是以预先制定的标准为依据来衡量的，但是，利用此标准去检查各个阶段的组织工作本就是对标准的客观性和有效性的一个检验过程。

通过衡量标准的执行情况是否可以获得符合控制需要的信息来检验标准的有效性以及客观性。在标准制定时，人们的考虑可能浮于表面而存在一定程度的纰漏，因此按照既定的标准去检查工作并不一定能达到有效控制的目的。例如，员工的出勤率并不能够完全体现员工的工作热情和积极性；企业的产量并不代表着企业的盈利程度；销售人员的通信频率并不能体现其工作绩效。在这几种情况中，管理者需要注意的是，员工的工作热情也会体现其对于组织发展提出的建议中；企业的盈利程度也需要考虑到企业生产的成本和销售情况；销售人员的业绩需要考虑到企业的平均水平和历史情况。

由于以精准的方式衡量并预测组织活动中的方方面面存在较大的困难，因此，建立相应标准的困难不会减少。此时，那些容易衡量但同时控制对象特征得不到反映的标准会受到组织更多的偏爱。衡量标准的过程中，在遵循标准的同时也要反复对标准进行更正，已达到消除那些无法提供必要信息而导致偏离有效控制初衷且较易导致误导的标准的目的。

3. 在衡量绩效中，建立良好的信息渠道

有效的控制是以良好的信息传递为基础。管理者可以及时且充分地掌握表示实际及预期工作绩效间差异的信息后迅速采取纠偏措施以达到控制的有效性。但是当工作量较大时，绩效衡量并不完全由管理者直接经手，往往会交付给专职的绩效管理人员。因此，组织中较长的信息传递链要求建立有效的信息传递渠道，使实际工作的信息能够及时且真实地传递给对应的管理人员。

在绩效衡量中，信息的传递应当是双向的。通过信息传递系统，被控制的人和部门需要能够及时了解自己的工作状况，以及他们所应当采取的改正措施等。建立有效的信息传

递渠道可以保证预定计划的顺利实施,而且是一种预防基层人员把衡量绩效看作上级检查工作采取惩罚措施的手段,以此避免基层人员产生抵触情绪。

三、进行偏差分析

在组织的控制活动中,在纠正偏差的同时,管理者还需要意识到实际工作没有按照原定计划实施,对于偏差的分析也是十分重要的工作。

(一)偏差的类型

偏差分为正偏差和负偏差。正偏差也称为顺差,代表着实际工作的成果超出了计划要求,即组织的工作情况优于控制标准。正偏差的出现表明被控对象取得了良好的工作成果,应当肯定成绩,及时总结经验。当然,管理者需要在存在较大的正偏差时积极反思原定目标和标准的合理性,同时依据实际工作的进行情况来修订目标并控制标准。和正偏差相反的是负偏差,指实际工作绩效没有达到计划的要求,即被控制对象成果较差,此时需要及时彻查缘由以采取措施,从而减少损失发生的概率。

(二)偏差产生的原因

并非所有的偏差都会影响到组织最后的成果。一些偏差可能会反映严重的工作问题,而另一些则是偶然发生的、对最终结果不一定产生严重影响的偏差。判断偏差是否严重、会不会对组织活动构成重大威胁是首要,分析产生偏差的主要原因是次要。

产生偏差的原因主要有四类。

(1)外部环境的变化,使得组织活动进行的方向产生偏离,既定目标无法实现。

(2)组织自身方针和政策的调整。这一类原因应当通过组织内的改革和调整使得计划适应最新的组织方针政策。

(3)原来的组织目标不合理,需要管理者调整组织计划。

(4)管理不佳,组织内部人员工作缺乏积极性等。

管理者需要在查明原因后,对症下药,以便能够及时对偏差作出回应。通过对偏差产生的原因进行分析以采取具体有效的纠偏措施,从而确定纠正措施的控制对象,改进当前工作的目标,及时采取调整。

四、纠正偏差

进行偏差分析的目的是采取正确的纠偏措施,进而保证计划的顺利实施和组织目标的充分实现。管理者应当在分析偏差的基础上,根据偏差产生的原因和其产生的影响采取不同的纠偏措施。一般来说,控制措施可以从以下三个角度切入。

(一)改进工作方法

对于工作成果而言,无法达到预期的效果。工作方法的不当是主要原因之一。工作方法的改进需要管理者重视对于员工素质的培育,提高员工的个人能力和管理素质。同时在组织内部建立合理的规章制度,构建合理的奖惩机制,对组织内部员工的积极性进行充分的调动,从而实现工作方法的改进。

(二) 改进组织和领导工作

控制作为管理职能之一,与组织职能和领导职能的充分发挥存在着密切的关系。若管理无法有效地组织好企业工作,组织体系存在缺陷无法对偏差进行及时的反应和分析。在这种情况下,应当先从组织工作入手,调整好组织机构,明确组织内部架构。同时,管理人员个人能力的不足也是影响到组织目标实现的负面因素之一,需要通过管理者自身提高领导艺术,改进领导方式来纠正偏差。

(三) 调整和修正组织目标或控制标准

较大的偏差往往也代表着组织目标和计划安排欠妥,组织能力无法实现组织目标或组织目标自身存在偏差等。无论是哪一种情况,都需要组织及时做出反应,及时修改原有计划,对组织目标进行调整和修正。但是组织目标的调整不能偏离组织总的发展方向,与原有目标相悖。

当组织者发现较大的偏差时,也需要考虑到是否是控制标准缺乏客观性和有效性导致的。管理者需要正视控制标准,通过对控制标准的调整来正确获得偏差的分析。

第三节 有效控制

控制的目的是保障组织活动符合组织计划的要求,有效地实现预期目标。为了实现对组织的有效控制,管理者需要充分发挥控制职能。

一、适时控制

偏差可能随时出现在企业的经营活动之中,采取及时的纠偏措施是防止组织受到偏差影响的有效手段。所以,控制措施做出的及时性是控制是否有效的重要条件。

适时控制是最恰当的纠偏方式。在偏差没有发生之前已观察到偏差可能产生,从而提前采取必要的措施以避免偏差的产生。若无法避免偏差的产生,适时控制也可以指导企业对偏差预先采取措施,以减少组织目标可能受到偏差产生的不利影响。

质量控制图可以被认为是一个简单的预警系统,图 12-1 中,纵轴表示反映产品某个质量特征或某项工作质量完善程度的数值,横轴表示进行控制的时间,CL(control line,中心线)表示反映质量特征的标准状况,UCL(upper control line,上控制线)和(lower control line,下控制线)LCL 分别表示上、下警戒线。反映质量特征的数据如果始终分在 CL 周围,则表示质量"在控制中";而一旦超越 UCL 或 LCL,则表示出现了质量问题。在此之前,质量控制人员就应引起警惕,注意质量变化的趋势,并制订或采取必要的纠正措施。

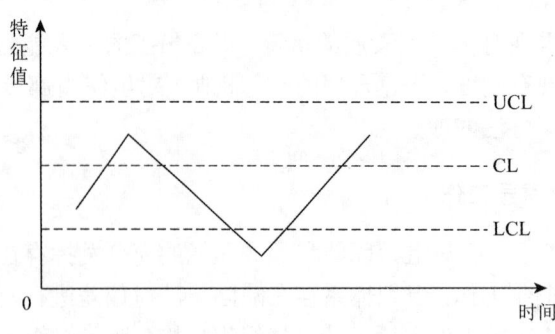

图 12-1 质量控制预警系统

二、适度控制

适度控制指控制的范围、程度和频度都恰到好处。适度控制需要注意以下几点。

（一）避免过高或过低的控制频度

控制过剩会给控制对象带来某种不快，而控制不足则无法对组织实现有效的控制。因此，管理者应当理解到过多的控制会对组织成员造成积极性上的打击，同时也会抑制成员的创造性，另一方面，应当意识到控制不足可能会导致组织活动无法有序进行，各部门活动进度能否成比例协调无法得到保证，甚至还可能有组织个人偏离组织目标导致组织的涣散和崩溃。

（二）处理好全面控制和重点控制

任何组织都无法对组织的各方面进行全面的控制。过于细致的控制体系会造成控制人员的过多、控制成本过高等现象。同时，并不是组织所有的方面都存在过高产生偏差的概率，也并非所有的偏差都会对组织带来较大的影响。适度控制要求组织在建立控制系统的同时遵守关键点原则，找出影响企业活动的关键环节，并在此环境设立较好的控制进行重点控制。

（三）控制是为了实现组织的最大收益

控制活动是需要花费一定的成本的，采取何种控制、控制到什么程度都需要考虑成本问题。控制成本产生于衡量工作成绩、分析偏差原因及采取措施之中。只有当控制带来的收益超过了其付出的成本时，控制才是有效的。控制成本与收益的定量比较分析实际上是从经济角度去分析控制程度与控制范围的问题。如图 12-2 所示。

控制成本主要随着控制程度的增加而升高，而控制收益的变化相对较复杂。在起始阶段，小范围和低程度的控制无法使管理者及时发现并纠正偏差，此时控制成本可能比收益高。扩大控制范围并加强控制程度之后可有效改善控制效率，从而指导管理者采取措施纠正一些重要的偏差，从而使控制收益能逐渐补偿并超过控制成本。图 12-2 中，控制净收益在 E 点达到最大。控制收益与控制成本曲线在 x_2 点相交。自 x_2 点开始，控制所需的成

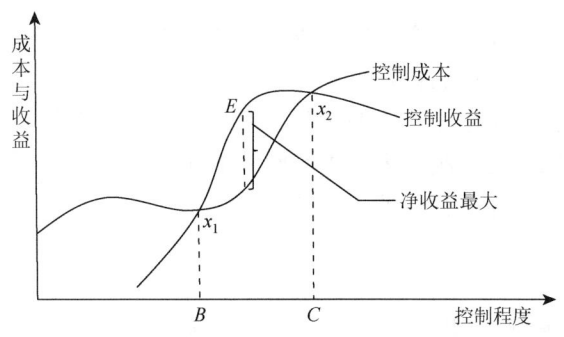

图 12-2 控制成本与收益变化

本重新超过其收益。之所以会出现这种情况，是因为组织活动的主要偏差在 x_2 点以前已经解决，这以后的控制只能解决一些次要的影响不大的问题，因此带来的收益甚小；同时，由于过度的控制会抑制组织成员的工作积极性，劳动生产率和经济效益的提高会受到影响。

基于理论，控制程度在与 x_1 和 x_2 相对应的 B、C 两点之间为适度控制；低于 B 点，则是控制不足；高于 C 点，为控制过剩。虽然在实践中企业很难确定各种控制的成本与收益之比，但这里的分析让我们知道了控制过剩并非收益增高的前提条件，企业应以运营活动的规模特点和复杂程度来明确控制的范围和频度，形成有效的控制系统。

三、客观控制

开展控制工作需要组织结合自身的情况，根据组织自身的能力和水平采取必要的纠偏措施。有效的控制应当是客观且符合各组织实际情况的。客观控制意味着管理者需要充分了解企业自身的经营活动状况并能够做出客观的了解和评价。在控制的过程中，采取的控制标准、控制方法等都必须正确地反映企业经营的现状。为此，企业需要定期检查过去规定的标准和规范，使之符合现实的要求。另外，控制活动中存在许多对于组织内部的主观评定，对于此类情况更加需要建立客观的标准和准确的检测手段。

由于管理工作往往存在管理者自身的主观成分，因此对于一名下属人员的工作是否符合计划要求，不应当不切实际地加以主观评价。对于组织业绩的判断会受到主观控制的影响，没有客观的标准以及精准的检测方式。

四、弹性控制

企业在组织活动中，常常会遇到某种突发的不可逆转的变化，这些变化使组织目标和现实产生较大的偏离。有效的控制应该能够处理较为严重的偏差，同时仍能在组织困境中发挥作用，维持组织的运作，即保证较强的弹性。

弹性控制与控制标准密切相关。弹性控制要求企业制订具有弹性的计划以及弹性的控制标准。对于控制标准的设定应避免较强的绝对性，使组织自身可以应对突发的紧急情况。

弹性控制与控制系统的设计也密切相关。组织的目标通常是复杂多变且是一种多重目标的组合。控制系统的存在可能会使组织成员为了避免出现工作缺陷而采取一定的措施,从而影响一个特定的控制区域的数据情况。

有效的控制系统应当从统领全局的角度了解企业运转的各个关键节点和要素。有效的控制系统的主要工作应当是控制从未发生的例外事件,而对于已经发生过的事件,系统可以按照历史经验有条不紊地进行处理。

【课后思考】

1. 为什么要进行管理控制?
2. 控制的基本过程有哪几个阶段?
3. 如何进行有效控制?

第十三章 控制方法

【教学目标】

1. 了解控制的方法。
2. 理解预算和预算控制,掌握其内容和用途。
3. 掌握财务控制的方法。
4. 理解质量控制,运用好标杆控制。

第一节 预算控制

预算控制指依据预算制订的收支标准对企业中各个部门的生产活动进行监督,以确保企业制定的各项目标得以实现。同时充分利用企业资源,对费用支出进行严格的控制。

一、预算和预算控制的概念

预算是以数字编制的方法来反映组织在未来一定时期内的综合活动计划。我们可以将预算理解为组织计划的数字体现,即用数字的形式表明预期的组织成果。预算对组织未来的经营利润和现金流进行了预估,也对组织进行活动所需的资金和消耗额度进行了约束。

预算控制就是通过预算编制,而后以制订好的预算收入和支出为基础,来对各项活动进行预算控制,对组织的各个部门进行检查、监督和管理。同时,在预算控制的过程中,通过比较预算和组织现状的差异,分析差异出现的原因,然后对差异进行处理。预算的编制和控制过程密切结合,通过编制预算,明确组织及其各部门既定目标,协调组织内部工作。通过预算控制,保障组织中各个部门在完成组织既定目标的同时,实现了对资源的合理有效利用,从而使企业各个方面的支出受到严格有效的控制。

二、预算的作用

大部分的预算活动都可以通过数字化来实现,通过编制预算,有助于改善组织的计划活动,使组织严格有效地确定目标和制定标准。预算在其改善组织内的协调和控制工作时体现出最大价值。当组织能够为各部门制订合理有效的预算时,就奠定了协调组织活动的基础。同时,能更好评估预期与结果的偏差,为控制经营活动提供了良好的纠错依据。此外,要使预算对管理者起到指导作用,就必须客观地反映组织的现状,预算的编制需要对组织各部门的工作业务进行充分了解,并且据此制订预算,进而对组织计划进行协调和完善。

预算以数字化的形式对组织的支出和收入进行控制,有助于组织管理者清楚地掌握组织的资金走向,了解各部门的资源使用情况,同时可以动态掌握组织的开发计划、收入计划以及组织活动的投入和产出情况。在明确了这些情况的前提下,管理者可以更加放心地授权下属,使下属在预算范围内拥有更大的自由度。更重要的是,对预算的编制和执行是控制过程中的一部分,预算编制就是为企业的各项业务活动制定合理清晰的财务标准。

在组织管理中预算方法得到了广泛的运用,但在预算的编制和执行中也存在着局限性,包括以下几方面。

(1)预算控制只能控制企业中可以计量的活动,尤其是那些以货币作为计量单位的业务经济活动,无法对企业无形的业务活动予以改善。

(2)编制预算的过程中,大部分企业会以上一周期的预算和预算结果作为参考,忽略本周期企业活动的实际要求。在本周期活动中不太需要的预算项目往往会被沿用,新的需求得不到满足。

(3)企业所处的外部环境是时刻变化的。动态的市场环境使企业在不同时期获取资源的支出和收入有所差异,从而导致每一周期的预算往往存在不合理之处。因此,过于严格的预算控制可能会严重束缚企业的活动,使企业缺乏灵活性和适应性。

(4)企业为各个部门和项目制订的预算,不仅限制了企业在项目和部门方面的投入,还严格限定了企业预期实现的目标。这些严格的规定,使管理者在实际工作中过于执着于组织准则的执行,从而造成对部门活动初始目的的忽视。

三、预算的类型

预算的类型主要分为:收入预算、支出预算、现金预算、资本支出预算。

(一)收入预算

收入预算体现了组织未来一段时间的经营状况,即从财务的角度对组织未来活动进行预测。

销售收入是大多数组织的收入来源,因此,销售预算是收入预算的主要表现形式。销售预算是在对销售收入的预测的基础上进行编制,也就是对企业过往产品的销售情况以及当前和未来组织所处的市场需求特点及其发展的趋势进行分析,以了解企业主要竞争对手和自身的当前经营状况,确定企业在未来一定时间为了实现目标利润必须达到的销售目标。

当然,一个成功的企业不会仅仅销售同一种商品,更不会仅仅在一个区域从事销售活动。因此,预算控制需要以组织产品、销售区域或者销售群体为维度,为组织各经营单位编制各自专属的收入预算,以为未来的组织活动提供可靠的依据。同时,由于部分产品或者市场的特殊性,一年中的不同季度或月度往往会对组织产品的销售情况产生影响,所以编制的销售预算也需要考虑到不同的季度和月度。收入预算的细化程度对预算控制是十分重要的。

（二）支出预算

在组织的生产活动中，生产必然会产生劳动力资源的支出和物资的消耗。因此，根据收入预算，组织需要为组织的生产活动制订合理的支出预算，以保证组织的生产可以按需进行。生产活动的预算编制需要和组织销售预期的销售量相匹配，预测获得这些产品、实现销售收入应支出的费用。

1. 直接材料预算

直接材料预算是指根据组织的生产能力，分析出未来生产活动所需的原材料支出，直接材料预算以实物单位表示。因为组织往往存在一定的组织库存，直接材料预算也可以为采购部门进行原材料采购提供参考，并制定采购预算。

2. 直接人工预算

直接人工预算是根据企业未来的生产计划，分析预估需要哪些种类的劳动资源，及劳动力的需求量，并计算劳动力的直接成本。

3. 附加费用预算

直接材料预算和直接人工预算仅仅是企业生产及经营流程中预算费用的一部分。企业日常的管理活动、产品销售活动、产品的宣传活动和企业内部的维护费用、折旧费用都是企业的支出组成部分，对于这部分附加费用，管理者也应当给予重视，并形成明确的预算。

（三）现金预算

现金预算是对组织未来生产和销售活动中的现金支出和收入情况进行预测，一般由组织的财务部门负责并进行编制。现金预算只能包括那些包含在现金流程中的项目，所以，现金预算并不反映企业的资产负债情况，而主要是对未来企业的现金流情况进行预测。现金预算的制定可以让企业了解自身的现金流情况，掌握企业当前可用资金的情况，从而使企业可以对资金进行合理的运用。

（四）资本支出预算

上述的预算类型都属于短期预算，一般是对组织某个短期的经营阶段进行的预算。然而，资金支出预算则往往涉及好几个企业经营阶段，属于长期预算类型。如果企业合理制订收支预算并得到良好的执行，企业对资源进行合理的利用，那么企业预期的销售收入就会大于企业对资源的投入，从而实现盈利。销售的盈利收入可以使企业加大投入能力，提高生产水平和生产规模。此类支出属于组织的有效投资，因此对其进行规划通常称为投资预算或资本支出预算。资本支出预算一般包括：用于扩建工厂和生产设备升级的支出；用于增加产品种类、改善产品性能或生产工艺的研发支出；用于提高员工和管理人员的素质的人事培训支出；用于企业广告宣传，扩大市场的市场发展支出等。

四、预算方法

（一）弹性预算

弹性预算是指根据预算期内可能发生的业务量水平，编制一套可适用于多个业务量水平的预算，以此反映每项业务的费用状况。弹性预算具备较好的灵活性，会根据业务量的变动而作出调整。

编制弹性预算时，管理人员需要将所有的费用分为固定费用和可变费用两部分。固定费用在一定范围内不随业务量的变化而变化，可变费用会随业务量的变化而变化。因此，在编制弹性预算时，只需要根据业务量的变化调整预算总额，无须重新编制整个预算。

（二）滚动预算

滚动预算又被称为永续预算。预算在执行的过程中会自动延伸，当原预算中一个阶段的预算已经执行，就将下一阶段的预算自动填补上，或是每完成一个阶段的预算，就将下一个阶段的预算编制完成，使预算期可以一直保持12个月。

根据预算的执行情况调整下一阶段的预算是编制滚动预算的特点，这样做能使预算更加切实可行，并将预算期保持在一年的时间长度，以便企业可以保持稳定的短期目标，以免在预算实施后编制新的预算。根据滚动预算编制原则，企业可以将长期规划与短期目标相结合，根据短期目标的完成情况实时调整长期规划，使企业的活动得到及时反馈，及时发现企业运营中的差异，并及时处理。

（三）零基预算

零基预算从零开始计算每个分计划的预算费用，由于每个分计划的预期费用都是以零为基础开始重新计划的，避免了预算控制中只注重从整体出发，连同新计划及其费用一起来考察现有的计划及其产生的费用。但其局限性在于它主要用于某些辅助性业务领域，这并不适合实际生产企业。

五、预算控制的步骤

（一）编制预算

编制预算是从组织确定好预算编制方针开始，到编制部门预算，最后形成综合预算的阶段。

（二）执行预算

预算的执行过程，就是根据预算，检查预算的执行情况，观察期实际发生额是否得到了限制，是否保持在预算范围之内，预估预算执行后可能达到的预算控制效果。在执行预算控制的过程中，还要对预算目标和项目采取事前控制，要审核预算编制，使预算编制部门、预算执行部门和管理人员能够有效地管理预算。

（三）预算差异分析

根据预算项目的支出情况，对实际金额和预算限额进行比较分析，及时找出存在的差异，并积极采取相应措施。

（四）分析总结，并评价绩效

在一个周期的预算执行结束后，对预算结果进行分析和总结，分析预算中存在的问题和偏差，避免固有的局限性，进行评价和考核预算控制的绩效。

六、预算控制的注意事项

预算在管理控制当中具有使用广泛，便于从宏观上掌握全局等优点，但是其仍然存在着自身的局限性。

（1）编制预算前，要充分进行市场调研。充分了解组织所处的市场环境和竞争对手的状况。

（2）编制预算时，要在实现组织总体目标的基础上建立切实可行的准备程序，并分析预算执行情况。意外发生时对预算进行适当的更正。

（3）确立适当的弹性范围，因为市场往往处于不可预测的变化当中。

（4）每项预算应尽量做到具体化、数据化，便于进行预算控制。

（5）应强调预算的广泛性，在组织的各个方面做好良好的预算控制。

（6）在采购预算当中，也需要注意避免预算过于繁复，无法应对市场的变化，避免预算和组织目标相悖。

第二节 财 务 控 制

一、财务控制基础

（一）财务控制的含义

财务控制是指组织、指导、监督和约束组织的财务活动以及促进组织的财务目标的控制和管理活动，它是现代财务管理的核心环节。财务控制的主要目的是达成组织财务价值的最大化，通过财务控制使组织可以以最低的成本和最少的投入来获取最大的财务收益。

财务控制的主体指对财务控制起到决定性作用的管理人员，以及财务控制的主动实施者，一般是组织的管理者。在一般企业当中，各级财务活动的相关人员都是财务控制的主体。

(二)财务控制的对象

财务控制的对象一般为资金。为了能够对组织的资金形成控制,在组织的实际运作之中,可以将财务控制的对象具体分为以下几类。

1. 收入控制

收入控制是产品通过销售转化为现金收入的控制,它一般也包括其他投资所获得的即期收入。在组织当中,保证最大可能的产出并迅速将其转化为资金货币以维持组织的收支平衡,是财务控制的基本原则。

2. 支出控制

支出控制是指支出最小化原则,支出最小化原则是组织运作的基本原则之一。支出控制是对组织运作过程中的各种资金支出的控制,它通常和收入控制一同结合使用,组织通过对收入控制和支出控制的分析来达成组织的收支平衡。

3. 收益控制

收益最大化是企业组织的永恒追求。收支平衡固然重要,但是其只能够保证组织的运作稳定,只有收入大于支出,组织才能实现收益,组织的运作才是有意义的,才是组织生产经营追求的目标。要实现组织运作的收益,就必须实现对组织资源的优化配置。

4. 资本结构控制

组织的资金在各个会计期间内不断的周而复始的运作,从而形成相对较为稳定的资本结构。组织的基本结构的合理性有利于稳定和提高组织的信誉、信用并帮助组织规避经营风险。

二、财务控制的常见方法

财务控制是指对企业的资金投入及资金收益过程和结果进行衡量和分析对比,目的是确保企业的目标并使为达到此目标所制订的财务计划得以实现。

(一)财务报表法

财务报表法主要是用来追踪组织的产品和服务支出收入的货币价值,以报表的形式展现出来,是组织监控流动性、总体财务状况、组织赢利能力这三方面状况的基本工具。财务报表法被企业管理者、股东、金融机构、投资分析家以及其他企业利益相关者广泛运用于评估组织的业绩和经营状况。

财务报表可以按年、按月或者按季度编制。大多数公司都会采用的财务报表是资产负债表、损益表和现金流量表。

1. 资产负债表

资产负债表展示了组织在某个特定的时间点的生产状况的总体信息。最简单的资产负债表一般包括了组织的资产、负债和净值。组织的资产分为流动资产和固定资产；负债也由流动负债和长期负债组成；组织的净值是总资产减总负债的剩余价值（表 13-1）。

表 13-1　资产负债表

编制单位：XX 有限公司　　　　　20XX 年 12 月 31 日　　　　　单位：元

资产	期末余额	年初余额	负债和所有者权益（或股东权益）	期末余额	年初余额
流动资产			流动负债		
存货			应付股利		
一年内到期的非流动资产			其他应付款		
其他流动资产			一年内到期的非流动负债		
流动资产合计			其他流动负债		
非流动资产			流动负债合计		
可供出售金融资产			非流动负债		
持有到期投资			长期借款		
长期应收款			应付债券		
长期股权投资			长期应付款		
投资性房地产			专项应付款		
固定资产			预计负债		
在建工程			递延所得税负债		
工程物资			其他非流动负债		
固定资产清理			非流动负债合计		
生产性生物资产			负债合计		
油气资产			所有者权益（或股东权益）		
无形资产			实收资本（或股本）		
开发支出			资本公积		
商誉			减：库存股		
长期待摊费用			盈余公积		
递延所得税资产			未分配利润		
其他非流动资产			所有者权益（或股东权益）合计		
非流动资产合计					
资产总计			负债和所有者权益（或股东权益）总计		

2. 损益表

损益表包含了组织在给定时间内的财务绩效，即展现公司在这一段时间内实现了多少的收益。在损益表中，从毛收入或销售开始，然后减去实现这些销售额所支出的成本，就可以得到这段时间内组织实现的收益（表 13-2）。

表 13-2 损益表

编制单位：XX 有限公司　　　　　　20XX 年　　　　　　　　　　单位：元

项目	本月数	本年累计数
一、营业收入		
减：营业成本		
营业税金及附加		
销售费用		
管理费用		
财务费用		
资产减值损失		
加：公允价值变动收益（损失以"-"号填列）		
投资收益（损失以"-"号填列）		
二、营业利润（亏损以"-"号填列）		
加：营业外收入		
减：营业外支出		
其中：非流动资产处置损失		
三、利润总额（亏损总额以"-"号填列）		
减：所得税费用		
四、净利润（净亏损以"-"号填列）		
五、每股收益：		
（一）基本每股收益		
（二）解释每股收益		

3. 现金流量表

现金流量表记录本财政年度资金的来源和资金流向，即资金的用途。现金流量表不同于损益表之处在于，现金流量表展现了资金是如何运用的，而不是反映组织实现了多少的盈利或亏损。

（二）比率分析法

在分析企业的经营状况时，单独去考虑经营的某项数据往往不能说明任何问题。仅仅去了解企业今年收入多少，支出多少，生产了多少是没有过多的分析价值的。但管理者可以根据这些繁杂的数据之间存在的关系，分析得到企业生产经营活动中存在的问题。比率分析是指将企业资产负债表和收益表上相关的项目进行对比达到一个比率，并以此分析企业的经营成果和财务状况。

财务比率分析是指将财务报表中的相关项目进行对比，以此来解释财务状况的一种方法，有助于企业发现和定位企业经营过程中存在的问题。

1. 流动比率

流动比率是企业流动资产与流动负债的比率。一般被用于衡量企业偿还债务的能力指标。一般而言，具有较高资产流动性的企业有着更强的偿还债务的能力，反之则更弱。当企业资产以现金的形式存在时，其资产的流动性就越强，但同时，企业握有更多的流动资金会导致财务资源的闲置。

其计算公式为：

$$流动比率=（流动资产总计/流动负债总计）\times 100\%$$

2. 速动比率

速动资产是指流动资产和库存存货之差，也就是指可以在短时间内变现的企业资产。而存货是属于非速动资产。速动比率就是指速动资产和流动负债之比，它用来衡量企业流动资产中可以立即变现且用于偿还流动债务的能力。当企业存在着大量的库存且库存周转率较低时，速动比率比流动比率更能精准地反映客观情况。

一般来说，速动比率与流动比率的比值在 1 比 1.5 最为合适。

其计算公式为：

$$速动比率=（速动资产/流动负债）\times 100\%$$

3. 资产负债比率

资本负债比率是公司负债总额与公司资产总额的比率。它反映了企业所有者提供的资金与企业外部债权人提供的资金比率之间的关系，也就是反映了总资产中有多少是从筹集借款来的，也可以衡量保护债权人的利益在清算过程中达到了何种程度。其计算公式为：

$$资产负债比率=（负债总额/资产总额）\times 100\%$$

上述介绍的三个比率可以帮助我们了解企业的债务偿还能力等债务状况，是评价企业偿债能力的重要指标。

4. 销售利润率

对于一个企业而言，仅仅研究企业的销售收入多少是没有意义的。销售利润率是净利润与销售收入的百分比。它反映每一元钱收入所带来的净利润的多少。表示销售收入的收益水平，其计算公式为：

$$销售利润率=（净利润/销售收入）\times 100\%$$

企业必须在获取产品销售收入的同时，要争取得到更高的净利润，只有这样，企业的销售利润率才会有所提高。

5. 成本费用利润率

成本费用利润率是指在特定时期内企业的利润总额与成本费用总额的比率，反映了企业在当期发生的所有成本费用所带来的收益。成本费用利润率越高，企业为取得想要的利润所付出的代价就会越小。对于企业而言，较好的成本费用控制意味着企业拥有愈加突出的赢利能力。

成本费用利润率的计算公式为：

$$成本费用利润率=（利润总额/成本费用总额）\times 100\%$$

6. 资本金利润率

资本金利润率是指企业总利润占企业资本金总额（实收资本、注册资本）的百分比。这是反映投资于公司资本的投资者的赢利能力的指标。企业资本金是企业所有者投入的主权资本，资本金利润水平与企业所有者的权利直接相关，同时这也是企业投资者最关心的问题。

其计算公式为：

$$资本金利润率=（利润总额/资本金总额）\times 100\%$$

为了分析资本金利润率，基准资本金利润率应首先得到管理者的确认，并将此基准作为衡量资本收益程度的基本条件。基准资本利润率是总基准利润与资本金的比率。基准资本金的总资本利润是指企业在特定条件或某种资本模型下管理者可以获得的最低总利润。如果实际资本金利润率低于基准资本金利润率，表示企业严重缺乏赢利能力，不足以满足管理者的要求。

以上三个比率都是用来评价和衡量企业盈利状况和赢利能力的指标，反映了企业在一定时期内从事企业经营活动的赢利程度和变化情况。

7. 存货周转率

存货周转率是指企业销售的商品成本与平均库存余额的比率，反映了组织中的库存量是否合理，并且可以表明投资于库存的流动资金的使用状况。当流动资产中的存货资产占较大比例时，企业资产的使用效率将直接受到存货的变现能力的影响，存货的变现能力一般用存货周转率表示。库存周转率包括库存周转次数和库存周转天数。库存周转率是销售成本与平均存货余额的比率；库存周转天数是以时间表示的库存周转率指标。其计算公式为：

$$存货周转率=（销售成本/平均存货余额）\times 100\%$$

其中：

$$平均存货=[（期初存货余额+期末存货余额）/2]\times 100\%$$

通常来说，有较快的存货周转率和较低的存货占用水平的企业，拥有更强大资产流动性，存货转换为现金或应收账款的速度就越快。提高库存周转率可使公司获得更高的资产流动性，但其分析应与公司库存的构成和销售价格恰当合理地结合起来以作出适当的判断。

8. 应收账款周转率

应收账款周转率是某一时期内主营业务收入净额与应收账款平均余额的比率。应收账款周转率反映了公司应收账款的周转速度，它显示了公司的应收账款在一定时间内转换为现金的平均次数。计算公式如下：

$$应收账款周转率=（赊销收入净额/平均应收账款余额）\times 100\%$$

其中：

$$平均应收账款余额=[（期初应收账款余额+期末应收账款余额）/2]\times 100\%$$

一般而言，应收账款周转率越高，表明公司的收账速度越快，平均账期较短，坏账损失较少，资产流动快，偿债能力强，资产利用率高。

以上两个比率是大多数企业用来分析企业运营能力的指标，它们主要反映了企业经营效率的高低和各种资源的利用率情况。

虽然良好的财务控制可以达到上述目标，但无论控制的设计和操作有多么的完美，都不可能消除其所固有的局限性。例如：企业将受到成本效益原则的限制；财务控制人员也会做出诸如无视控制程序或报告错误等判断错误的情况，从而导致财务控制失效；管理人员的行政干预也将影响虚拟控制系统。因此，上述比率的使用应当结合其他的控制手段，作为财务控制的重要参考内容。

三、审计控制

审计在公司财务控制方面具有许多重要作用，包括证明财务报表的诚实和公正，以及为现场管理决策提供关键基础等。审计是审查和核实公司资本流动过程及其结果的会计记录和财务报表，以判断其真实性和可靠性，从而为控制和决策提供依据。审计一般可分为三种类型：由外部机构专业审计师进行外部审计；由公司内部审计师对企业财务控制系统进行内部审计；通过与外部和内部审计师合作评估公司管理政策及其绩效的管理审计。

（一）外部审计

外部审计是指由会计师事务所选定外部审计师对公司财务报表及其反映的财务状况进行的独立评估。外部审计师会检查企业内的基本财务记录，核实其真实性和准确性，以检查企业财务报表所反映的资产和负债的账面状况是否和实际一致。

外部审计实际上是对企业内部虚假和欺骗行为的系统检查：由于外部审计是不可避免的，公司要尽力避免违规行为的发生。

外部审计的优势在于审计师和管理层之间没有行政依附关系，其无须考虑企业管理者的感受，只对国家和法律负责，从而确保独立性和公正性。但是，由于进行审计的相关人员来自企业外部，对企业内部的组织结构、生产过程和业务状况不甚了解，因此特定的业务审计过程一般很难实施。同时，在外部审计的过程中，企业内部人员会对审计工作产生一定的抵触，其积极性不高导致了审计工作无法流畅顺利进行，这无疑会增加审计的难度。

（二）内部审计

内部审计是检查企业现有控制程序是否有效地保证了企业既定目标的实现的手段。

内部审计人员通过检查现有组织内的控制系统的有效性，可以提出针对性的意见，对公司政策、工作程序以及企业目标进行合理有效的调整，保障公司的既定目标得以实现，并确认了公司当前的状况符合公司的政策和预期。

内部审计有助于实施分散管理。一般看来，内部审计通过对每个部门的工作进行审核，检查其工作是否符合财务既定规则和程序，并以此增强对部门的管理，有助于企业的集中化管理。但实际上，企业控制系统越完善，控制手段越合理，分散管理则越有利。由于监管人员知道，在对企业内各个部门进行分权后，他们可以通过有效的控制系统来实现对各个部门的管控，并及时发现下属工作中存在的问题。内部审计不仅评估公司财务记录是否健全和正确，而且还为检查和提高现有控制系统的有效性提供了重要手段，从而促进了分散管理的发展。

内部审计在为企业的经营控制提供了有效的方法外，也存在不少的局限性，主要体现在以下几点。

（1）在对企业进行深入详细的审计的情况下，内部审计往往需要付出较高的成本。

（2）内部审计不仅收集了大量客观事实，还需要解释审计内容，指出事实与计划之间的偏差存在于哪里。为了能够很好地完成这些任务而不会对被审计部门造成不满，审计人员需要具备熟练的专业技能和足够的技能培训。

（3）即使审计师具备必要的专业技能，大多数被审计的员工始终认为审计是对自身工作的不信任，这会导致员工之间的心理冲突，从而使员工的积极性受到影响。因此，在审计的过程中，如果没有和员工进行充分的沟通，就无法进行有效的信息和思想交流，可能会对组织活动产生负面的激励作用。

（三）管理审计

外部审计主要检查企业财务记录的可靠性和真实性；在此基础上，内部审计衡量企业政策，工作程序和计划的合规程度，提出完善企业控制制度的必要对策；而管理审计是对企业所有管理工作情况进行全面的评估。在管理审计的执行者方面，虽然内部部门也可以进行管理审计，但是为了保证审计结果的客观性，往往公司会选择外部审计机构进行。

管理审计的方法是根据企业公开的信息，对比本企业与其他同行业企业的绩效情况，判断企业当前的健康状况和管理水平。

反映企业管理绩效及其影响因素主要有以下几点。

（1）经济功能。指企业产品或服务对社会公众的价值和对经济发展的贡献。

（2）组织结构。分析企业组织结构是否能有效实现业务目标。

（3）收入合理性。根据企业的盈利状况来判断企业的盈利能力。

（4）研究和开发。评估企业研发部的工作是否为企业未来的发展准备了必要的新技术和新产品，以及管理层对这项工作的态度。

（5）金融政策。评估企业的财务结构是否健全合理，企业是否有效利用财务政策和控制来实现短期和长期目标。

（6）生产效率。保证必要数量的产品在适当的时候满足质量要求，对于保持企业的竞争力是非常重要的。因此，有必要对制造系统的数量和质量保证程度以及资源利用效率进行评价。

（7）销售能力。销售能力影响着企业产品在市场上的顺利实现。该评估包括企业的商业信誉、分销网络、服务体系以及销售人员的工作技能和态度。

（8）评估管理。即分析和评价企业主要管理人员的知识、能力、勤奋、诚信等素质。

管理审计在实践存在较多的局限性，其中大部分人对管理审计的意见是，管理审计过于重视组织过往的经营状况和结果，而对企业今后的发展没有很好的指导和参考作用，导致一些企业在获得较好的管理审计评价后，忽略企业当前和未来的发展，造成了企业生产的停滞。然而，管理审计并不是对一两个容易衡量的活动领域进行比较，而是对整个组织的管理绩效进行评估，从而为指导企业今后改进管理体系的结构、工作流程和结果提供有益的参考。

四、其他控制方法

除了以上所述的管理方法，还有许多非常实用的控制方法。

（一）现场视察法

现场视察法是最古老的控制方法。恰如其名，其特点便是直接进行现场的视察。每个层级的管理者都可以采用这种控制手段，来针对性地解决自身组织面临的问题，从基层工作中的设备运转、劳动纪律、生产进度、成员士气，中、高层管理者通过到现场视察来掌握下属报告的属实度、政策的落实情况等。因为现场视察贴近实际，可以采集到及时、可靠、深入的信息，控制容易奏效。运用现场视察法，需要注意避免两种情况：一是员工为某些原因驱动，制造假象应付管理者；二是员工把视察当作对他们工作的干涉、不信任。但只要管理者深入实际而不是走马观花，实事求是而不是好大喜功，体察下情而不是无端指责，解决问题而不是搞形式主义，那么，现场视察可能存在的负面影响是可以抑制和避免的。

现场视察还有若干间接的益处。如管理者通过现场视察，可以了解每个员工的工作状况，对员工的工作能力有一个全面的了解；同时，亲临现场可以了解到每个员工对工作的看法和意见，并获得启发；可以对员工起激励作用；可以借此营造和谐的组织氛围；可以体察民情解决民瘼等，从而有利于组织计划更好地完成。

(二)专题报告和统计资料分析法

专题报告分析法是有效控制特定范围内问题的方法。它主要针对复杂的、例外的情况、展开调查研究,以简明扼要的报告,分析计划执行中存在的问题及其原因、已经采取的措施及效果、预计发生的问题,为管理者提供控制的信息和对策。在许多组织中,管理者把此项工作指派和委托给由训练有素的专业人员组成的参谋小组。参谋小组成员因为具备专门知识和敏锐的发现问题能力,他们提出的专题报告,也就能适时地、突出重点地改进组织活动、提高组织绩效。

统计资料分析法可以用来推测事物的变化趋势。它基本上有表格和图表两种形式,为管理者提供控制组织运行的依据。人们不容易从表格上看出数据的趋向和关系,而比较容易理解曲线图形显示的统计数据的分析,因为图表具有形象直观性。统计资料要有效地为管理控制服务,除了应当适应管理者的情况外,还应注意保证它的及时性和科学性,如保证它定期地以某种规范形式呈报到管理层,这样,有助于管理者对变动趋势采取相应的控制手段。

第三节 综合控制方法

随着市场经营环境复杂性和多变性的提高,现代企业间的竞争愈来愈激烈,企业需要进行控制的组织层级越来越高,所要控制的活动范围越来越广,这就需要企业采用综合的方法对企业运营的整个过程进行控制。其中最具代表性的综合控制方法有两种,分别是标杆控制和平衡计分卡控制。

一、标杆控制

作为一种学习先进管理经验的系统,科学且高效的方法,标杆控制在当代企业管理中得到了广泛的应用。一项研究调查表明,从 1996 年开始,世界五百强企业中,绝大部分的企业在日常的管理活动中应用了标杆控制管理方法。

(一)标杆控制的内容

标杆控制又称为基准控制,是指企业将在某个行业或某个方面最具特色和竞争力的企业作为组织或组织内某个部门的标杆,将本企业的产品和服务与标杆进行对比、评价,取其之长,补己所短,制定并实施改进的策略和方法,并持续不断进行更迭的一种管理方法。标杆控制具有一定的心理学要素,且特点在于标杆的设立对任何个人或组织都具有鼓舞作用,心理学认为人的成就动机导向假设每个人和组织都具有一个既有挑战又具有可实现性目标,只有这样,个人和组织才会获得发展的动力。

美国施乐公司是实施标杆控制的代表。早在 1979 年,标杆控制的概念由施乐公司率先提出。到了 1980 年，该方法已经扩展到了整个公司。至此，标杆控制方法便被施乐公司作为公司进行产品改进、企业发展、进行企业竞争的重要工具。该方法得到了公司的最高层领导的重视，公司把标杆管理作为一项经常性活动，并指导公司内各个部门机构具体实施标杆管理。

标杆控制在本质上是一种以实践和过程为导向，注重方法的管理方式，它的基本思想是对系统进行不断的优化和改善，逐步完善系统，它是一种较为直接的、中断式的、渐进的管理方法。"标"是我们对于企业在生产和价值创造方面所期望获得的业绩标准，"杆"是企业生产目标的参照物。企业可以根据自身需求寻找相符合的标杆进行比较学习，并且在学习过程中不断重新思考和设计经营模式，同时借鉴先进的理念进行内化改造，最终创造出合适的、最佳的经营模式。

（二）标杆控制的步骤

不同企业标杆控制的具体实施内容是不同的，不同的行业，不同的部门往往需要采取具有自身特色的标杆控制方法，应当根据企业自身外部环境和本行业发展前景，结合企业发展战略，同时考虑时间、成本、收益等，进而确定企业标杆控制的方案。通常情况下的标杆控制主要有以下几个阶段，各个阶段对应不同的管理活动：

（1）计划阶段。在计划过程中，需要找到企业标杆控制的目标，并得到企业管理层的支持；结合实际制订评测的方案，制订数据收集计划，与当地专家一起审定计划，评定标杆控制的目标。

（2）内部数据收集与分析阶段。在收集与分析内部数据时，尽可能全面地收集分析内部信息，确定内部标杆管理合作伙伴，进行内部访谈与问卷调查，收集一手信息，组成内部工作小组，确定工作计划。

（3）外部数据收集与分析阶段。在收集与分析外部数据时，需要进行以下几项活动，即收集外部公开发表的信息、收集外部第一手研究信息、更新标杆控制计划并从外部专家哪里收集相关数据、与外部合作伙伴交换信息、对外部顾客进行调查、组织对竞争对手产品的购买、对竞争对手的产品进行逆序制造、对标杆控制数据库进行及时更新。

（4）实施与调整阶段。该阶段是前几个阶段的归宿和目标所在。此阶段需要明确改进方向并制订实施方案，并在方案实施的过程中时刻观察与评估以便及时做出调整，以最终达到增强企业竞争优势的目的。

（5）改进与再标杆阶段。标杆控制管理是一个不断持续的过程，而不是一次性的行为，标杆管理无法一蹴而就，企业应当时刻针对环境产生的新变化或企业内部新的管理需求筛选出下一次标杆的项目和对象，从而不断循环进行企业标杆管理。

（三）标杆控制的类型

实施标杆控制是一种策略组合，并非单一形式。根据标杆对象的不同，可以把标杆控制分为以下三类。

（1）内部标杆。在企业内部，确定内部标杆，即内部最优秀的部门或员工，并在企业内宣传推广并形成共同向上的氛围。

(2)行业标杆。在同行业或企业的合作伙伴中找到最为优秀且值得学习的企业,确定差距制定追赶策略,以图超越对方。

(3)全球标杆。寻求流程相似的全球性成功企业,对照比较获得具体学习内容。

(四)标杆控制的作用

标杆控制是企业绩效评估、持续改进、提高绩效、制定战略、增进学习、增强潜力、实行全面质量管理的有效工具。以设立标杆的方式,对企业生产发展中最关键或最薄弱的因素作为重点需要改进的方面,通过此方法可以全面提升企业的竞争力。在标杆管理的控制指标中,在常规的财务指标之外,非财务的指标也被重点关注。

(五)标杆控制的缺陷

(1)采用标杆控制容易造成企业之间的竞争战略趋同。大量企业因奉行标杆控制,互相学习和借鉴,可能导致所有的企业都企图通过采取较为类似的市场行为来达到提高绩效的目标,以图在某个竞争方面超过竞争对手,这种显而易见的模仿在短时间内,使得企业运作的效率大幅提高,然而同行业的企业之间相对效率差距却日益减小,企业生产和管理模式也日趋一致。企业之间普遍采用标杆控制必然会导致各个企业的竞争战略趋向一致,各个企业在进行产品生产,市场决策等行为时,采取的方法大同小异,当企业运作效率上升的同时却导致了利润率的下降,更使得企业管理方法的创新难上加难。

(2)标杆控制可能使企业陷入"标杆管理陷阱"中。在科学技术飞速发展,企业所拥有的技术越发复杂,企业产品质量越来越高的背景下,企业之间的互相模仿和借鉴也更加困难,这使得企业进行标杆控制也越发困难。如果企业无法通过标杆控制活动消除与优势企业间的技术差异,那么仅仅为了领先对方而进行的标杆控制,反而会将企业拉入深渊。

企业是一个完整的系统,单纯地对其他企业进行战略模仿无法使企业实现长足的发展,不假思索的模仿往往会使企业陷入不断模仿的怪圈,而基于本企业的情况,复刻其他企业的成果途径并进行创新才是有价值有意义的标杆管理方式。

二、平衡计分卡控制

平衡计分卡是 1992 年由哈佛大学商学院教授卡普兰和复兴国际方案总裁诺顿设计的,其应用领域广泛,涉及各行各业。平衡计分卡控制是将企业的愿景、使命、发展战略和企业绩效相关联,把企业的使命和战略转变为具体目标和评测指标,以实现战略和绩效的有机结合。

(一)平衡计分卡控制的内容

企业的良好的发展不仅仅取决于企业的内部因素,同时企业外部因素也至关重要。诸如市场需求、消费者偏好等外部因素的变化都会对企业的发展产生重大的影响。同时,企业应兼顾短期目标和长期发展，不仅要关注财务指标，还要重视非财务方面的组织运作能力。

平衡计分卡是由财务、顾客、内部经营过程、学习和成长四个方面构成的卡片，用于衡量企业、部门和人员，命名为"平衡计分卡"的目的在于平衡，兼顾战略与战术、长期和短期目标、财务和非财务衡量方法、滞后和先行指标。平衡计分卡构成了企业管理过程的核心组织框架，平衡计分卡的四个方面及其之间的相互关系如图13-1所示。

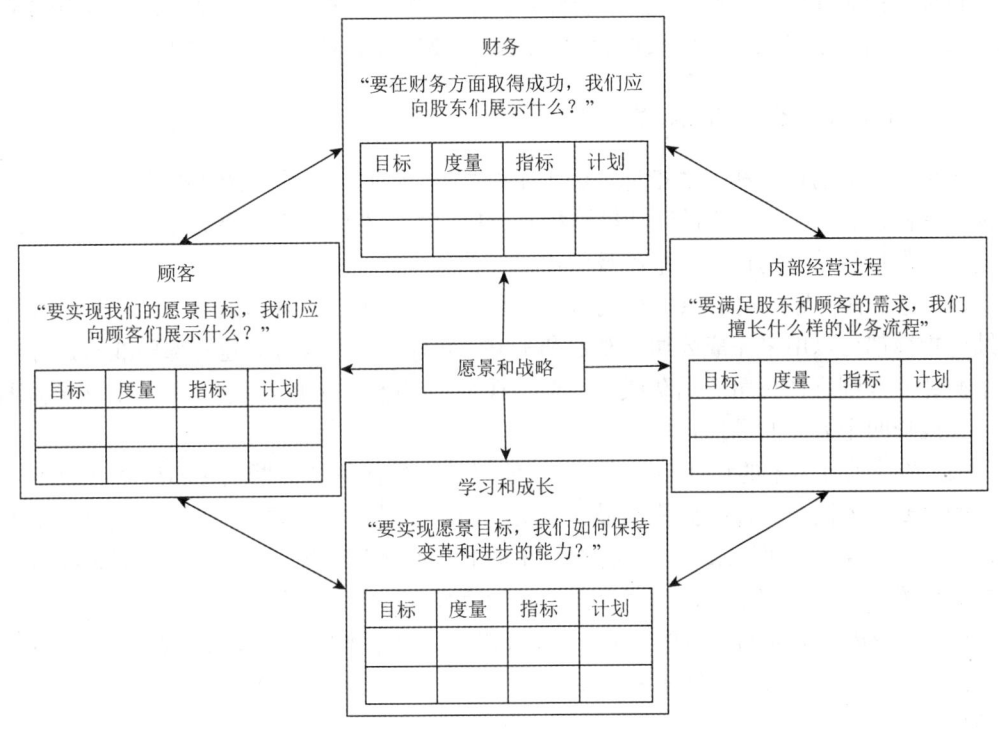

图 13-1 平衡计分卡控制图

1. 财务方面

财务方面的目标是展现管理者们的努力会对企业经济效益产生何种积极影响，着重于解决"股东如何看待我们"，财务方面是其他三个方面的出发点和归宿。平衡计分卡的财务方面列出了组织的财务目标，并将财务目标转化为财务指标，衡量战略的执行和实施是否在为最终的经营成果的改善做出贡献。

2. 顾客方面

顾客方面主要是为了解决顾客如何看待企业的问题。该方面体现了企业对外界变化的反馈，管理者们确认了组织将要参与竞争的客户和市场部分，并将目标转化为指标。

3. 内部经营过程

目标是评测企业内部的效率，将重点放在能够带来更好整体性能尤其是对客户满意度有重要影响的过程、决策和行动上。在计分卡的内部业务流程方面,以吸引和留住目标市场的客户,并满足股东对财务回报的要求,管理者需要注意内部流程,内部经营过程直接关系到客户满意度和组织的财务目标的实现,并设置测量指标。

4. 学习与成长

目标是使企业保持变革和改进,将注意力引向企业未来成功的基础。计分卡中的学习和成长方面确认了组织为实现长期的业绩而必须要进行的对未来发展的投资。

(一) 平衡计分卡控制的流程

平衡计分卡的目标和评估指标来源于组织战略,它把组织的使命和战略转化为有形的目标和指标,平衡计分卡的目标和措施相互连接,连接不仅包括因果关系,但也会导致测量结果和测量相结合的过程,最终反映出组织的策略。

(1) 建立并倡导公司的愿景和战略。公司必须首先建立愿景和战略,使每个部门的一些绩效指标都可以用来完成公司的观点和战略,此外,还可以考虑建立部门战略,同时建立平衡计分卡到解释公司的团队或委员会,现场和战略,并建立财务、客户、内部流程、学习和成长四个方面的具体目标。

(2) 绩效指标体系的设计与建立。这一阶段的主要任务是根据企业的战略目标和短期发展的需要,为四类具体指标找出最有意义的绩效衡量指标,并从上到下传达设计指标。从内到外,从各个方面征求意见,从各个方面和层面吸收建议。这种沟通协调完成后,设计的指标体系可以达到平衡,从而全面反映和代表企业的战略目标。

(3) 企业内部沟通与教育的加强。合理利用各种不同沟通渠道,如定期或不定期的刊物、信件、公告栏、标语、会议等使各层管理人员了解公司的愿景、战略、目标与绩效衡量指标。

(4) 确定每年、每季度、每月的绩效衡量指标的具体数值,并与公司的计划、预算结合起来。注意各类指标之间的因果关系,驱动关系和连接关系。

(5) 改进和完善绩效指标体系。首先,平衡计分卡在这个阶段应重点关注指标体系的设计是否科学、是否能真正反映企业的实际情况;其次,专注于平衡计分卡的使用后,评估性能的不完全性,为了进一步完善评价指标,因此,平衡计分卡要不断改善;最后一个问题是设计的指标不合理,必须坚决取消或改进。只有经过反复的认真改进,平衡计分卡才能更好地为企业战略目标服务。

(二) 平衡计分卡控制的作用

成功的平衡记分卡控制系统是将企业战略与一系列财务和非财务评估方法联系起来的一种手段。平衡计分卡阐明了战略并在组织内建立了共识;传播整个组织的战略;部门和与此战略相关的个人目标;将战略目标与战术安排联系起来;定期有序地总结战略;使用反馈来改进策略。因此,从某种意义上来说,平衡积分卡不仅仅作为一种控制和业绩评价手段,更是一个战略管理方法。

(三)平衡计分卡的优点

平衡计分卡是一种管理手段,同时体现了一种管理思想。采用平衡计分卡作为控制工具的优点主要体现在以下几个方面。

(1) 平衡计分卡置企业战略于核心地位。

(2) 平衡计分卡使整个组织行动具有一致的目标,且服务于战略目标。

(3) 平衡计分卡能有效地将组织的战略转化为组织各层的绩效指标和行动。

(4) 平衡计分卡有助于各级员工对组织目标和战略的沟通和理解,利于组织和员工的学习成长与核心能力的培养。

(5) 平衡计分卡可以提高组织整体管理水平,实现组织长远发展。

(四)平衡计分卡的实施条件

由于每一个企业经营范围不同,得出的记分卡也是相异的。同一类型的企业也会因为战略目标不同而得到不同的记分卡。因此,实施平衡记分卡方法要考虑企业的具体条件。一般实施条件有:

(1) 高管理质量。企业管理质量要求越高,管理越能达到程序化、规范化和精细化,使企业战略的每一层次都能有效实施,最后达到预期目标。

(2) 高信息度。企业应该以信息化方法对平衡计分卡解决方案中的所有数据进行收集,使信息准确、可靠、及时、快捷。

(3) 高员工素质水平。平衡计分卡的实施效果受到员工素质水平的影响,尤其是高层和中层的员工。

(4) 合理分解企业战略。分解企业战略可以转化为可评测、可实现的具体目标,并在实施过程中进行适当的纠正与调节。

【课后思考】

1. 预算控制有哪些方法?
2. 财务控制有哪些方法?
3. 什么是标杆控制?什么是平衡计分卡控制?
4. 企业运营过程中主要对哪几个方面进行管理控制?

第十四章 创新与管理创新

【教学目标】
1. 熟悉创新的内涵及外延。
2. 理解管理创新的相关内容。
3. 通过相关案例进一步加深对创新的重要性和可行性的理解。

第一节 创新概述

创新是人类永恒的话题。纵观人类和社会的发展,究其本质其实就是一段不断创新、不断完善的历史。广义的创新包括精神创新和物质创新两部分,除了我们常说的新产品、新技术发明、新专利属于创新活动的范畴外,新出现的概念观点、思想理论也属于创新。

一、创新的含义

(一)创新的概念

"创新"一词最初起源于拉丁语中的"Inoval"。本书在此将其定义为:身处特定环境中的创新主体在既有知识与理解的基础上,为了满足自我需求或社会需求,在概念观点、思想理论、方法渠道、产品技术等方面提出创造性或改进性新见解的,兼具高收益和高风险的活动。

关于创新的含义,经济管理学界目前普遍比较认同的是"创新理论"鼻祖熊彼特的几点见解:

1. 创新是经济发展的实质

我们常常听到"创新是社会、经济发展的第一生产力""创新是企业发展的动力源泉"等系列凸显创新在新时代重要性的观点,这不无道理。著名经济学家熊彼特曾指出:经济发展的实质并不单单限于资本积累,而是长久以来形成的、经济生活由量变到质变的自发性突破,也即创新。

2. 企业家是经济创新的主体

创新是企业家的职能,企业家应该意识到这份重要职责,更应该具备这份能力。此外,前文在对创新进行定义时就已提到,创新是"创造性或改进性的新见解","改进性"也就是说创新并非一定要创造出全新事物——旧事物以新形式出现,或是对旧事物(形式)与新事物(形式)进行有机结合,这些都属于创新的范畴。

3. 利润是创新的动力

如果说利润是企业的灵魂,创新就是利润的灵魂。虽说创新具有相当的风险,可一旦成功,企业利润大可实现翻番。因此,大多数企业还是会为了企业的长远利益选择搏一把,竭力抓住谋求潜在利润的机会。

(二)创新的特征

既然创新对于社会、经济、企业的发展都有着如此重要的作用,为了更好地创新,我们还应了解创新的特点。总体上看,创新通常具有下列五个特点。

1. 新颖性

创新落脚落在"新"这个字眼上,新颖性是创新最基本的特点。企业创新活动融探索性、开拓性、创造性于一体,最终落脚到新颖性上来。企业的创新活动与其他活动相比较最显著的一点不同就在于,它一定是一个由量变到质变的积累过程,会使企业在某一处或某一点上产生突破性的提高。

2. 目的性

创新是一种突破,而突破往往都具有一定目的。前文在创新的内涵部分已经讲到,创新是经济发展的实质,出发点和落脚点总归是为企业创造利润,所以无论创新活动"新"在哪里,它一定是为了"创"效益才开展进行的。创新的目的是产生并获得包括经济效益、社会效益、环境效益在内的新的效益,企业应为之紧跟时代前沿,勇于探索新路子,提出新见解,找到新发现,实现新突破。

3. 高收益与高风险并存

经济活动一个主要的特征便是高风险与高收益并存。面对创新,企业应当谨慎权衡该项创新活动中可能存在的收益与风险,不能只看收益,忽视创新失败有可能给企业带来的沉重打击;也不能只看风险,放弃应该抓住的使企业大幅获利的机会。

一方面,正如创新的"目的性"特征所显示的那样,企业创新的目的就是使企业产生并获得包括经济效益、社会效益、环境效益在内的新的效益,以此增加企业利润,提高企业价值,促进企业发展,即创新具有高收益性。另一方面,创新意味着未知,未知意味着不确定,不确定则意味着不可控,不可控意味着有风险——创新过程中存在大量不可控的不确定性,包括未知的因素、已知的可变因素、可变的不可控因素等等。例如社会、政治环境的突然变动,研发成功却被人抢先一步占领市场而错失时机等,这一切风险都对企业创新带来不小的挑战。也就是说,伴随着创新全程大量人力、物力、财力和时力的投入与消耗,企业最终未必能顺利实现应有的价值补偿。因此,创新具有高风险,零风险创新是不存在的。综上所述,企业创新是高收益与高风险并存的活动。

4. 系统综合性

企业创新的系统综合性体现在物质、精神两大方面。

（1）物质上的系统综合性。从宏观上来看，创新过程涉及企业的经营思想、经营战略、组织结构、管理体制等系列因素；而从微观上来看，创新贯穿企业生产活动链的每一环节：调研、预测、决策、设计、研发、安装、调试、生产、营销、售后管理……只有每个环节做到尽快尽善，创新才能顺利开展下去。

（2）精神上的系统综合性。企业创新往往很难、也很少是一个人的功劳，它常是多人共同努力的结果，是谋略与实践的结合。正所谓"众人拾柴火焰高"，企业各级、各部门人员间的通力协作有利于更快、更好地发挥系统的协同效应，促成创新的实现。

5. 时机性

市场竞争激烈而残酷，企业耗费大量时间、心血研发出成熟新品，到头来发现已被他人抢先一步占领先机的情况并不少见。此外，消费者偏好并非一成不变，处于不断的变化当中，这就要求企业在紧随市场、消费者步伐的同时，积极观察竞争者的举动，及时选择、调整创新的方向与进度，提前估算创新成功的可能性大小与所需成本，多做有把握的创新。

（三）创新的类型

为了更好地理解某个概念，我们不仅需要把握其定义和内涵，还应对其外延加以了解。在这里，我们将进一步介绍创新在经济管理学界的不同分类标准下划分成的不同类型。一般来说，创新主要可以从以下几个方面来划分。

（1）创新按综合效益划分，可分为正效创新、零效创新和负效创新。正效创新就是能形成正面积极效益、促进发展的创新，例如节能电动车的发明，在给企业带来利润的同时，也促进了生态环保效益和社会效益。零效创新正如字面意思一样，指的是无价值也无害处的创新，例如企业推出没有市场新需求的新产品。负效创新则非但不能带来正面效益，还可能造成一定恶劣影响，例如企业可能由于技术失败等原因研发出污染环境的新技术或产品。

（2）创新按制度状态划分，可分为程序化创新和非程序化创新。程序化创新是指有预谋的、事先便已规划好程序计划的创新，这类创新有章可循，因而也较容易成功；非程序化创新则是无预谋、偶然性的创新，可进一步划分为消极型创新和痛苦型创新，由于带有明显的运气成分，在企业中比较少见。

（3）创新按对系统的影响程度划分，可分为整体创新和局部创新。该类划分比较容易从字面理解。整体创新通常涉及企业组织整体目标和使命的变更，涉及范围广、系统性强、耗时久、难度大；局部创新则是在大方向、背景不变的前提下发生的，企业某一部分要素内容的变动。一般来说，企业的创新多是较少的整体创新辅以较多、较频繁的局部创新。

（4）创新按与环境的关系划分，可分为进击型主动创新和防御型被动创新。进击型主动创新是企业通过细致的探索研究，察觉、预测到未来环境可能提供的某种有利机会，从而积极、主动地开发和利用这种机会谋求生存或效益的创新;防御型被动创新则是企业受一定外部竞争环境压力的驱使,为使企业组织系统免受某种威胁或伤害而进行的创新。

(5)创新按内容(对象)划分,可分为战略创新、技术创新、市场创新、资源配置创新和组织创新。对创新按照内容要素加以划分是最常规、最通用的划分方法,关于这一部分将在紧接下来"创新的内容"部分作详细说明。

其实,除上述主要的划分标准与类型外,创新还可按宏观对象不同,划分为理解理论创新和实践创新;按创新的意义大小不同,划分为渐进型创新、突破型创新和变革型创新;按创新的层次不同,划分为首创型创新、改进型创新和应用型创新;按节约资源的种类不同,划分为节约劳动的创新、节约资本的创新和中性的创新。

(四)创新的内容

承接上一部分的内容,本部分将创新的内容划分为战略创新、技术创新、市场创新、资源配置创新和组织创新五大类,现逐一分析。

1. 战略创新

战略创新顾名思义,是对企业宏观的、方向性的大局谋略进行改造、创新,以使企业更好地适应激烈的市场竞争,永葆青春活力。知识经济时代的到来使企业经营目标有了新的定位。在 20 世纪 90 年代以前,企业更加强调的是对于打开市场、占领市场的追逐战,重视企业规模和产品规模;而 20 世纪 90 年代以后,伴随着企业核心理论、价值链理念和企业社会价值最大化等观念的成形与发展,企业的战略管理逐渐由之前的对外追逐转向对内完善,企业不再单纯、盲目地注重对外部市场的开拓,而将战略重心转向对企业自身核心能力的培育。

当下,企业经营愈发强调追求具有综合性的"社会价值",而非单一的"经济价值",这也就要求企业高度重视自己的社会责任,全面修正战略目标。在新的政策、经济环境下,企业战略目标需要通过满足社会需要获得利润。

2. 技术创新

技术创新是企业创新的重要内容,现代工业企业的一个主要特点是在生产过程中广泛运用先进的科学技术,技术水平是反映企业实力的一个重要标志。由于特定的技术通过特定的要素载体和利用这些载体的形式来体现,企业的技术创新可表现在要素本体创新和要素组合创新这两个方面。技术创新有狭义和广义之分,狭义的技术创新简单将技术创新界定为产品(服务)创新和生产工艺(加工方式)创新;而广义的技术创新则对企业技术的范畴进行了进一步扩充,认为技术创新除了上述两种基本类型外,还包括材料创新、设备创新、生产组织创新和人事创新。

3. 市场创新

伴随着新技术的出现和新产品的开发,必然带来企业对新的市场的开拓和占领,继而引起市场结构的新变动和市场机制的创新。市场创新是指企业从微观角度促成市场构成的变动和市场机制的创造,伴随新产品的开发对新市场进行开拓、占领,从而满足新需求的行为。

市场创新主要包括开拓新市场、市场要素创新和营销组合创新三个方向。

(1)开拓新市场。企业创新以开拓新市场、创造新需求为宗旨,市场创新最基本的形式就是开拓新市场。对于新市场的开拓具体可分为以下三部分。①新的产品市场。对市场上的既有产品加以创新,变为在价格、质量、性能等方面具有不同档次、特色的产品,以满足不同消费层次、不同消费群体的需求。②新的需求市场。不同于新产品市场开拓的被动性,需求层面上的新市场开拓往往具有一定的自发性、主动性,是指在现有的产品和服务都不能很好地满足潜在需求时,企业积极推出新产品或改造旧产品,以满足特定市场消费者潜在的需求,例如将功能过时、操作却简单的手机制造成超大字体的机型,也即"老人机",推销给老年消费群体。③新的地域市场。开拓地域意义上的新市场不仅包括新产品进入新市场,也包括旧产品进入新市场。这里的地域拓展方向是多向的,譬如由国内向海外拓展、由城市向农村拓展等等。这里有一个经典的"赤脚卖鞋"案例:同样是看到某地人人赤脚无人穿鞋,大部分考察者认为这预示着商机的结束,但有位企业家却转念一想将其视作商机的开始,最终实现了买方和卖方的双赢。

(2)市场要素创新。市场要素创新是市场创新的本质。企业要全方位统筹现实市场、潜在市场和未来市场三大层次的市场,实现市场要素的创新。企业要在积极适应现实市场的同时,充分利用既有力量挖掘潜在市场,同时还应开辟未来市场,引领消费潮流。

(3)营销组合创新。市场营销组合观念认为:企业可以控制的产品、定价、分销与促销等因素,都是企业发展中的变数。在营销过程中,任一因素的变化都会出现新的市场营销组合,具体包括新的营销观念和新的营销手段。在知识经济时代,信息网络技术进入商品流通的每个环节,实现了对传统商业管理的根本变革。其中,网络营销就是信息革命带来的首次市场创新。

4. 资源配置创新

企业平稳运行的关键在于对企业多种多样的资源进行灵活配置。资源配置创新说的是企业在发展过程中对人力、物力、财力、时力等资源要素进行新分配。资源配置创新能力正逐渐成为现代企业的特殊能力和核心竞争力,成为企业创新的突破口。在国际化竞争环境下,企业资源配置的能力与效率已不再仅仅局限在土地、厂房、设备、资金等"硬"资源的配置上,更重要的是对企业"软"资源进行良好配置,即重视对企业有可能大量存在的无形社会资源的配置,譬如企业技术、企业服务、企业口碑(形象)和企业品牌。

5. 组织创新

企业系统的正常运行离不开稳定有序的企业组织,组织创新具体可分为组织观念创新、组织制度创新、组织文化创新、组织人事创新和组织管理创新。

(1)组织观念创新。观念、认识是人行动的指南,组织观念创新是在组织活动进程中产生的,以更加科学、有效地利用资源为目标的,能使组织更好适应内、外环境变化的新的概念、观点或构想创新。强调这些新概念、观点或构想的产生,也就是强调组织中的个人应不断更新观念、转变认识，由此形成更加准确的管理决策，引导组织健康发展。总的来说，组织观念创新要求人们恪守实事求是、一切从实际出发的原则，摒弃教条主义；与时俱进，用发展的眼光看问题，从不同角度转变思想观念，面对组织发展过程中的新情况、新问题。

（2）组织制度创新。组织制度宏观、难以捉摸，却又事关企业发展全局。组织制度是有关组织运行的原则性规定，主要包括组织的产权制度、经营制度和管理制度三方面，其中至关重要的便是管理制度。管理制度是组织日常经营管理活动中各种具体规则的总称，分配制度又是管理制度中极其重要的一部分。分配制度的创新主要是企业的人员分工制度创新与奖酬分配制度创新，合理分配制度的制定有利于最大化激发劳动者的工作热情、提高组织效率和效益、改善企业经营现状。组织制度创新便是组织对以上种种制度进行的创新。

（3）组织文化创新。文化是一种软实力，文化创新的重要性不容小觑。组织文化包括企业的形象品牌、管理体制、行为规范以及企业价值观和员工价值观等软资源，组织文化创新就是对这些软资源进行创新，间接地提升组织管理效率。在企业发展进程中，企业组织的文化并非一成不变，而是随着时代和企业自身的发展而发展；具体来看，其可分为以下三方面的创新。①组织经营理念创新。经营理念是支配企业生产经营活动，为其提供原则性指导的思想观念的总称，是企业精神文化的主要组成部分。组织经营理念创新是企业适应不断变化的市场环境的要义所在，对于企业发展具有指导意义；如果没有企业经营理念的创新，企业难以主动适应市场变化，也就很可能无法在复杂多变化的环境中生存。②组织口碑（形象）创新。企业组织的口碑，或者说是形象，是消费者使用企业产品服务后的反响，是社会对企业的认识与印象。随着科学技术在各个企业中的全面普及，以及企业的发展重心逐渐由市场导向转为消费者导向，企业组织间的竞争不再仅限于企业技术的角逐，更体现在各组织形象、也即组织在消费群体中的口碑之间的无声较量。企业应通过组织形象的改良、创新保持自身在消费者心中的有利地位，在竞争中争取主动。③组织品牌创新。企业品牌是企业文化的外在体现，是企业文化的重要组成部分。不存在脱离品牌的组织文化，也没有与组织文化无关的品牌建设。企业品牌是企业产品的质量、性能、特色等在消费者心中的整体反应，可谓企业灵魂的抽象体。一方面，企业要设计个性化且易于消费者识记的品牌形象，我们绝大多数人所熟悉的苹果、海尔等国际知名企业都显著得益于其极具记忆点的品牌标识；另一方面，企业应重视组织品牌独特的内涵价值，例如知名电脑品牌"联想"的英文标识"Lenovo"，其实烙印着"innovation"（创新）这一英文单词的外形与内涵，承载着创立者在企业创建初期的美好愿景。

（4）组织人事创新。人是企业组织不断运行的本质载体，企业中的绝大多数生产工具、手段都依赖人来进行操作；随着企业设备、材料等技术的更新，其生产运行与管理也对组织中的每一位个体提出了更高层次的要求。企业的人事创新既包括用新技术、新知识对组织内既有人员进行继续教育、使之适应技术进步的要求，也包括源源不断地从组织外部获取新人才、进一步促进企业发展壮大。

（5）组织管理创新。管理是社会活动不可或缺的一部分，尤其伴随着社会科技、文化、市场等大背景环境的发展，管理创新越来越受到以企业家为主的经营管理者以及相关专家学者的广泛重视。组织的管理创新可进一步划分为管理环境创新、管理目标创新、管理思想创新、管理模式创新等，关于这一部分的有关内容将在本章第二节管理创新部分进行详细说明。

二、创新的作用

当前，无论是从激烈的国际竞争形势还是国内党的大政策方针形势来看，我国企业为了更好地求生存、谋发展，都应该高度重视创新可能给企业带来的巨大推动作用，积极提高企业创新能力，在现实、残酷的市场竞争中赢得更有利的地位。总体来看，创新主要有以下几点积极作用。

（一）提高效率和成本效益

1. 提高资源利用率

企业成本效益就是企业的投入产出比，而新生产方法、新技术、新管理手段的出现往往意味着企业某一工作环节所需要的时间、人力以及资源的精简和节省。所以，创新通常是提高组织效率、效益的利器。

2. 利用过剩能力

"供过于求"是当下中国经济市场的常态，生产能力过剩、资源利用率低下的企业不在少数。这时，创新便为企业和市场带来生的希冀。本章开头已提到，旧事物以新形式出现，或是对旧事物（形式）与新事物（形式）进行有机结合都属于创新的范畴；而通常来讲，在深入了解、调研生产者市场和消费者市场的供需现状后，企业大可结合既有调研与知识技术进行大胆的组合式创新，如此很可能利用过剩生产能力创造出符合用户需求的新产品，变"废"为宝。

（二）创新的联动效应

企业的生产与销售通常是一环套一环的，当企业的某一生产要素，例如产品的创新实现成功并投放市场后，伴随着该产品销量的增加，企业其他与之相关的产品的销量也会随之增加，从而产生新一轮的效益，这便是创新的联动效应。

（三）全方位提高企业素质

通过良性创新带来的更先进、更科学的管理方法，无论是从经济效益还是社会效益来看，企业可达成更加友好、有效的发展模式，连动提高包括管理者在内的工作者的素质，促进企业经济结构升级。例如企业可通过技术创新提高研制能力、完善设备设施，提高机器设备操作者的基本素质；再如企业可通过组织创新提高对外适应能力，进而也可能对外部环境产生有效影响，提高整个行业企业的行为素质。

(四)提高企业竞争力

看企业发展势态的一个关键指标就是产品的市场占有率。人无我有,人有我优,人优我廉,人廉我转——市场运行的法则向来是优胜劣汰,企业只有通过产品创新才能产出较竞争者而言更加物美价廉的产品,只有通过市场营销创新才能在市场中赢得顾客、成为竞争的优胜者。创新可直接、间接地为企业拓展市场,增强企业竞争力。

(五)改善市场环境

对市场环境的改善是企业创新的一个较为深层次的影响。例如,通过产品创新,企业能加速新技术、新材料在产品生产中的应用,提高产品质量,使产品功能更好地满足用户需要,使企业产品的竞争力提高,改变用户对企业产品的看法,从而改善现有市场条件。在持续的创新中获得成功的企业往往是那些首次进入新市场领域的企业,它具有领先者的优势,在很大程度上决定着产品的价格、市场规模等。当企业技术创新成果是适销对路的新产品时,它会给企业带来新的用户,形成新的市场,从而使企业得以在更广泛的市场中进行选择。

综上所述,创新既是现代企业发展的动力,也是企业赖以生存的基础。一个企业如果想在激烈的市场竞争中占据一席之地,就必须努力提高自己的创新能力。面对日益严峻的挑战,企业只有勇于创新才能生存下去。

三、创新的条件

可口可乐公司有句广为流传且脍炙人口的广告词:一直被模仿,从未被超越。究其本质还是表明创新有一定难度,因而企业的创新大都只能从模仿创新起步。那么企业组织要想创新,究竟应满足哪些方面的具体条件呢?

(一)新知识

野中郁次郎等学者曾指出,企业组织应具有知识创造技能,即创造新知识,在组织中扩散新知识,并将这些新知识融入产品、服务和系统中去的能力,这对企业创新而言十分关键。将视野放宽、放长远来看,企业创新归根结底就是对于新知识的创造和把握;企业发展、进化的过程究其本质就是不断创造、改进、传递和使用新旧知识的过程。

(二)弹性计划

创新是高收益高风险并存的企业活动,意味着时间、人力等重要资源的计划外占用。一方面,创新需要思考,思考需要时间。试想一下,如果企业组织将员工每天的工作日程排满、将工作计划制订得过分紧凑,类似于施行满负荷工作制,那么部分创新构想便极可能被扼杀在"摇篮"之中,企业可能由此错失不少创新时机。另一方面,创新需要尝试,尝试则需要实验器材、试验场所等物质条件。如果对企业组织的各个部门实施过于严密的工作计划,要求其在任何时间、地点都必须严格按计划行事,那么那些有可能的创新构想便只能留存在人们脑中或搁浅于纸上，无法真正问世、造福于企业组织。因此，企业应建立较富弹性的工作计划。

（三）容错机制

适当的容错机制的建立也是创新极为重要的条件之一。创新本身具有高风险，毋庸置疑，企业创新失败的例子并不比成功的少。创新者意识到这一点无可厚非，而创新的组织者也应当充分认识到这一点。只有企业组织者认识到创新失败是正常乃至是必需的，管理层才可能允许、支持甚至鼓励失败。组织管理者若对创新者提出过于苛刻的要求，过分强调结果成败的重要性，则不利于激发甚至保持创新者的创新积极性。另外，适当的容错机制的构建往往也有利于企业组织营造良好的创新氛围。

（四）合理的奖酬制度

企业创新一旦成功，便意味着创新者相对于其他组织人员而言为企业谋得额外的新收益，这便涉及企业组织的奖酬制度。创新的原始动机或许是个人成就感等自我实现的需要，但如果创新活动达成后，这项活动本身及其创造者的努力未能得到组织或社会的承认与嘉奖，没有相应公正的评价和合理的奖酬，那么不仅是创新者本身，企业组织所有其他有潜在创新构想和潜力的员工继续创新的动力也可能会逐渐丧失。由此，一套合理的薪酬制度的建立对于企业持续创新而言的重要性便可见一斑。

要想建立一套有利于促进创新的奖酬制度应做到以下几点。

1. 树立并落实"竞合"理念

一方面，企业的创新需要树立竞争的理念。竞争能够激发每一个人的创新欲望，从而有利于产生新的创新构想、发现新的创新机会。但值得注意的是，竞争应适度，过度的竞争极可能导致组织内部的拉帮结派、各自为政甚至是互相封锁。另一方面，企业的创新自然也离不开合作理念的树立。合作能综合多人不同的知识和能力，从而使每一个创新构想都更加完善。而所谓之"竞合"，便是要将"竞争"与"合作"理念相结合。在企业创新中，没有竞争的合作是难以持续的——不对个人贡献加以区分极有可能逐渐削弱个人的创新欲望；没有合作的竞争是难以站稳的——单个人的想法创意通常存有缺陷或可完善之处，多人合作有利于融合不同个体的智力和能力，使创新的构想更接近理想水平、易于实现。

企业的奖酬制度要想落实"竞合"主要可从奖励的项目和奖金的数额两方面予以规范。在奖励项目确立上，企业组织应考虑多设单项奖，少设综合奖；多设集体奖，少设个人奖。在奖金数额设置上，企业组织应考虑多设小奖，少设、甚至不设大奖，如此可带给更多组织人员以更多成功的希望。

2. 结果与过程并重

在奖酬制度的确立中值得注意的一点是，奖酬所奖励、酬谢的对象不应仅局限于创新成功者，而应是组织中任何一位为实现创新成功而卖力的人——相较未成功者而言，组织可为创新成功者设置更重的奖项,但不能只看结果不看过程,唯独奖励那些结果成功的创新者。毕竟用长远的眼光来看组织发展,重要的不是创新的结果而是创新的过程。企业组织构建合理的奖酬制度有利于促进每位成员积极地探索和创新,那么在企业发展的很长一段时期内终将形成正向促进作用。

3. 物质奖励与精神奖励的结合

企业组织的奖酬制度所支付的奖励可以但不局限于物质奖励,精神上的奖励也许比物质报酬更契合创新者的心理需要。然且,从经济的角度来衡量,物质奖励的效益是不及精神奖励的——金钱的边际效用是递减的,一旦组织对某一创新者予以金钱奖励,从那以后,为了在企业组织中激发、甚至是保持同等程度的创新积极性,组织不得不支付越来越多的奖金;至此,创新成本将逐渐增大。

(五)良好的创新氛围

促进企业创新很重要的一点便是要在企业中形成良好的创新氛围。企业组织应在员工之间无形地树立起勇于创新的观念,使每一位员工都奋发向上、努力进取、大胆尝试。企业应积极营造一种"人人谈创新、时时想创新、无处不创新"的创新氛围,在员工间形成适度的同辈压力,使每一个人都认识到:只有不断地探索、尝试、创新、贡献,才有继续留在组织中的资格。

四、创新的过程

要想创新活动在企业组织中顺利进行,就必须对创新的规律加以研究并运用。通常而言,一个成功的创新大致要经过以下四个过程:寻找契机、提出构想、迅速实践、随机应变。

(一)寻找契机

创新意味着对企业现存系统的打破——通常情况下,若系统内既存或新出现一定的不协调现象/因素,且该现象/因素对系统的变化发展造成了某种不利的威胁,或是对系统的变化发展提供了某种有利机会时,便需要进行创新。系统的不协调为创新提供了契机,企业的创新活动往往正是始于系统内有可能存在的种种不协调,这种不协调存在于对系统有影响的系统外部和系统内部本身。企业创新的外部契机主要有宏观经济环境的变化、技术的变化、人口的变化以及文化与价值观念的转变,内部契机主要有生产经营中的瓶颈和企业意外的成功和失败。企业创新通常以内部契机为主,下面对其进行展开说明。

其一,生产经营中的瓶颈。企业在生产经营中遇到瓶颈是常有的事,譬如企业既有管理思想、管理理念、管理方法过时亟待更新,又如某种材料的质地不够理想需寻找性价比更高的替代品,再如某种工艺加工技术的不完善,抑或是某种分配政策的不合理……如此种种不协调都可能成为组织发展的绊脚石。而唯有通过创新,组织方能化这一块块绊脚石为垫脚石,化瓶颈为突破口,化挑战为机遇。其二,企业意外的成功和失败。在企业组织的发展过程中,意料之外的成功和失败往往能够第一时间把企业从原先的思维模式中解放出来,从而也是企业创新的重要灵感来源。

(二)提出构想

寻找到契机只是创新的第一步,企业组织在敏锐地察觉到不协调现象/因素以后,还应进一步透过现象究其本质,识别出组织中不协调现象/因素存在、出现的原因,据此预测其未来的变化趋势,并预估它们可能给组织带来的积极或消极后果。在此基础上,采用头脑风暴、畅谈会等方法,充分把握机会或将威胁转化为机会,解决现存问题、消除不协调。作为契机的寻找与实践的付诸两环节之间的桥梁,构想的提出实属创新过程中的重要衔接环节,构想好坏的程度间接决定创新成功概率的大小。

(三)迅速实践

创新成功的秘诀主要在于迅速实践。无论提出的构想有多么不完善,又抑或是有多么完善,在付诸实践前,一切都是"零"。同样的市场驱动与竞争环境下,不排除多企、多人想到同一创新点的可能性,这时候拼的便是速度——无论企业组织的某项创新提议是一蹴而就还是细水长流,创新构想只有迅速付诸实践才有意义。时间就是金钱,"没有行动的思想会自生自灭"对于创新的实践而言绝对是真理。如果企业和企业创新者一味追求完美,将创新的风险视之过高,害怕自己的失误与同行的嘲讽,就可能坐失良机,把创新的机会白白送给自己的竞争对手。在有了创新的契机和构想以后,企业只有迅速实践方可有效利用"不协调"提供的机会,创新的构想也只有在逐渐的尝试、完善中才能不断接近成功。

(四)随机应变

创新的构想经过尝试才能成熟,而尝试意味着不确定、意味着风险,创新的过程也多是不断尝试、不断失败、不断提高的过程。企业的创新者在将创新构想付诸实践以后,为取得最终的成功,在很长一段时间内必须将实践坚定不移地坚持下去,不能很快就半途而废,否则可能会前功尽弃。在创新的过程中,创新者必须有足够的自信心和较强的忍耐力,要能正确对待尝试过程中出现的失败。"行百里者半九十",无论是贝尔发明电话还是爱迪生发明灯泡,创新能否成功很可能取决于创新主体是否能在这个充满不确定风险的过程中坚持到"最后一分钟"。

诚然,并非所有的创新构想与实践都能是注定能成功的。创新者务必提前为消除或减少失误采取必要的预防措施,制订灵活的容错规划;在察觉到创新继续进行下去的成本已经超过预期阈值时,创新者应当及时收手,蓄势待发,静候下一个创新契机的到来。总之,企业创新要能屈能伸,随机应变。

五、创新管理与维持管理

任何组织系统的管理工作无不包含在"维持"或"创新"之中,管理创新也不例外。事实上，管理的核心、本质内容就是维持与创新，有效的管理在于适度维持与适度创新的结合。一方面，维持是保证系统活动顺利进行的基本手段，也是系统中大部分管理人员，尤其是中、基层管理人员要花大部分精力从事的工作。没有维持，管理目标就难以实现，计划就无法落实，各成员的工作就可能偏离要求，系统的各要素就可能相互脱离，整个系统可能就此呈现一种混乱的状况。管理的维持职能要求组织严格按预定的规划来监视、修正系统的运行，避免各子系统之间的摩擦，或减少因摩擦而产生的结构内耗，以保持系统的有序性。

另一方面，系统的内部要素、外部环境处在不断地变化发展之中；企业系统由众多要素构成，是一个与外部环境不断发生物质、信息、能量交换的，动态的，开放的非平衡系统。管理组织者应根据系统内、外条件的变化及时进行局部或全局调整，而这种为适应系统内外条件变化而进行的、相对于维持而言的局部或全局调整，便正体现着管理的创新原则，即创新管理。

第二节　企业管理创新

顾名思义，管理创新是创新的一部分。在知识经济时代，市场需求的差异化、细分化、个性化的不断加强使市场竞争越来越激烈。当下，这一切外界环境的变化势必促使企业不断进行管理创新，管理创新在企业创新中扮演着愈发重要的作用。

一、管理创新概述

（一）管理创新的概念

在此，本书将管理创新定义为：企业的任何一位员工应用管理科学的理论、技术、方法、工具，通过对与组织生产及服务相关的管理理念、战略、制度、程序、模式和方法等要素进行系统分析、设计、改善、评价和创造，来寻获更有效的资源整合范式，以提高组织成本效率、改善组织产品服务质量，从而提高组织整体效益与竞争力，实现经济效益和社会效益的一种企业创新活动。对管理创新内涵的理解可从以下五大要素展开：

1. 主体：组织的全体员工

一个企业组织内，上至高层管理者，下至普通员工，都应该积极参与各项创新活动。大多数情况下，组织管理者发挥的作用更为关键。

2. 动因：环境的变化

任何组织都处在不断变化的环境之中，企业组织也不例外。无论是内部环境还是外部环境，企业组织的环境变化将直接或间接导致组织的管理发展与时下形势脱节；种种有可能面临的生存危机会推动企业组织进行创新以化解危机，而管理创新正是其中很重要的一部分。

3. 直接目的：资源整合

企业组织通过各项创新活动，最大限度发挥组织各种资源的效用，使其创造的价值最大化；也即，企业进行管理创新产生的结果或者说直接目的，便是实现企业资源的整合。

4. 最终目的：实现组织目标

企业组织反复进行管理创新、有效整合各种资源的最终目的是实现组织的目标。组织目标具体又可分为近期目标和远期目标。

5. 本质：寻获更有效的资源整合范式

企业通过对系统内要素和要素组合结构进行调整、改变与重组，为组织寻获更有效的资源整合范式，以此提高组织成本效率、改善组织产品服务质量，进而转变系统整体功能，最终实现"整体大于部分之和"的效应。由此可见，有效的管理创新绝不应仅仅局限于组织内结构的重新组合，还应有额外的效益。

从长期来看，企业的内、外环境的变化无法避免，这导致管理创新的必然性，但组织管理创新绝非易事——企业组织的管理创新涉及系统内包括管理科学的理论、技术、方法、工具，以及与组织的生产服务相关的管理理念、战略、制度、程序、模式和方法在内的多个要素环节，且其间相互配合、相互作用，共同推动生产力的高速发展，实现企业、社会效益最大化。究其本质，企业的管理创新是：在不断变化的社会环境和市场环境的驱动下，企业组织为了适应环境变化或谋求更好发展，循环往复地对组织内的科技、人才、资本等要素进行调整，以此满足市场需求，并最终实现尽可能大的经济价值和社会价值。

（二）管理创新的特点

管理创新既是企业顺应时代的妙方，也是企业责无旁贷的责任。为了不被市场淘汰或是更好地生存与发展，企业应先分析自身内外部环境，然后参照企业自身愿景、使命寻获创新动机，再结合企业自身能力进行分析决策、思考是否进行管理创新，如果进行的话又该如何进行，最终落实管理创新的具体实施。管理创新主要有以下几个特点：

1. 全员性

在上文对管理创新进行定义时就已提到，企业管理创新的主体可以是企业的任何一位员工。上到企业家，下到企业普通员工，人人都可能是创新的发起者与实现者。企业全体员工可以，且有必要都积极参与组织的管理创新工作，如此有利于发挥集体智慧，共同为企业的长远发展提供应有的有力保障。

2. 全方位

企业的管理创新应是多层次、共协作的创新活动，往往是经由多人的共同努力，对系统内多方要素组合进行创新促成的结果，因而具有全方位的特点。例如企业管理者从总体上设计管理创新计划，据此，相关部门经理针对相应的子系统进行细化的方案设计，并下达相关部门员工进一步开展活动、深化实施管理创新的具体内容。

3. 全过程

企业管理创新还具有全过程的特点，它强调管理创新的系统性。纵观企业管理创新的过程，从对创新契机的寻获与把握，到创新构想的提出，再到创新行为的迅速实施，最后到实施后续的随机应变，整个管理创新流程环环相扣、缺一不可。

4. 全效能

全效能强调的是企业管理创新为企业、社会带来全面效益的初始目的，或者说应有的创新效果。管理创新为企业带来的效能主要可分为三部分，分别是硬件效能，软件效能和形象效能。企业管理创新有利于提高企业的经济效益、工具设备的性能、主产品技术与文化含量和员工素质，即硬件效能；有利于完善管理观念、理念、理论、制度、方法，以及由此组合产生的管理战略、思想与文化、理论体系、经济管理制度和方法体系，即软件效能。而最终，硬、软件效能的提升将进一步完善企业形象，使企业在竞争群体中拥有更好的口碑，即形成形象效能。企业形象主要有整体形象、产品形象、品牌形象以及企业家形象。

5. 风险性

在本章第一节有关创新概述的部分也已经提到，创新是高风险与高收益并存的活动。可以说风险性是一切创新活动的共性，且是一个十分鲜明的共性。企业进行管理创新具有创造性和挑战性，并不总能如愿获得成功。据统计在美国，企业产品开发的成功率只有20%～30%，甚至更低。风险是无形的、捉摸不透的，却真切存在于组织管理创新的活动中。管理创新的过程中包含许多可变的、未知的、不可知的和不可控的因素，这些不确定性必然导致管理创新的风险性。

二、管理创新的内容

管理创新的内容从大局上来看，主要分为管理环境、管理目标、管理思想和管理模式这四个部分。

（一）管理环境创新

环境创新是企业管理创新中重要的一部分，却也是容易被忽视的一部分。企业环境分为两部分：从宏观上来看，包括社会、经济环境等外部环境；从微观上看，包括与企业目标、任务、经营发展密切相关的内部环境。在影响企业创新的一众管理环境中，最重要的就是市场环境。市场环境创新又可进一步分为三个部分：市场要素（组合）创新、市场机制创新以及市场策略创新。企业应在遵循客观规律的基础上改造环境，例如通过一定的公关、集会活动，来影响政府政策的制定。

（二）管理目标创新

通过前文不难总结出，在新时代的大环境背景下，企业应通过满足社会需要来获取利润,这正是企业的终极目标所在。但毋庸置疑的是,终极目标的实现离不开若干个小目标,或说是若干任务的制定与完成。事实上,强调管理目标的创新就是强调企业组织应及时依据社会和消费者的需求变化作出目标、任务的调整、改变,灵活地实现应有的社会价值。

(三)管理思想创新

在现实生活中,没有思想,行动便也无从谈起。管理思想创新是一切其他创新的前身、先导和本质。如果一个企业的思想观念不创新,任何创新都无法跟进实现。在现代企业管理中,某一企业组织形成的成功管理思想最终可能可化为具有普世意义的知识财富;而身处知识经济时代,掌握一定的知识很可能比拥有一定的土地、资金等资本更为重要。

(四)管理模式创新

管理模式就是管理观念、制度和管理方式、方法的有机结合。时下比较具有代表性的管理模式有:知识管理、集成管理、网络管理、企业再造等等。将管理模式创新按照微观层面划分,可分为生产管理模式创新、财务管理模式创新以及人事管理模式创新。

三、管理创新的意义

在市场机制下,优胜劣汰是客观法则。从企业进入市场成立之日起,竞争便已客观存在,且一直存在。为了在激烈的市场竞争中更好地生存发展,管理创新主体会不断整合企业资源范式,以降低生产成本、信息成本、监督代理成本,节约交易费用,减少组织间不必要的摩擦,加强生产、竞争优势,从而产生联结效应、聚集效应和系统放大效应,也即实现"整体大于部分之和"的效应。管理创新的意义可从企业本身、创新主体和企业家三方面来看:

(一)企业

1. 降低交易成本、提高经济效益

企业的内部化交易会产生包括组织成本、协调成本、监督成本在内的系列管理费用成本,而管理创新的目的就是使企业各生产要素互相匹配、更好组合,从而最大限度地降低管理成本,提高管理效率,优化资源配置。除此以外,管理上的有机协调还可确保现金的流动更加可靠、稳定,使付款更为迅速。通过有效的资源重组,管理创新可提升企业管理系统的工作效率、资金周转速度等指标,提升整体效益,这一切最终会在经济效益指标上有所体现,即企业的经济效益。

2. 促进企业成长、实现价值目标

现代生产力无不是一个由多因素进行多层次有机结合的巨大系统。如果说构成生产力基础的土地、资本、劳动力等因素属于实体性因素,对生产力基础因素具有加强作用的科学技术属于渗透性因素,那么管理则是一种运筹性因素,对前者作用的正常发挥起着重要作用。企业的管理创新在企业创新中占有举足轻重的地位,有利于企业运筹帷幄、全方位成长。此外,管理创新主体不断完善企业文化、创造新的管理范式,有效整合企业资源范式,有利于实现企业的经济价值和社会价值目标,最终达到通过满足社会需要来获取利润之境界,实现双赢。

(二)创新主体:满足心理需求

根据马斯洛理论,将需求由较低层次到较高层次依次排列为:生理需求、安全需求、爱和归属感、尊重和自我实现五类。管理创新主体可以从创新过程中获得成就感,得到他人的尊重,从而产生一种心理满足,其本质也就是一种自我实现。管理创新对于创新主体这一最高层次价值需求的满足,成为激励创新主体从事并维持管理创新行为,进而推动企业管理创新发展的主观动力和客观结果。

(三)企业家:推动企业家阶层的形成

不容忽视的是,现代企业管理创新的直接成果之一便是形成了企业家阶层。一方面,企业家阶层的产生使企业的管理更多地处于专家手中,提高了企业资源的配置效率;另一方面,由于分离了企业的所有权与经营管理权,有利于推动企业以更加健康的态势发展。由于较常人而言更加深刻地理解管理创新的重要性,职业企业家往往更关心管理创新,故而也常成为企业组织中最主要的管理创新主体。

四、管理创新的方法

管理创新的方法多种多样,在这里,我们介绍其中最常用的几种。

(一)头脑风暴法

头脑风暴法是美国创造工程学家 A.F.奥斯本在 1940 年发明的一种创新方法。这种方法的具体实现是:通过一种别开生面的小组畅谈会,在较短的时间内充分发挥群体的创造力,从而获得更多的创新设想。小组讨论 1 小时常能产生数十乃至数百个创造性设想,该方法适用于问题较单纯、目标较明确的决策。随着该方法在运用中的不断发展,又逐渐形成了反头脑风暴法。与头脑风暴法相反,对于某一特定方案,反头脑风暴法不是提肯定意见,而是专门挑毛病、找矛盾。上述两种方法一正一反,可互补使用。

(二)逆向思维法

逆向思维法是顺向思维的对立面。顺向思维无不是一种从众心理的反应,其常规性、传统性容易导致人们形成思维定势,阻碍人们创造力的发挥。顾名思义,逆向思维是种反常规、反传统的思维;在遇到问题时如果转换一下思路,用逆向法来考虑,就可能跳出一些条条框框,取得意料之外的成功。由于逆向思维法具有反常规性和反传统性,因而也往往具有突破性和新奇性。此外，由于该方法较为简单、易上手，具有普遍性和实效性的特点。

（三）综摄法

综摄法由美国人哥顿在1952年提出，是一种开发潜在创造力的方法。它以已知的东西为媒介，将看似毫无关联、互不相通的知识要素结合，创造出新的设想，也即：摄取各种既有产品和知识，将其综合在一起创造出新的产品或知识。使用综摄法可以帮助人们发挥潜在创造力，打开未知世界的窗口。

（四）信息交合法

信息交合法是一种通过若干类信息在一定方向上的扩展、交合来激发创造性思维，提出创新性设想的方法。信息是思维的原材料，大脑是信息的加工厂。创新性设想往往在不同信息的撞击、重组、叠加、综合、扩散、转换下方可产生。信息交合法可分为以下三个基本环节：

1. 收集信息

事实上，已有不少企业设立专门机构来收集信息。而其中，网络化已成为当今企业收集信息的发展趋势。如日本的三菱公司，在世界各地设置了115个海外办事处，约900名日本人和2000多名当地职员为公司从事信息的收集工作。收集信息这一环节的重点应放在对于新信息的收集上，只有前沿信息才能更好、更准取地反映科技、经济活动中的最新动态、成果。

2. 整理信息

整理信息是信息交合法的桥梁环节，该环节又具体包含核对信息、筛选信息和积累信息。

3. 运用信息

收集、整理信息的目的都是为了运用信息。在运用信息这一环节，一来强调及时，及时才能抓住时机；二则强调交合，即应尽可能实现信息与信息之间的融合，将信息和所要解决的目标联系起来思考，以创造性地实现目标。

（五）检核表法

检核表法采用一张一览表，从各角度出发，对需要解决的问题逐项进行核对，诱发多种创造性设想，以促进创造、发明、革新，或解决工作中的问题。该方法启发人们从多渠道缜密地思考、解决问题，现广泛运用于创造、发明、革新和企业管理之中，具体包括迁移法、引入法、改变法、添加法、替代法、缩减法、扩大法、组合法和颠倒法。

（六）类比创新法

类比就是在两个事物之间进行比较，通过比较找出两个事物的类似之处，据此推出它们在其他方面的类似之处；类比创新法就是从异中求同，从同中求异，从知识中产生知识，得到创新成果。类比创新法具体又可分为直接类比法、象征类比法、拟人类比法、因果类比法、对称类比法和综合类比法。

(七) 模仿创新法

事实上,人类的大多数创造发明都是由模仿开始;而模仿不仅可用于工程技术、艺术方面,还可运用于管理方面。模仿创新法,就是企业组织通过学习模仿,从率先创新者的创新思路和创新行为中获取灵感,吸收他们成功的经验和失败的教训,在此基础上进一步改进、完善现有管理要素的方法。例如企业可通过引进、购买、破译率先创新者的核心技术和技术秘密,模仿其中具有共性的部分。

(八) 自主创新法

自主创新法的创新方法难度大、较为复杂,却最能使企业组织受益匪浅,它是指:企业通过自身努力,攻破技术难关,形成有价值的研究开发成果,并在此基础上依照自身能力推动创新的后续环节,完成技术成果的商品化,从而获取大额商业利润的创新方法。相比以上其他管理创新方法而言,自主创新法具有三个显著的特点,或者说是优点、难点:自主突破核心技术、领先开发关键技术和率先开拓新市场。

五、管理创新的要求

不同于上一节在创新的条件部分所提"条件"的宏观性、系统性,管理创新对企业组织提出的要求是相对微观的、有针对性的,具体侧重于管理方面的。具体如下:

(一) 心智成熟的管理者

1. 正确面对失败

在组织中,管理人员多半是保守的。他们往往以为组织雇用自己的目的是维持组织的运行、守护现有规章制度,然而这并不利于企业管理创新。事实上,管理职责和业务专长的结合使管理者的创意更加务实,也更有针对性;他们的创新行为较为隐蔽,成功率更高。在企业的管理创新中,管理者处于承上启下的位置,是管理创新的中坚力量。因此,在企业组织中,管理人员应当带头正视失败、自觉创新,并积极鼓励、支持、引导组织成员进行创新,为组织营造有利于创新的企业环境。

2. 充分组织协调

组织协调本身是管理的职能之一,也是管理创新主体所必备的一种能力。首先,只有管理创新主体具备较强的组织协调能力,才能够有效组织所需投入的资源,使之得到最合理的配置。其次,具备组织协调能力的管理者能够在保证企业照常有序运转的前提下进行革新,改变原来的管理程式,推进新的管理范式。最后,组织协调能力还表现为管理创新主体能够对形势有比较全面的估计,在实施管理创新之前做好各种准备工作。

（二）培育知识员工

知识员工是指在企业组织中具备一定知识储备的员工。在知识经济时代，管理创新对于创新主体的知识储备量有较高的要求，企业员工要成为管理创新主体必须具备充足的知识。当组织内的知识员工提出的管理创意得到组织采纳，且参与了具体的创新实施过程时，其便成为管理创新主体。

在企业长期的生产经营活动中，知识员工可能会不同程度地发现管理中存在的问题，从而产生一些想法，部分想法经过反复提炼后，最终上升为管理创意。新的管理创意是否有效与知识员工对管理创新的态度、理解、运作技能息息相关。组织中的知识员工作为管理创新的主体，通常以群体冒尖的形式出现，原因很简单：就单个普通员工来说，由于只负责某一单一领域且眼界往往有限（与管理者等相比起来），其难以成为管理创新主体；单人的工作仅涉猎管理创新领域的其中一小部分，但一个群体的员工成为管理创新的主体却是完全可能的。

（三）加强自主创新

上一部分已提到，自主创新法虽然难度大却最能使企业组织受益。自主创新是一种自发的、独立的、彻底的创新，自主创新能力是管理创新主体最重要的能力。自主创新对企业成长的促进作用非同小可，那么企业该如何加强自主创新呢？企业主要应做好以下三方面的工作：

1. 增强自主创新意识

较强的自主创新意识是企业加强自主创新的前提，具体又对组织提出三点要求：①脱离不思进取、安于现状等僵化和保守观念的束缚，形成积极进取、勇于探索、鼓励创新、宽容失败、开放包容、追求卓越的企业创新文化。②营造有利于创新人才成长、发挥作用的体制机制和环境，形成尊重知识、尊重人才、尊重创造的企业创新文化。③高度重视科技人才队伍建设，尤应注重挖掘和培育复合型科技管理人才，为引领企业科技创新储备优质人力资源。

2. 完善自主创新机制

完善的自主创新机制是企业加强自主创新的制度保障，具体又可分为以下三大机制：①健全自主创新管理、治理机制。②健全自主创新激励机制。企业应建立、健全生产要素参与分配的长效激励机制，以激发参与者的创新热情；对于组织中那些有突出贡献的科技人员和经营管理人员，可通过期权、技术入股、股权奖励、分红等激励形式给予奖励和扶持，以此有效激活、释放企业员工的创新动力。③健全自主创新人才管理机制。企业要建立、健全科学合理的人才管理机制，重视科技人才队伍的培养。

3. 加强自主创新合作

良好的自主创新合作是企业加强自主创新的后备力量。要想形成良好合作、实现共赢，企业需要与其他企业、高校、科研院形成创新联合体，携手通力完成自主创新。企业组织应当充分利用各类科技中介服务机构搭建合作关系网，促进自身与其他企业、高校和科研院所之间的技术、知识的流动和转移，加快科技成果转移步伐，以此促进其间科技资源、资金、生产基地和市场网络优势的对接和互补，加快自主创新步伐。

（四）创建学习型组织

企业中的学习包括个体学习和组织学习，其中后者尤其重要。组织学习是一种社会现象，它对于共同的交流基础和协调的探索程序有着较高要求。组织学习的过程孕育着企业的大量创新，而建立一种共享的学习模式则有助于组织整体学习能力的提高，并最终推进组织的管理创新进程。员工通过组织学习能够有效改善心智模式，培养全新、前瞻、开阔的思考方式，获得知识的创造、转化能力和系统思考能力。组织学习不应简单理解为组织内部个人学习的简单相加，而应当落脚到建立起一套系统的学习共享机制；该机制要能产生、储存和搜索知识，要能达到组织知识积累和管理创新活动的理想效果。

可以说知识是能力产生的温床，是创新的基础；而学习是增强知识的手段，是创新能力形成的根本原因。对管理创新主体来说，学习是发现自己潜能、实现自我超越所不可缺少的条件。学习的过程是管理创新主体自身知识更新的过程，它将直接影响到管理创新的发展。总之，企业应积极创建学习型组织，为员工创造良好的学习氛围，鼓励知识共享，大力推崇企业群体和个体的创新精神。

【课后思考】

1. 结合国内政策环境和本章内容谈谈你对创新地位的认识。
2. 企业若想进行创新，如何在风险与收益中权衡抉择。
3. 寻找企业创新成功与失败的例子各一个，对比分析实现创新的要义所在。

参 考 文 献

蔡世刚，魏曦，2016. 管理学. 南京：东南大学出版社.
陈传明，周小虎，2004. 管理学. 北京：清华大学出版社.
邓必敬，鲍润华，雷姝燕，2016. 管理学. 南京：东南大学出版社.
广小利，李卫东，2016. 管理学. 北京：北京理工大学出版社.
季辉，2017. 管理学. 重庆：重庆大学出版社.
焦强，罗哲，2014. 管理学. 成都：四川大学出版社.
雷金荣，2012，管理学. 北京：北京大学出版社.
骆兰，王华，2015. 管理学原理. 重庆：重庆大学出版社.
孙丽君，王满四，2014. 管理学.北京：高等教育出版社.
唐烨，2016. 管理学概论. 上海：上海财经大学出版社.
王晓丽，李群，张楠，2016. 管理学原理与实务. 北京：北京理工大学出版社.
王亚丹，徐刚，宋谨，2016. 管理学. 上海：上海财经大学出版社.
肖洋，2016. 管理学基础. 长沙：中南大学出版社.
谢勇，邹江，2008. 管理学. 武汉：华中科技大学出版社.
袁连升，2013. 管理学原理. 上海：上海交通大学出版社.
张广敬，李超，2017. 管理学基础. 北京：北京理工大学出版社.
张金环，李彦广，周德胜，2015. 管理学原理. 北京：北京理工大学出版社.
张永良，2018. 管理学基础.3 版. 北京：北京理工大学出版社.
赵春艳，2017，管理学. 广州：华南理工大学出版社.
周三多，陈传明，2018. 管理学. 北京：高等教育出版社.
朱春江，许强，2016. 管理学原理与实践. 成都：西南交通大学出版社.